刘洋◎著

技术变革
重塑金融未来

内 容 提 要

本书汇总了作者及中国区块链与产业金融研究院的研究、咨询和实践成果,对区块链金融全面进行理论解读、技术解析和案例剖析,并对这一学科的模式设计、工具打磨和监管建议给予了专业性的指导。

本书分为技术解码、场景应用、对策建议三个部分,其中第1章介绍了价值互联网时代区块链如何改变世界及其独特价值、主要理念和技术原理;第2~10章详细阐述了加密数字货币、消费金融、资产管理、支付结算、数字票据、供应链金融、智能证券、智能保险、征信九大领域区块链技术应用模式、典型案例和实施路径;第11章突出问题导向、需求导向、战略导向和创新导向,提出了理念、技术、模式、运营四大领域区块链金融应用创新和生态构建的策略建议与监管建议。

本书对区块链金融从业者、拟从业者、投资者、研究者、教学者以及消费者都有重要的参考价值。

图书在版编目(CIP)数据

区块链金融:技术变革重塑金融未来 / 刘洋著. — 北京 : 北京大学出版社,2019.10

ISBN 978-7-301-30835-6

Ⅰ.①区… Ⅱ.①刘… Ⅲ.①电子商务 — 支付方式 — 研究 —中国 Ⅳ.①F724.6

中国版本图书馆CIP数据核字(2019)第219277号

书　　　名	区块链金融:技术变革重塑金融未来
	QUKUAILIAN JINRONG: JISHU BIANGE CHONGSU JINRONG WEILAI
著作责任者	刘 洋 著
责 任 编 辑	张云静
标 准 书 号	ISBN 978-7-301-30835-6
出 版 发 行	北京大学出版社
地　　　址	北京市海淀区成府路205 号　100871
网　　　址	http://www.pup.cn　　新浪微博:@ 北京大学出版社
电 子 信 箱	pup7@ pup.cn
电　　　话	邮购部010-62752015　发行部010-62750672　编辑部010-62570390
印 刷 者	北京鑫海金澳胶印有限公司
经 销 者	新华书店
	720毫米×1020毫米　16开本　19.5印张　328千字
	2019年10月第1版　2019年11月第2次印刷
印　　　数	10001–13000册
定　　　价	58.00 元

未经许可,不得以任何方式复制或抄袭本书之部分或全部内容。
版权所有,侵权必究
举报电话:010-62752024　电子信箱:fd@pup.pku.edu.cn
图书如有印装质量问题,请与出版部联系,电话:010-62756370

推荐序 1

区块链技术助推中国经济与金融新时代

党的十九大报告指出，"经过长期努力，中国特色社会主义进入了新时代，这是我国发展新的历史方位"。当前，我国社会主要矛盾已经转化为人民日益增长的美好生活需要和不平衡不充分的发展之间的矛盾，我国经济正处在转变发展方式、优化经济结构、转换增长动力的攻关期，已由高速增长阶段转向高质量发展阶段，为有效解决不平衡不充分的发展问题，必须坚定不移推动经济持续健康发展，必须建设现代化经济体系。

近年来，创新对经济发展的贡献显著增加。过去的经济高速增长建立在要素大量投入、粗放使用的基础上，为此不但让我们付出了沉重的环境、资源、生态、社会代价，而且难以持续。经济高质量发展就是要进一步树立"创新是引领发展的第一力量"的理念，大众创业、万众创新，提高全要素生产率。特别是要抓住互联网对社会生产生活方式全方位改造所带来的前所未有的机遇。

有效推进经济高质量发展的关键在于质量变革、效率变革、动力变革、效能变革，其中数字经济越来越起到压舱石和推进器的核心作用。数字经济是指以使用数字化的知识和信息作为关键生产要素、以现代信息网络作为重要载体、以信息通信技术的创新与应用作为经济效率提升和结构优化的重要推动力的一系列经济活动。它既包括软件、网络、终端，又包括各行业、领域的数字化、网络化、智能化应用、服务。

2017 年，我国成为世界第二大数字经济体，全年数字经济总量达到 27.2 万亿元，同比增长超过 20.3%，显著高于当年 GDP 增速，占 GDP 比重达到 32.9%，同比提升 2.6 个百分点。数字经济已成为带动我国经济增长的核心动力，有研究表明，2017 年我国数字经济对 GDP 的贡献率为 55%，接近甚至超越了某些发达国家的水平。应用与创新双轮驱动的数字经济架构如图 0-1 所示。

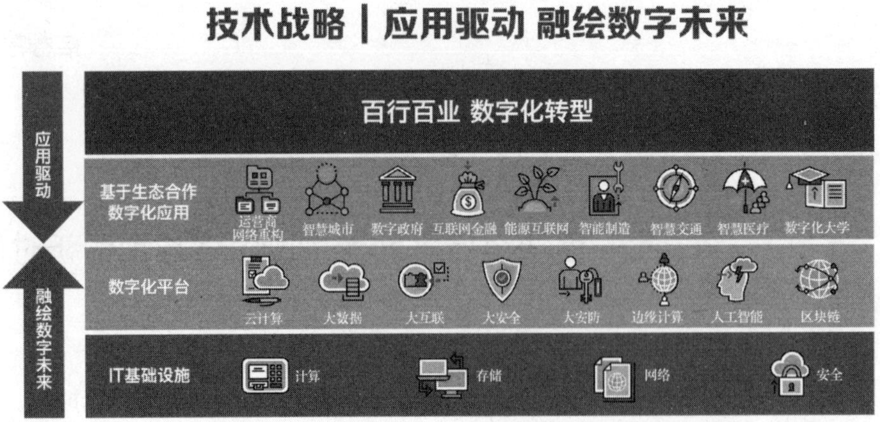

技术战略｜应用驱动 融绘数字未来

图 0-1 应用与创新双轮驱动的数字经济架构

从全球范围看，数字经济之所以迅速成长为后工业时代的第一引擎，主导因素在于互联网大量普及，并成为各行各业的基础设施。中国互联网络信息中心发布的第 44 次《中国互联网络发展状况统计报告》称，截至 2019 年 6 月，中国网民规模已达 8.54 亿，普及率达到 62.1%，较 2018 年底提升 1.6 个百分点，手机网民规模达 8.47 亿，网民通过手机接入互联网的比例高达 99.1%。

在价值互联网时代，人人都是独立经济体。随着用户主权意识、平权意识、共享意识不断深入人心，分布式、去中心（中介）、自组织成为很多人的利益新诉求和互联网新常态，正是在这最恰当的时机，区块链进入了互联网世界、金融科技和数字经济。

区块链技术具有共识信任体系、记录无法篡改、去中心化、可追溯、可编程（自编程）智能合约等特征，能够降低审核清算成本，提高直接交易效率和资产周转率、利用率，减少对中心节点（可认为传统庄家、坐商、发起行）的不信任，让价值资产的数字化和流动更加透明、便利、高效，被称为智能型、可信任的"机器人"。在区块链和大数据、人工智能、云计算等互联网科技的推动下，我们开始大范围进入价值互联网 2.0 时代，迎来波及每个人的生产力和生产关系的大创新、大变革。

值得关注的是，美国、日本、德国、英国、澳大利亚等大部分发达国家和印度、泰国、委内瑞拉等一些发展中国家都在大力支持区块链技术的开发应用，抢占新一轮金融科技和数字经济高地。

在中国，区块链业已上升到国家战略，政府正通过应用创新和生态构建加快前瞻布局、商业布局。例如，《"十三五"国家信息化规划》提出要加强区块链等新技术基础研发和前沿布局；《国务院关于进一步扩大和升级信息消费持续释放内需潜力的指导意见》提出要开展基于区块链等新技术的试点应用；《新一代人工智能发展规划》提出要促进区块链技术与人工智能的融合，建立新型社会信用体系；《"十三五"现代服务业科技创新专项规划》提出要重点研究区块链基础理论与技术，基于区块链理论成果来推进服务供给和交易的智能化。

近年来，腾讯、阿里巴巴、蚂蚁金服、京东、中国农业银行、招商银行、美的、海航、万向等互联网、金融、传统行业龙头企业纷纷拓展、试水区块链，更有大量小微初创科技企业投身其中，区块链开发应用呈现百舸争流、大步发展的态势。其中，金融是区块链技术开发聚焦、应用最广泛的场景，区块链金融已成气候。

值得关注的是，区块链人才荒和从业者、投资者、消费者教育瓶颈的矛盾十分突出。具备互联网、信息技术、密码学、系统工程、数学算法等专业技术的人才，通晓法律法规、商业规律、创新思维的经营性人才，在区块链领域还比较少。在区块链行业爆发式发展与优秀人才不足倒挂的现实下，系统、原创、实效的专著、教材将成为广大读者认识区块链、应用区块链的学习工具"随身宝"。本书即在这方面提供了有益的帮助。

20年磨一剑，刘洋研究员凭借对数字经济、金融科技技术、应用、产业变革的持续研究和实践，完成了《区块链金融：技术变革重塑金融未来》这本专著。该书是刘洋研究员继《消费金融论》《互联网消费金融》等多部普惠金融专著之后的又一力作，汇总了消费金融学派发起人、消费新时代与金融科技研究专家刘洋研究员及中国区块链与产业金融研究院、中国消费金融专业委员会数年来的研究、咨询和实践成果，力图将区块链金融这个新兴的以"技术变革重塑金融未来"的金融科技学科转化为白话版理论解读、技术解析、案例剖析、模式设计和工具打磨，回归"理论指导实践，实践反哺理论"的本义。

同时，该书进一步厘清了区块链技术对中国经济和金融高质量发展的生产力和生产关系革新，总结了国内外区块链金融创新实践案例，设计出不同业态的区块链金融技术开发、运营管理的解决方案和实施路径。

作为源自中国、普惠公众、引领行业的原创金融科技、普惠金融理论，该书秉持客观独立原则，突出问题导向、需求导向、战略导向和创新导向，重在理论结合技术应用创新和实践探索，把区块链金融这个新体系讲真、讲透、讲好、讲精，让读者学有所悟、学有所用、学即能用。同时，该书也能为相关政府部门、监管机构制定区块链金融公共政策提供决策参考，为后续区块链金融问题研究提供理论借鉴，为高校科研院所、培训机构开展人才教育提供参考教材。

目前，区块链金融已成为中国经济和金融高质量发展的"创新风口"，行稳致远方能创新有道，希望更多学者能够关注和参与该领域研究探索，更多企业在实践中创新商业模式，助力区块链金融研究实践普惠大众，也为全球区块链技术应用、普惠金融等领域理论创新提供中国思想和中国方案。

原信息产业部信息化推进司司长
中国互联网金融研究院院长　宋　玲
电子商务、信息化、互联网金融专家

推荐序 2

改变世界的区块链技术需要中国方案与中国智慧

改革开放 40 多年来，我国经济发展取得了举世瞩目的成就，一跃成为世界第二大经济体。再把时间维度向前延展来看，新中国成立 70 年来，中国已从站起来到富起来。随着我国进入经济高质量发展的新时代，我们还要完成强起来的重大历史任务，以满足人民群众对美好生活的需要，实现中华民族的伟大复兴。

在经济不断迈上台阶的过程中，社会信任成本逐渐高企，在很多场景下人与人之间的信任基础越来越薄弱。早在 1993 年，美国著名杂志《纽约客》刊登了彼得·施泰纳（Peter Steiner）的一幅漫画，漫画上有一句话：在网上，没有人知道你是一条狗。这幅漫画清晰地表达出互联网的匿名性和自由性，在那里网民可以任意尽情阅读、发布消息，而这种价值观多年来被各国网民所信奉。互联网使得陌生人之间的信息传播和沟通成为可能，人的资源边界无限扩展。

在监管缺位的情况下，互联网可能异化为色情、谣言、诽谤、欺诈、盗版等不道德行为和违法行为的温床，导致本就在利益社会被摧残得寥寥无几的信任断崖式崩塌。以金融为例，P2P 爆雷、非法集资、网络传销、诱导诈骗等乱象频频发生，原因就在于信任（信用）资本爆仓。

互联网不是法外之地，强监管成为各级政府部门的重要目标和措施。不过，政府监管只是重构信任的一个重要方面，也面临着监管行为和监管科技滞后等瓶颈。因此，通过技术手段构筑基于信任、共识、共享、共促原则的新一代价值互联网尤其迫切，这也是互联网经济高质量发展的关键一步。

近年来，来自美国的舶来品——区块链的概念、技术和应用迅速成为舆论主角，成为人们普遍关注的领域。2009 年诞生的比特币今天已炒到了数万元人民币一枚。人们仅仅是架构了一个"去中心化、共识信任、分布式记账、时间戳不可篡改"的虚拟交易的规则和交易市场，结果创造了颠覆传统的互联网财富神话。

毫不夸张地说，区块链从技术变革入局，带来了生产力和生产关系的巨大变革。区块链价值传输协议（BLOCK CHAIN）将与超文本传输协议（HTTP）一样，成为互联网基础性底层架构。

金融是经济的血液和动力，一个人从生到死都在获得相关金融服务，而适配的信用体系则是支撑金融可持续发展的基石。在封建小农经济时代，人们主要依靠约定俗成的道德伦理来构建信用体系，人与人之间的交往只能限于家庭、家族、宗亲、同乡等小圈子，信用的经济价值不大。在市场经济时代，则依靠市场机制、政府监管来构建信用体系，通过商品买卖和优胜劣汰较好地体现出了信用的价值。而在数字经济时代，每个人的信用都可以实现测度、计量、追溯、互联、共享等功能。在互联网、区块链、大数据、人工智能、云计算、生物识别等新技术的广泛应用下，信用数据化、数据资本化的价值空间更是得到了完美释放。

当下，金融还是中心化程度最高的产业。一个国家金融体系的健康良性运转少不了银行、信托、基金、交易所等中心化机构，区块链技术可以用来解决信息不对称导致交易双方不能建立有效信用机制、业务难以做大做强等发展瓶颈，以及提升运作效率、降低资金往来成本等共赢发展问题。

有人认为区块链技术会重构新一代金融基础架构，货币、证券、基金、期货等各种金融资产都可以记录在分布式账本，按照区块链规则进行交易、增值和风控。区块链应用全景图如图 0-2 所示。

图 0-2　区块链应用全景图

一些知名企业和机构陆续开始了区块链金融的技术开发应用和商业模式设计。

例如，招商银行将区块链技术应用于跨境直联清算、全球账户统一视图以及跨境资金归集三大场景；中国农业银行上线基于区块链技术的电商供应链金融产品 e 链贷；京东数科（原京东金融）在数字票据、ABS 云服务等场景应用开发区块链，以提升场景参与者的信任基础和风控水平；蚂蚁金服正在开发应用生产级联盟链，涉及支付、互助保险、邮箱存证、医疗、物流等领域。

工业革命以来历次技术重大革新，均带来生产力的极大提升，但指导全球经济的依然是近百年来西方主流经济管理思想，这些运营规则面对国际经济形势的风云变幻显得力有不逮和缺乏动力。从区块链"去中心化、共识信任、分布式记账、时间戳不可篡改、自组织"等特点来看，区块链技术带来的是理念、技术、模式、运营的全新变革，涉及计算机、互联网、软件工程、密码学、法律、公司治理、社会治理、经济、管理、金融等多学科多领域，势必引起生产力和生产关系的巨大变革。从这个角度来说，区块链为价值互联网时代提供了经济管理思想体系创新的新题材和新动力。

目前，区块链开发应用总体处于早期探索阶段，对前瞻性、方向性基础理论创新的需求尤为迫切：

一是相较于第一代互联网时代，如今沉下心来搞基础理论与核心技术研究的还不多，一些从业者认为"比特币规则"放之四海而皆准，以偏概全，误导舆论，造成区块链产业化应用的概念化、空心化。

二是区块链治理体系尚未形成，政府扶持引导、监管上链、社群自治等政府、市场、社会利益相关者还没有形成成熟的规则机制，引发"技术作恶"的风险。

三是发展不平衡不充分，互联网本是市场化程度高、八仙过海的创新梦工厂，但除了加密数字货币初成气候外，其他领域区块链应用的广度深度不足，特别是服务实体经济、与实体经济融合还远远不够。

照抄照搬西方经济金融学思想来解决中国问题业已被证明行不通，同样，照搬西方区块链金融应用运营模式也只会带来新的金融乱象，比如国内近年来一下子蹦出打着区块链名义的几千种数字货币、几千家数字货币交易所，让区块链沦为诈骗、传销、非法集资等违法行为的技术题材和技术背书。

从另一方面讲，原创思想是一个国家、企业、个人的最重要竞争力。"二战"前的德国是世界上最具创新精神的国家，当时，诺贝尔科学奖有超过 70% 被德国科学家获得。"二战"后，美国成为诺贝尔奖垄断国家，图灵奖也基本被美国人垄断。美国贝尔实验室 100 多年来取得的科技突破和重大创新成果超过世界上大部分国家。而创新不足、畏惧创新是很多中国企业的发展瓶颈，只能依靠廉价劳动力、环境污染、资源消耗来给发达国家打工。因此，在推进创新强国战略中，我们需要具有经济金融主流价值观和思想工具的中国创新与中国方案。

《区块链金融：技术变革重塑金融未来》是消费金融学派发起人、消费新时代与金融科技专家刘洋研究员继《消费金融论》《互联网消费金融》《实战理财：让你的财富滚起来》等10多部财经畅销书之后的又一力作，汇总了刘洋研究员及中国区块链与产业金融研究院、中国消费金融专业委员会数年来的研究、咨询和实践成果，也是近20年来刘洋研究员持续研究全球数字经济的结晶。

区块链等金融科技的使命和价值，在于对金融发展中各种扭曲进行纠偏，实现现代金融技术与制度的完美结合，实现开放、融合、共赢，改变传统金融资源配置方式和产业分工模式。对于区块链金融，我们要知其然，更要知其所以然。当下一些数字货币、区块链空气项目乱象的根源在于创业者、发起人孤立片面地被数字财富吸引，忽视了解、学习、应用背后的经济金融规律，成为"短跑赛冠军、马拉松掉队"的昙花一现。尽管信息技术、互联网、电商、互联网金融等机构有着创造客户场景和技术先发的优势，但传统金融机构等其他市场主体应用区块链、大数据、云计算、人工智能等金融科技并没有不可逾越的障碍。因此，有关机构要致力于推动将技术逻辑、商业逻辑和业务逻辑相结合的区块链的应用创新，方能不忘初心，行稳致远。

从这个角度说，专题性、原创性、受众广泛的《区块链金融：技术变革重塑金融未来》可以成为从业者、拟从业者、投资者、消费者、研究者来认识、了解、学习、应用、创新区块链的基础性读物，也是兼顾技术应用和运营管理的综合性读物。

习近平总书记在哲学社会科学工作座谈会上提出，构建中国特色哲学社会科学，要体现继承性、民族性、原创性、时代性、系统性、专业性。希望能有更多政府部门、行业组织、科研院所、企业、智库、学者、从业者、投资者、消费者参与区块链金融的理论与实践创新探索，为全球区块链研发应用和新经济发展提供思想动力。

教授，博导
北京师范大学政府管理研究院院长
浙江师范大学经济与管理学院院长　唐任伍
中国区块链与产业金融研究院特聘经济学家

推荐语

金融是经济的血液和动力,而适配的信用体系则是支撑金融发展的基石,区块链等金融科技能为经济和金融提供新动力机制。本书不仅是区块链金融的中国版理论著述,也是理论指导实践的工具手册。希望它能够成为大专院校软件工程、电子商务、数学、工商管理、经济、金融等专业的教材读物,百万从业者的枕边读物和培训教材,以及广大消费者身边的金融服务指引,促进区块链金融持续健康发展。

原中国人民保险公司总经理
原国务院派驻国有重点金融机构监事会主席　孙希岳

区块链等金融科技的使命和价值,在于通过现代金融技术与制度的完美结合,实现开放、融合、共赢,优化传统金融资源配置方式和产业分工模式。本书对区块链、区块链金融的技术特点、发展历程、发展现状、问题挑战、对策建议等做了较为详细的分析和解读,其中不乏独到见解,能够为广大区块链、金融科技、金融从业者、投资者、研究者、消费者提供参考和指南。

原全国社保基金理事会副理事长
中国财富管理 50 人论坛学术委员会主席　王忠民

区块链、大数据、人工智能、云计算、5G 等创新科技有望成为全球经济复苏振兴的新引擎、新动能,并形成带动生产关系深刻变革的新经济。本书对金融科技的国内外发展历程、现状、特点、挑战、对策、模式、案例做了系统分析,特别是对区块链金融的九大应用场景做了专题阐述,为金融科技、区块链经济、区块链金融等新经济新金融健康持续发展提供了较为完整的工具指南。

中国国际经济合作学会会长　崔明谟
原商务部合作司司长

在推进供给侧结构性改革和经济高质量发展过程中，区块链等技术的应用创新有助于提供新的解决方案。本书为业界提供了系统完整的理论体系和工具方法，有益于推动行业健康快速发展。

《财经》杂志执行主编　张燕东
《财经》智库总裁

区块链在理念、技术、运营以及模式等方面展现出的独有优势，使其必然能够成为一项惠及大众的信息技术，成为推动全球经济发展的新动能之一。刘洋老师的新作以宽广的视野、深邃的思想、生动的笔触，生动详实地介绍了区块链经济、区块链金融的核心体系，全景展现了技术变革重塑金融未来的理论创新和实践探索，读后令人耳目一新，为从业者、投资者、消费者和社会各界提供了实效实证的参阅读物。

国防大学军事管理学院教授　刘晋豫
国防金融研究会副秘书长

区块链已经成为国内外热门的新兴技术创新和产业应用领域，但总体处于起步快跑阶段。由于理论研究相对滞后于实践应用，给政府有效扶持监管带来较大难度。本书从独立研究研判的角度，对区块链金融的来龙去脉、技术手段、标杆案例、运作风险、创新重点、运营机制等关键领域进行了系统分析，为监管者、从业者、投资者、消费者、研究者提供了丰富的理论成果和应用参考。

清华大学公共管理学院副院长　杨永恒

在经济社会大变革中，需要精英和公众共同努力、互相协作、不断调和、达成共识和建章立制，构建全民参与、共建共享共促的现代社会治理体系，区块链等数字技术则提供了可行技术路径。本书对区块链金融的商业模式和实施策略进行了全面总结，也有系统的、原创的分析，为区块链助力现代金融治理提供了工具指南和指导标准，丰富了源自中国的区块链原创理论体系。

中国人民大学法学院副院长
金融科技与互联网安全研究中心主任　　杨　东

在全面深入推进互联网＋战略的进程中，我国已成为全球第二大数字经济体，区块链是数字经济新热点，金融是区块链应用的主要领域。本书系统阐述了区块链金融的历史、现状、趋势，对其九大领域的应用、案例、模式进行了专题分析，为业界提供了系统、专业的理论指南。

英特尔（中国）有限公司法律政策总监
原中国信息通信研究院副总工程师　　续俊旗

区块链掀起了价值互联网时代的新热潮，如同20年前我们鼓励传统企业拥抱互联网一样，今天我们同样鼓励更多传统企业关注、参与区块链，抢占新一轮数字经济高地和新经济市场红利，美的、万向、海航、招商银行等企业已有先发探索。不过，传统企业要真正得到区块链赋能的好处，切不可盲目追风，首先要静下心来认识、理解、学习区块链开发应用，才能做到有的放矢，少走弯路。本书架构了区块链金融的技术框架、应用模式、典型案例和运作机制，为传统企业向价值互联网转型提供了理论依据和现实路径。

中国市场学会副会长
《中外管理》杂志高级顾问
中国生产力发展中心、中国公关学会、中国品牌学会高级顾问　　徐　源
原小天鹅电器董事副总裁

深化金融供给侧结构性改革，可以为推动我国金融业健康发展，大数据、人工智能、区块链、云计算等金融科技起到重要作用。本书系统、全面地阐述了区块链赋能金融的应用模式、典型案例和实施路径，并解析了区块链如何解决制约金融业普惠、公平、平权的信息不对称，提升金融业运营、盈利、风控能力，降低合规和监管成本，推动价值金融转型和普惠金融普及发展等问题。

国家金融与发展实验室副主任
中国社科院金融研究所研究员　　杨　涛

区块链只有在标准化的基础上才能产业化，要让更多人进入相关行业，了解区块链技术，让更多创新和项目充分展现，才能不断探索标准化和产业化。在此过程中，我们亟需一批区块链传播的科普读物、培训教材，本书作为区块链金融的重要研究成果，为区块链技术创新方向和产业化提出了来自中国的方案。

中国人民银行研究局研究员　邹平座

在全球新一轮的经济金融竞争中，谁能在金融科技抢占制高点和拥有话语权，谁就能制定未来的游戏规则。中国要从过去的模仿跟随战术转变为创新引领战略，方显大国担当。本书主要从区块链等金融科技对金融的改造升级，为传统金融在面对市场竞争和纵深发展中的一些关键瓶颈问题提出了解决方案，也为互联网驱动的新金融新经济创新提供了操作指南。

中国外汇投资研究院院长　谭雅玲

本书对区块链金融的理论架构、技术框架、运作机制、风险管理、监管治理等领域做了系统阐述，可以作为相关领域从业者、投资者、消费者的通识教育参考读物，有助于培养区块链金融专业人才队伍，推动区块链金融健康持续发展。

中国国际经济合作学会数字经济工作委员会秘书长　郭　勇

前 言

区块链赋能重塑金融未来

过去十年发生了什么？

中国成为世界第二大经济体，世界第二大数字经济体。我们的年国内生产总值（GDP）达到了90万亿元人民币规模（2018年）。即使面对经济下行压力和供给侧结构性改革带来的一些阵痛，我们的"新四大发明"（高铁、移动支付、共享单车、网购）还是做出世界第一的成绩，并在计算机出货量、手机出货量、网民数量、电商交易额、移动互联网、双创、移动支付等数字经济细分领域成为世界第一。

过去十年还发生了什么？

大数据、人工智能、云计算等信息科技爆发式成长，大数据让贵州这样一个欠发达省份成为世界焦点；人工智能阿尔法狗战胜了围棋世界冠军李世石和柯洁；机器人索菲亚在沙特有了"公民"身份；云计算让计算从有形服务器飞跃到"无形"云端。

还有一个就是区块链。

2008年，全球陷入经济危机，一位叫中本聪（Satoshi Nakamoto）的编程专家于同年公开发表了名为《比特币：一种点对点式的电子现金系统》(*Bit-coin: A Peer-to-Peer Electronic Cash System*）的论文，描述了一种被他称为"比特币"的电子货币及其算法。

2009年，他又发布了首个比特币软件，正式启动比特币金融系统。时至今日，中本聪所定义并构筑的比特币系统还被作为区块链较为完整的理念、技术、模式、运营标准。2010年，他逐渐淡出并将项目移交给比特币社区其他成员。据一些媒体报道，中本聪可能持有100万个比特币，市值在今天高达几十亿美元。

这是一个"代码变金凤凰"的灰姑娘神话,越来越多的人意识到在中心化机构掌控的普世社会,去中心化共识、信任、平权、共享、共赢等乌托邦社会开始有了实操的技术路径,这也宣告了价值互联网时代的真正到来。

总体来说,随着大数据、人工智能、移动互联网、大容量服务器等软硬件的升级,区块链技术成为新热点和新场景。区块链技术和背后的数据主权、普通用户主导、去中心化等商业模式创新,颠覆了传统的金字塔型利益分配机制,因而受到饱受中心化机构压榨的中小投资人、网民、普通公众的青睐。

对于区块链应用,全球各国总体处于同一起跑线,还没有出现技术垄断和赢家通吃,中国完全可以凭借用户基数、应用场景、生态体系的应用优势,通过创新赢得新一轮价值互联网的话语权和支配权。这对于正在进行供给侧结构性改革和高质量发展纵深攻坚的中国无疑是巨大机遇和发展新空间。

这个进程在不断提速。在很多金融场景,一些区块链应用从概念性证明阶段(PoC)落地到实际商用系统,越来越多的金融科技、传统金融、新金融等企业主动思考已有商业模式,尝试拥抱区块链技术。

例如,IPRdaily 联合 incoPat 创新指数研究中心发布的 2017 全球区块链企业专利排行榜显示,中国入榜企业占 49%,几乎占了半壁江山,阿里巴巴以 49 件专利总量排名第一。阿里巴巴的区块链专利申请大部分出自蚂蚁金服,并主要集中于区块链底层技术,如共识机制、平台架构、隐私保护和智能合约等。这是中国企业力图从原始创新领跑区块链开发应用的战略体现。

另外,中国人民银行数字货币研究所也有 33 件专利,居全球第三,体现出金融监管部门对区块链的充分重视和投入程度。

再如,2018 年 1 月,上海票据交易所上线并试运行基于区块链技术的数字票据交易平台,中国工商银行、中国银行、浦发银行和杭州银行在数字票据交易平台顺利完成基于区块链技术的数字票据签发、承兑、贴现和转贴现业务。

区块链的开发应用已上升到国家战略。2018 年 5 月 28 日,习近平总书记在中国科学院第十九次院士大会、中国工程院第十四次院士大会上发表的重要讲话中,将区块链与人工智能、量子信息、移动通信、物联网一道列为新一代信息技术的代表。

2019 年 10 月 24 日,中共中央政治局就区块链技术发展现状和趋势进行第十八次集体学习。习近平总书记在主持学习时强调,区块链技术的集成应用在新的技术革新和产业变革中起着重要作用。我们要把区块链作为核心技术自主创新的重要突破口，明确主攻方向，加大投入力度，着力攻克一批关键核心技术，加快推动区块链技术和产业创新发展。

区块链发展历程回顾

（1）1.0 可编程数字货币（2008—2014 年）

以比特币为代表的区块链 1.0 应用实现了可编程货币，价值在于算法、算力、规则创造参与人群的共识公允价值，实现了"代码变金凤凰"。需要注意的是，以比特币为代表的加密数字货币并没有成为任何国家和地区的法定货币，也没有政府部门为其提供担保，还不能全面替代法币，仅仅是曝光度极高、拥有几百万持有人的数字资产（另类投资商品）。

全球几百万比特币投资人中有 70% 来自中国，这些被比特币疯狂教育的百万级人群构成了区块链应用骨干层，部分群体又裂变去做其他区块链项目，其中既有类似于比特币的依靠算法、共识等的加密数字货币，也有打着区块链名义的换装项目、空气项目。

这类人群对区块链的技术特点、发展历史、运作模式最为熟悉，相对最能把握市场心理和趋势，推出的项目多包装得高大上，有一定技术含量，也比较容易利用信息不对称的优势大肆"割韭菜"，属于穿着西装的"正规军"。

（2）2.0 可编程金融（2014—2017 年）

以以太坊为代表的区块链 2.0 应用实现了数字资产的编程应用，让一切有价物技术上均可资产化。区块链 2.0 应用加入了智能合约（利用程序算法替代人执行合同），使得区块链从最初的加密数字货币体系拓展到股权、债权和产权的登记、转让，证券和金融合约的交易、执行等金融领域。

需要注意的是，一批经营困难的文化产权交易所、承诺高收益率的集资项目、高杠杆消费的返利平台、P2P 网贷等风险型金融机构为了化解泡沫和债务，争取更多生存空间，规避监管，也打着区块链的名义进行换装。这类机构对区块链认识粗浅，只是看中套利机会，忽视合规和风险，高峰时有几千种使用以太坊协议的加密数字货币、数字代币（ICO），催生了系列乱象，成为集中整治对象。

（3）3.0 可编程社区（系统）（2017—2018 年）

EOS 是商用分布式应用设计的区块链操作系统和底层平台，支持多个应用同时运行，在一定程度解决了区块链开发应用延迟和数据吞吐量大的难题，EOS 每秒可以达到百万级处理量，而比特币只有每秒 7 笔左右，以太坊每秒只有 30~40 笔。形象地说，拥有 EOS 平台相当于有一套房，租给别人收房租，或者说拥有一块地，租给别人建房，底层系统搭建好后，各种应用通过商业化创造价值。

（4）4.0 生态体系（公有链）（2018—   ）

优化提升底层平台、核心系统、应用系统等各个层面的协议和机制，区块链能够扩展为像水、电、煤等公共产品乃至互联网一样的基础设施，为各类分布式应用（DAPP）提供底层平台和开发环境，实现价值互联。

为区块链浪潮供给理论成果，助力乱象治理和正本清源

从蒸汽时代、电气时代、信息时代到万物互联的物联网时代，技术变革天翻地覆，但指导全球经济发展的依然是近百年来西方主流经济管理思想和规则体系，区块链带来理念、技术、模式、运营等的全新变革，传统理论体系已不能完全指导区块链经济发展，区块链浪潮在倒逼经济金融理论进行创新。

我们也要理性地看到，区块链产业化、规模化落地还比较少，同时加密数字货币乱象频仍，让人联想起互联网刚起步时"黄赌毒"等违法、违规信息传播满天飞的情景，这是互联网经济的普遍规律，借用动力学术语来概括就是"形成、震荡、规范、执行"四个阶段，而区块链开发应用正处于震荡阶段。

以加密数字货币为例，据媒体报道，公开的加密数字货币有 8000 种以上、数字货币交易所超过 4000 个、项目方和私募机构高达数万家，形成了从业人员高达百万、中小投资者上千万的灰色利益链条，异化为传销、非法集资、金融诈骗等系列乱象和违法犯罪行为，抹黑了区块链的科学规范应用，误导了社会舆论，极有可能导致监管一刀切，使正规军踯躅不前，公众丧失信心。

本书旨在为正本清源提供理论助力，主要内容包括以下几个方面。

其一，本书素材选取、案例分析和理论研究截稿于 2019 年 10 月，较为全面、完整地理清了区块链技术的发展历程、技术特点、独有价值、应用实践、风险挑战和监管体系，将读者从过去通过不同媒介获取的碎片化认知升华到基于历史观、价值观、方法论的系统理解，提升具体区块链项目、企业、产业的创业、就业、投资和应用能力。

其二，基于趋势红利、技术红利、市场红利，"解剖麻雀"式分析研判区块链技术如何赋能改造银行、保险、证券、消费金融、基金、信托、支付、资产管理、互联网金融、征信等金融领域，为经济金融提供新动能。我们从正反两方面比较了相关金融业态传统模式与区块链赋能后的优劣势，梳理了区块链技术与其他金融科技的兼容性和融合提升效应，使得区块链金融改造提升传统金融业态更具客观性和可操作性。

其三，详细阐述了加密数字货币、消费金融、资产管理、支付结算、数字票据、供应链金融、智能证券、智能保险、征信等九大领域区块链技术的应用模式、典型案例和实施路径，为相关领域高效规范应用提供镜鉴。我们分别从上述九个领域单独阐述，使得区块链金融应用具有针对性和实操性。

为了掌握区块链在相关金融领域的真实应用情况，而非跟风跟潮宣传噱头，我们深入蚂蚁金服、浙商银行、网易金融、中国农业银行、招商银行、京东数科、中国人保、平安银行、中国邮政储蓄银行、贵阳银行等上百家机构进行调研，或者在为这些机构提供培训、与其高管在相关论坛会议上交流时，就区块链应用的策略和经验进行广泛互动。同时，我们赴北京、上海、深圳、广州、福州、佛山、杭州、青岛、贵阳、香港、澳门、台湾等几十个国内区块链应用较为活跃的城市和地区，在相关论坛会议上与参会嘉宾广泛交流，并到泰国、阿联酋、哈萨克斯坦等多个国家调研，通过邮件、微信、QQ等媒介与区块链金融从业者、投资者、消费者互动探讨……积累了大量一手素材，在进行验证、分析后，刊载在本书中，为读者呈现鲜活、接地气的案例解析。

其四，突出案例实证，通过100多张技术逻辑和商业逻辑图纸、50多个重点案例分析、100多个实践案例点评，为读者展示了全景式区块链金融画像和图谱。我们组织专业设计师对区块链金融的模式和策略进行原创图表呈现，以图文并茂的形式让读者更直观地了解相关关键领域，其中不乏我们对区块链金融的独到见解。据不完全统计，超过50%的重点案例分析对象我们均进行过实地调研，或者为其管理层提供过专题培训，或者与其高管在相关论坛会议进行过深入交流，因而具体分析具有侧重性、针对性、实效性、借鉴性、新颖性等特点。

其五，从"全民热炒区块链不可取，全民受益区块链大有可为"的普惠角度，突出问题导向、需求导向、战略导向和创新导向，提出了理念、技术、模式、运营四大领域应用创新和生态构建的策略建议，以及产品、品牌、营销、团队、风控等微观运营思路。区块链金融应用生态圈如图0-3所示。

基于对区块链金融的技术逻辑、商业逻辑、产业逻辑、市场逻辑、合规逻辑等深入研究和透彻理解，我们开展了区块链与产业金融、金融科技、消费金融等相关职业培训，为受训学员工作绩效提升或企业运营优化提供建议，为几十家企业应用区块链开展了顶层设计、模式优化等系统智库服务，亦为本书创作提供了鲜活素材和案例。

图 0-3　区块链金融应用生态圈

其六，总结分析区块链金融存在的乱象及其深层次原因，整理了国内外区块链金融相关扶持监管政策。基于"监管穿透、管控出海、创新包容"的原则，提出区块链金融专项监管建议，包括监管沙盒、产业沙盒、创新孵化器等不乏创新的监管建议，也向有关监管部门提供了专项研究报告，积极推动区块链金融等金融科技合规创新发展。

需要指出的是，区块链重塑金融并非利用技术不对称的优势让金融成为"脱缰野马"，而是深化对金融本质和规律的认识，立足中国实际，利用区块链带来的理念、技术、模式、运营等创新，促进金融业和金融科技供给侧结构性改革，进一步消除金融发展"肠梗阻"，提升供给质量，进一步将金融从"华尔街精英游戏"转变为服务大众普惠金融，提升供给总量，构建共识、信任、平权、共享、共赢的中国特色金融发展新格局。

面对中国的国情、经济环境、市场特点，用传统西方区块链应用和金融体系不能解决中国持续发展的问题。区块链尽管缘起于西方发达国家，但是如同其他金融科技一样，中国完全能够凭借全球规模最大的应用创新和生态构建实现后发赶超。在此过程中，我国迫切需要相关经济理论的创新，并体现出继承性、民族性、原创性、时代性和系统性、专业性，理论和实践相结合方能共促共进，相得益彰。

本书可分为技术解码（第 1 章）、场景应用（第 2~10 章）、对策建议（第 11 章）三个部分，通过 100 多张技术逻辑和商业逻辑图纸、50 多个重点案例分析、100 多个实践案例点评，为读者展示了全景式区块链金融画像和图谱。本书旨在通过国内知名金融科技专家构建理论体系、分析技术应用、解读实践案例、设计创新模式，帮助区块链金融从业者、拟从业者、投资者、研究者、教学者、消费者以及本书读者，全面厘清区块链金融的前世今生和完整内涵，在新经济新金融盛世中成就未来。

本书部分成果通过几十项智库项目、十多门版权课程和国内外几百场培训会议，为中国工商银行、中国农业银行、中国银行、中国建设银行、中国交通银行、中国邮政储蓄银行、招商银行、浙商银行、浦发银行、民生银行、光大银行、徽商银行、贵阳银行、顺德农商银行、晋商银行、中信银行、东亚银行、新加坡大华银行、汇丰银行、渣打银行、东亚银行、三菱东京日联银行、花旗银行、瑞士银行、中银消费金融公司、晋商消费金融公司、河北银行、南京银行、北京银行、天府银行、临海农商银行、蚂蚁金服、京东数科、华彩街、中原银行、网易金融、美团金融、美的金融、众安保险、阳光保险、中国人保、泰康保险、新华人寿、平安集团、陆金所、微贷网、点融网、TCL、苏宁易购、四川信托、云南信托、中信信托、腾讯云、阿里云、易宝支付、连连支付等上万家政府部门、行业协会、银行、互联网、电商、保险、证券、消费金融、基金、信托、支付、资产管理、互联网金融、征信等区块链金融相关机构的百万名中高层管理人员、产品经理、技术骨干、投资人、用户所共同见证。

建议各位读者将北京大学出版社出版的《区块链金融：技术变革重塑金融未来》《消费金融论》《互联网消费金融》新经济 新金融三部曲结合在一起阅读，以便于更好地掌握、理解和应用区块链金融区块链金融及普惠金融、数字经济等原创理论、工具和方法。

需要特别说明的是，本书案例系由作者及编写人员通过第三方线上线下调研、资料收集整理和专业分析，相关观点仅代表作者本人，目的是研究区块链金融，不作为具体项目投资的唯一决策参考。

随着区块链金融的迅速发展，相关领域从业者、投资者、消费者、研究者的不断增加，有关区块链金融的课程开发、学科建设、通识教育、职业教育就显得尤为重要和迫切，这是区块链金融高质量可持续发展的关键支撑。本书作为区块链项目开发经理、区块链项目管理师等认证培训和区块链＋数字经济移动学习平台的指定教材，对加强区块链金融专业人才队伍培养起到了重要推动作用，我们也将向国内外有关政府部门、科研院所、教育机构、企事业单位积极推荐本书成果。

本书在编写过程中，参考借鉴了一些学者、专家、机构的研究实践成果，在此表示真诚感谢。请相关版权所有人与我们联系（邮箱：158950711@qq.com），以便致奉谢意和薄酬。如有争议内容，也请有关人员及时与我们联系，在本书再版时予以调整。

由于时间仓促和作者知识面有限，本书编写错误与疏忽之处在所难免，希望各位读者及时给我们反馈意见。我们也非常愿意与读者就区块链金融发展各项议题进行广泛的交流和探讨。

本书资料收集、图文编写和成果推广人员有王艳珍、孙淞、郭勇、黎川、李冲、邓超明、冯茂森、崔洪瑞、林森、杨美琼、杨飞。

刘洋
2019 年 11 月

目 录
CONTENTS

第 1 章　技术改变世界的魔力：区块链是什么？// 1

　　第 1 节　价值互联网时代：区块链改变世界 // 1
　　第 2 节　改变世界的技术力量：区块链的独特价值 // 10
　　第 3 节　基于共识规则的应用创新：
　　　　　　区块链主要理念和技术原理解盘 // 16

第 2 章　天使还是魔鬼：加密数字货币让"代码变金凤凰" // 43

　　第 1 节　去中心化带来财富生产力释放：
　　　　　　比特币经济全景解码 // 45
　　第 2 节　代码创富的技术逻辑与技术框架：
　　　　　　比特币运行机制解析 // 60
　　第 3 节　以太坊叠加平台经济：
　　　　　　加密数字货币进入群雄逐鹿的战国时代 // 70
　　第 4 节　稳定币：价值相对稳定的储值型加密数字货币 // 85
　　第 5 节　加密数字货币交易所：
　　　　　　是连接投资方和项目方的红娘还是乱象 // 90

第 6 节　乱花不能迷人眼：

　　加密数字货币面临的风险与中小企业融资建议 // 93

第 7 节　包容发展与强监管交织：

　　全球加密数字货币监管概括 // 99

第 3 章　构筑利益共同体的共享金融：国策消费金融与区块链融合创新 // 112

第 1 节　消费金融化　金融生活化：

　　国策消费金融迎来 300 万亿元蓝海市场 // 115

第 2 节　场景　共享　融合：区块链赋能消费金融 // 122

第 3 节　消费积分"活起来""火起来"：

　　区块链赋能消费积分为价值资产 // 132

第 4 章　资产智能化：区块链推动资产管理改造升级 // 145

第 1 节　传统模式面临转型十字路口：

　　资产管理乱象与强监管双约束 // 146

第 2 节　区块链赋能资产证券化云端创新：

　　穿透信息透明化和风险隔离 // 149

第 5 章　"无现金社会"背景下的支付结算：区块链助力低成本高效率 // 157

第 1 节　支付结算"吹毛求疵"：

　　移动互联网时代市场繁荣背后的痛点 // 158

第 2 节　高效 + 低成本：

　　区块链技术推动跨境支付结算生态化升级 // 161

第 6 章　数字票据：以类数字货币操作破解票据市场乱象 // 176

第 1 节　风险频发与业务膨胀交织：

　　票据市场发展历程和主要问题 // 177

第 2 节　数字票据：

　　借助区块链提升电子票据效率和安全性 // 179

第 7 章 | 助力"中国制造 2025"：区块链提升供应链金融活力和效能 // 185

第 1 节　久悬未决的瓶颈：传统供应链金融主要问题 // 186

第 2 节　联盟链 + 私有链：打通供应链金融第一公里 // 193

第 8 章 | 智能证券：大熊市背景下区块链激活和再造证券业 // 203

第 1 节　点对点流通：区块链重新设计和优化私募证券流通 // 205

第 2 节　效率 + 智能：区块链为公募证券提供清算结算新方案 // 209

第 9 章 | 智能保险：区块链赋能保险创新"最后一公里" // 215

第 1 节　从营销驱动到技术驱动：
　　　　区块链改造传统保险业务环节和产品服务 // 216

第 2 节　相互保险 + 区块链：
　　　　助力保险公司升级为"机器智能保险公司" // 229

第 10 章 | 精准征信：区块链保障信用资产与数据主权 // 234

第 1 节　征信不真：传统征信业遭遇塔西佗陷阱 // 235

第 2 节　数据确权与共享：
　　　　区块链加速信用数据化、资产化和精准化 // 239

第 11 章 | 去中心化不等于去监管化：区块链金融培育规范建议 // 246

第 1 节　新经济的新增量：区块链金融政策扶持情况 // 247

第 2 节　区块链浪潮的新变量：区块链金融监管情况 // 254

第 3 节　特色扶持 + 穿透监管：区块链金融培育规范建议 // 260

第 4 节　应用创新与生态构建双轮驱动：
　　　　区块链金融企业运作胜机 // 262

结语　共同拥抱区块链金融大时代 // 267

附录　区块链金融相关名词解释 // 269

参考文献 // 283

第 1 章 技术改变世界的魔力：区块链是什么？

区块链是金融科技（Fintech）的核心技术之一，也是现代金融底层技术革命。意大利是欧洲较早开始远洋贸易的国家，高风险、流程烦琐的货通全球需要相应的资金融通等金融服务，由此在 1407 年，在意大利威尼斯成立了世界上第一家银行。当时意大利银行家发明了复式记账法，对复杂的跨国经贸活动进行会计计量，这种中心化复式记账法 600 多年来改进空间有限，在一定程度上制约了金融创新。如今，分布式账本、智能合约等区块链技术给现代金融带来了提质增效和创新服务的巨大空间。美国《连线》杂志创始主编凯文·凯利在《失控：机器、社会与经济的新生物学》（*Out of Control: The New Biology of Machines, Social Systems, and the Economic World*）中认为，社会进化趋势是分布式、去中心，从失控到控制再到失控。从某种意义上说，区块链不单是一项工程技术，而是以共识、信任、共享为价值观的社会思潮。

第 1 节 价值互联网时代：区块链改变世界

2016 年，二十国集团（G20）峰会在杭州召开，会上首次将数字经济列为一项重要议题,并通过了《G20数字经济发展与合作倡议》。中国在峰会上提交了三份有关普惠金融的重要文件——《G20数字普惠金融高级原则》《G20普惠金融指标体系》(2016升级版)和《G20中小企业融资行动计划落实框架》。这些文件体现出中国数字经济和普惠金融市场正在不断成熟,与其他国家融合共享发展红利。

一、数字经济和金融科技改变中国

党的十九大报告提出,"建设现代化经济体系……推动互联网、大数据、人工智能和实体经济深度融合"。发展数字经济,助推实体经济与传统产业数字化转型成为新时代下的新机遇。

数字经济是指以数字化的知识和信息作为关键生产要素、以现代信息网络作为重要载体、以信息通信技术的应用创新作为效率提升和经济结构优化的重要推动力等一系列经济活动,既包括软件、互联网、信息终端,又包括各行业、各领域数字化、网络化、智能化应用和服务。数字经济六维度如图1-1所示。

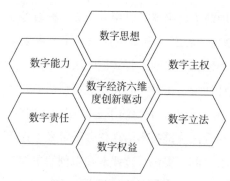

图1-1 数字经济六维度

中国已成为仅次于美国的世界第二大数字经济体,在计算机出货量、手机出货量、网民数量、电商交易额、移动互联网、双创、移动支付等细分领域居世界第一。腾讯研究院发布的《中国"互联网+"指数报告(2018)》显示,2017年中国数字经济体量为26.7万亿元人民币,较2016年的22.77万亿元增长17.24%,数字经济占国内生产总值(GDP)比重由30.61%上升至32.28%。

长久以来,传统金融主要服务20%的头部客户(大中型企业、高净值人群),而因为面临批量获客难、风险甄别难、操作成本高等挑战,难以向占比80%的长尾客户(小微企业、普通公众)提供其适用的金融服务。

2005年，联合国提出普惠金融倡议，鼓励金融机构以可负担成本为社会各阶层群体提供适当、有效的金融服务。普惠金融以消费金融、社区金融、供应链金融、互联网金融等服务公众、小微企业为主的金融服务为模式，以小额、分散、精准、高效、救急（应急）为显著特点，包括小贷公司、消费金融公司、融资租赁公司、担保公司等新型金融市场主体。由于所服务对象难以提供或者维持高质量信用等级，普惠金融业务如果单纯线下开展，必然会面临规模化困境。规模化是线下传统金融模式盈利的关键路径，但是投入大量线下资源追求普惠金融规模效应，往往会造成运营成本和不良资产（贷款）高企。

近年来，大数据、云计算、区块链、人工智能等金融科技有效降低了普惠金融的运营成本和准入门槛，实现了长尾客户信用在线的可测量、资产化和数据化，特别是区块链带来了"不需要信任的信任体系"，让人人均可参与经济交易、社会资源分配和平等享受金融服务成为现实，从而实现了金融服务长尾客户业绩规模化和风控双协同。

金融科技对中国的改变如图1-2所示。

> 移动互联网带来更加便捷、低成本的信息交流，使用户快速大量聚合，信息传播边际成本、基本社交和协同共享的销售成本将趋零，大面积铺设线下网点的传统运营、分销模式面临被颠覆。例如，阿里巴巴、京东、当当等电商平台已经大量侵蚀苏宁、国美、新华书店、华联等传统卖场。
>
> 随着消费场景、消费行为、消费偏好、细分消费群体日趋复杂，以网点为显著特点的线下模式已经不合时宜，特别是随着大数据、区块链、人工智能、人脸识别、智能设备等金融科技的广泛应用和迭代，金融运作已从营销驱动发展到金融科技驱动、互联网驱动，其高效、精准、实时、锁定、低成本等价值优势凸显。金融科技甚至成为一些新兴金融机构颠覆传统金融机构的竞争利器。

互联网技术革命的浪潮不可阻挡

六项技术的应用方兴未艾
- 云计算
- 大数据
- 物联网
- 移动通信
- 区块链
- 人工智能

高级化阶段前景不可估量
- 互联网金融还处于初级阶段，主要是针对传统金融的模仿和对传统金融某些环节的改善。
- 未来互联网金融可能会向高级迈进，区块链和人工智能将在其中发挥越来越突出的作用，其影响无法估计。

图1-2　金融科技改变中国

在数字经济和普惠金融的双轮驱动下，金字塔型、大象型传统企业将被平台型、扁平化、创新型企业取代，固定资产规模和全职员工数量不再是评价企业盈利能力和社会贡献能力的唯一标准。互联网带来的社会化大协作和社会分工更加细化精准，新经济下的超级企业形态变为"巨平台＋海量市场末端"（大平台＋小企业＋创业者＋消费者的自由连接体与利益共同体），一家独大、店大欺客的托拉斯垄断成为过去式。

二、信息互联网到价值互联网演进

互联网始于1969年，是年，美军将阿帕网（ARPA，美国国防部研究计划署设计）首先用于军事连接，后来加利福尼亚大学洛杉矶分校、斯坦福大学研究院、加利福尼亚大学和犹他州大学的四台计算机连接架构为局域网。1994年4月，中国科学院高能物理研究所设立了中国第一个互联网服务器和网站。

互联网过去20年的发展如图1-3所示。

图1-3 互联网过去20年的发展

1996年，尼葛洛庞帝在《数字化生存》中预言互联网浪潮不可阻挡，人类将从现实世界逐步向数字世界迁徙，人类将生存于一个虚拟、数字化空间，应用数字技术（信息技术）从事信息传播、交流、学习、工作等活动。

全球顶尖社交媒体营销公司We Are Social和社交媒体管理平台Hootsuit发布的《2018全球数字报告》显示，截至报告发布，全球网民数量超过40亿，互联网普及率为52.63%。得益于最近十几年移动网络与智能设备的高速发展，其中一半网民使用智能手机上网。

中国互联网络信息中心（CNNIC）发布的第44次《中国互联网络发展状况统计报告》显示，截至2019年6月，中国网民达8.54亿，普及率为61.2%，其中手机网民达8.47亿，网民通过手机接入互联网的比例高达99.1%。

20多年来，互联网在中国一直作为信息传播载体，推动着互联网技术和商业模式不断创新迭代，这就是我们常说的第一代互联网（信息互联网），"BAT"（百度、阿里巴巴、腾讯）这三家超级独角兽企业就是互联网信息传播创业中的佼佼者。

不过，如果把互联网仅仅作为聊天、打游戏、搜新闻的信息传播工具，价值天花板会很快出现。随着智能手机、移动互联网、新技术迅速兴起，互联网价值传播功能得到释放，人们的生活习惯和生活方式发生巨变：很多人每天花好几个小时泡在手机上，手机与自己距离不超过1.3米（一臂之远），人们可以不用随身携带钱包，但是须臾都不能离开联网手机，人们习惯了在手机上处理很多事情，如聊天、吃饭、打车、转账、网购、实体店消费扫码结算、骑单车……技术变革给人与人的关系、人与物质的关系带来翻天覆地的变化，说"技术变革重塑金融未来"一点也不为过。

技术创新让社会实现了从信息互联网到价值互联网1.0时代的迭代，衣食住行都能使用手机解决。所谓价值互联网，就是人们能够在互联网上像传递信息一样方便、快捷、低成本地传递价值（资金、资产）。谷歌、Facebook、阿里巴巴、腾讯、京东等互联网巨头拥有技术、应用场景、用户端先发优势，善于经营用户数据和拓展应用场景，成为最赚钱和市值最高的企业，这些互联网科技、金融科技企业估值远高于钢铁、石油等传统重资产企业。例如，据谷歌的母公司Alphabet发布的数据，2018年谷歌营收总额为1368.19亿美元，较上年增长23%，其业绩和增速是传统企业所难以比拟的。

在价值互联网时代，从来都是得数据者得天下，懂金融者分天下。国内外互联网巨头无不热衷拥抱、融合金融，来猎取互联网+金融的跨界红利。数据价值化过程可分为生产、流通、交易三个阶段，用户在互联网上生产出个人身份、消费、交易等各种数据，但是互联网巨头拥有强大的流通场景和控制力，独享数据价值，普通用户所得甚少，或者根本不知道自己的数据在什么场景能够产生价值。

另外，线上线下水乳交融（O2O）成为热潮，例如，马云在2016年云栖大会上宣称阿里巴巴将不再提"电子商务"这种说法，就源于阿里巴巴进入了越来越多的线下场景，已不再是单纯的互联网公司。

但价值互联网1.0时代依然是以中心化机构主导价值创造、传递和分配。毋庸置疑，实现价值传递大大提升了互联网的生产力。以金融业为例，1996年全球首个网络银行美国安全第一网络银行 (Security First Network Bank) 开始提供网络金融服务，中国也在 1998 年由招商银行完成首笔网络支付。其后，很多金融机构借助互联网技术拓展业务，陆续推出网上银行、手机银行、第三方支付、点对点（P2P）网贷、众筹、网络小贷等互联网金融业态，形成了以货币电子化、货币网络化、货币数字化为鲜明特点的金融 + 价值互联网。

在中心化机构主导的信息互联网、价值互联网 1.0 两个阶段，尽管产生了巨大的经济价值，大量用户也从中得到实惠，但这种金字塔型利益格局在客观上存在着中心化机构一家独享红利、公众沦为"割韭菜"对象的瓶颈和不足。特别是争做"金字塔塔尖""头部群体"的趋利、投机行为所导致的信任问题还是互联网时代最大的成本。

三、价值互联网 2.0 时代翩然而至

在价值互联网时代，每个人都是独立经济体。随着用户主权意识、平权意识、共享意识深入人心，分布式、去中心、自组织成为人们的利益新诉求和互联网新常态，就在这时，区块链进入了互联网世界、互联网经济和金融科技，价值互联网 2.0 时代就这样不期而至了。

1. 价值互联网 2.0 时代的经济学背景

以哈耶克、米塞斯等经济学家为代表的奥地利经济学派[①]主张保护私人财产等消费者主权，捍卫个人自由，提倡自由化、私有化、市场化和全球化。例如，哈耶克认为，私有制使人们能够以个人身份来决定自己要做的事情，市场经济就是由个人主义出发而形成，能保证人自由的"自然秩序"。哈耶克还用消费者主权理论说明了市场经济的完善性。目前，西方国家多将奥地利经济学派相关学说作为政策制定、经济运行、人才教育的指导思想，小政府、大社会、消费者主权成为价值互联网 2.0 时代的经济学背景，这也是区块链应用之所以能在欧美发达国家率先兴起和监管较为包容的理论基础。例如，一些欧洲国家承认比特币是货币，并将其纳入货币监管；美国把比特币归为资产，等同于石油等大宗商品；一些国家设立了监管沙盒机制[②]，

[①] 奥地利经济学派（Austrian School）：西方主流经济学派之一，是坚持方法论的个人主义经济学派，源自19世纪末奥地利一批经济学家，代表人物包括卡尔·门格尔、路德维希·冯·米塞斯、弗里德里希·奥古斯特·冯·哈耶克等人，主张政府减少管制、保护私人财产、捍卫个人自由。

[②] 监管沙盒机制（Regulatory Sandbox）：由英国政府于 2015 年 3 月率先提出。按照英国金融行为监管局（FCA）的定义，监管沙盒是一个"安全空间"，在这个安全空间内，监管者在保护消费者 / 投资者权益、严防风险外溢的前提下，通过主动合理放宽监管规定，减少金融科技创新的规则障碍，鼓励更多创新方案积极主动地由想法变成现实，实现金融科技创新与有效管控风险双赢。

支持区块链等金融科技超前发展，英国、新加坡、澳大利亚三国监管机构宣布认可对方的监管沙盒机制，初创公司在任何一方监管沙盒的实验成果在三国都通用。①

同样值得关注的还有奥地利经济学派提倡的"自由发钞制度抑制通货膨胀"。奥地利经济学派认为，货币本身的作用是度量衡，越稳定越好。如果某个国家由中央银行垄断负责发行钞票，可能缺乏权力制衡，造成宏观经济政策对市场经济的干预和公众权益的侵蚀。如果允许多家银行同时发行自己"兜底"的钞票（企业货币、流通货币），货币发行管理就会存在竞争关系，谁滥发钞票，谁的货币价值就会贬损，谁的货币就不被人接受，谁就会被淘汰出局。

银行自己发钞的做法在现实世界有过很多先例，我国近代出现过的钱庄、票号就发行自己的银票、票据，比特币、以太坊等加密数字货币在一定程度上可以被认为是对自由发钞制度的尝试。

2. 价值互联网 2.0 时代的社会思潮背景

从过去十多年区块链开发应用的主要规则看，著名社会学家、《连线》杂志创始主编凯文·凯利在 1994 年出版的《失控：机器、社会与经济的新生物学》影响深远。本书是一本论述人类社会、自然万物和科学技术如何进化的著作，提到了大众智慧、分布式状态、模块化生长、云计算、物联网、虚拟现实、敏捷开发、协作、双赢、共生、共同进化、网络社区、网络经济等当今社会的热词。

凯文·凯利在书中把工业社会总结为基于机械逻辑的进化论，把信息社会总结为基于生物逻辑的进化论，将后者概括为：分布式、去中心、自组织，以解释社会组织、经济体的组织和运作，这些论述与区块链价值观精髓不谋而合。

3. 价值互联网 2.0 时代的技术背景

其一，数据爆炸带来无价值信息陷阱。IBM 大中华区负责人认为，互联网导致了数据大爆炸，过去两年（2016—2017 年）所产生的数据是人类有史以来数据总量的 90%。以医疗健康为例，在 20 世纪 50 年代，医疗健康数据翻倍需要 50 年，20 世纪 80 年代需要 7 年，2015 年缩短到 3 年，到 2030 年预计只需要 73 天。如此大体量的数据仅仅依靠传统处理方式没法应对，必须有新科技应对数字爆炸世界。

再以金融业为例，金融是大数据的重要生产者和使用者，是典型的数据驱动行业。数据作为金融核心资产，与客户关系、产品业务模式休戚相关。通过数据产生和积累，利用算法可以轻易给每个人"画像"，为金融机构精准高效服务提供

---

① 肖风. 区块链，让价值互联网露出曙光 [N]. 人民日报, 2017-1-10.

基本依据。如果数据体量过大、实效精准不足，则数据价值无法体现，因此金融也面临数据爆炸的困境。

其二，点对点连接计算显著进步。IBM2014年发布的"物联网白皮书"认为，由于无处不在的连接和数以十亿计的IPV6地址，支持和服务数以千亿计智能设备的成本高企，即使只是维持数据存储分发的中心化服务器的成本也十分高。在后斯诺登（美国中情局前雇员，"棱镜计划"[①]曝光者）时代，个人隐私信息泄露风险很高，人们对互联网越发不信任。而中心化机构提供的互联网、物联网解决方案在用户不知情或者未经用户授权的情况下，具备通过收集分析用户数据来接近和控制用户设备的能力。

结合摩尔定律判断，在不久的未来，我们将能够利用分布在不同位置的数以亿计闲置设备的计算力、存储容量和带宽，来进行低延迟和高吞吐量的交易处理，以显著降低中心化服务器和数据库建设的运营成本，为升级版的去中心化解决方案带来技术基础。

区块链技术是促进交易处理和交互设备之间协作的基础架构，它允许在不需要信任其他参与者的技术环境下进行点对点连接计算，不会因中心化机构单点故障导致全网瘫痪。每个区块链用户按照共识规则，自主管理自己的行为，发挥自身作用，构筑去中心化自治互联网、物联网，以实现数字世界的民主与现代治理。

案例 / IBM推出区块链底层服务平台"Blockchain Platform"[②]

IBM是区块链开发应用的先行者和领导者，其区块链专利申请量在2017年列全球第二。IBM在2015年作为创始成员参加由Linux基金会发起的开源区块链项目超级账本（Hyperledger）[③]，并贡献了几万行代码（最大贡献者之一）。

[①] 棱镜计划（PRISM）：英国《卫报》和美国《华盛顿邮报》2013年6月6日报道，美国国家安全局（NSA）和联邦调查局（FBI）于2007年启动了一个代号为"棱镜"的秘密监控项目，直接进入美国网际网络公司的中心服务器挖掘数据、收集情报，包括微软、雅虎、谷歌、苹果等在内的9家国际网络巨头皆牵涉其中。

[②] 李佳惠.区块链谁玩儿得更好？IBM成顶级玩家！[EB/OL].[2017-09-22].http://server.it168.com/a2017/0922/3172/000003172112.shtml.

[③] 超级账本（Hyperledger）：是一个旨在推动区块链跨行业应用的开源项目，由Linux基金会在2015年12月主导发起，成员包括金融、银行、物联网、供应链、制造和科技行业的领头羊。项目目标是区块链及分布式记账系统的跨行业发展与协作，着重发展性能和可靠性，使之可以支持主要的技术、金融和供应链公司的全球商业交易。

IBM推出了企业级开放式区块链服务平台——Blockchain Platform，其兼有公有链和联盟链的相关功能，利用超级账本底层架构（Hyperledger Fabric，基于Linux基金会开源超级账本），帮助企业客户基于内容不可更改、共识信任和隐私保护原则建立分布式专属商业网络。

经过几年的发展，IBM在金融、医疗、政府、能源、物联网、碳排放交易等多种业务场景拥有60个以上区块链客户和400多个具体项目，其中包括雀巢、Visa、沃尔玛等全球知名企业，这也从侧面反映出大型企业开始广泛探索应用区块链。

例如，IBM与沃尔玛合作建立食品安全区块链；IBM与马士基集团联合推出基于区块链全球贸易数字化平台（图1-4）；IBM全球金融部门把区块链用于4000多家IBM供应商的信用管理；IBM与金融科技初创企业Stellar.org（低成本金融服务企业）和KlickEx Group（点对点外汇供应商）合作开发区块链跨境支付来减少结算时间和交易成本，现在澳大利亚、新西兰、英国等12个国家之间已实现直接高效支付；IBM与日本第二大金融机构瑞穗金融集团合作研发以区块链技术为支撑的虚拟货币即时结算系统，以期实现国际贸易安全快速结算；IBM与圣地亚哥证券交易所（智利最大的证券交易所）合作，利用区块链技术推动资本市场转型；IBM与友邦保险、渣打银行合作，实施了首个跨国智能合约保险业务；IBM与美国北方信托公司（NTRS）合作，为私募股权市场推出了首个区块链技术商业部署系统，以用于Unigestion（瑞士日内瓦资产管理公司）管理的200亿美元私募股权基金等私募市场主体。

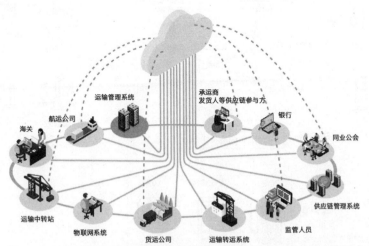

图1-4　IBM与马士基集团联合推出的基于区块链全球贸易数字化平台
（Global Trade Digitization Platform）

第2节 改变世界的技术力量:区块链的独特价值

在互联网诞生前,人类使用文字、数字等原始方式记录和传播信息。互联网的快速普及和迭代创新应验了美国物理学家约翰·惠勒关于"万物源于比特"的预言。在有了全球性信息传播系统后,自然就出现了对与之匹配的价值传输系统的需求,区块链也就这样应运而生。

抛开各种对区块链的过度宣传炒作,区块链技术本身尽管还没有全面成熟,市场化和商业化总体尚处于起步阶段,但是国内外已形成广泛共识,区块链是价值互联网 2.0 时代及后续数字经济创新的重要底层技术,甚至有可能成为改变世界的技术新贵,其前景不可限量。

以中国银联与中国光大银行合作构建的多中心可信 POS 电子签购单系统(联盟链)为例,其采用趣链科技的底层区块链技术,从测试结果看,区块链技术推动了业务表单无纸化和数字银行转型,实现了在线鉴定电子凭证真伪、防止电子凭证滥用(设置电子凭证使用次数与范围,杜绝多重支付)以及对电子凭证摘要、流转记录等信息的可追溯,可以解决信任瓶颈,满足监管要求。从技术上看,该系统还可拓展到供应链金融、跨境支付、积分、票据等其他场景。多中心可信 POS 电子签购单系统(联盟链)框架如图 1-5 所示。

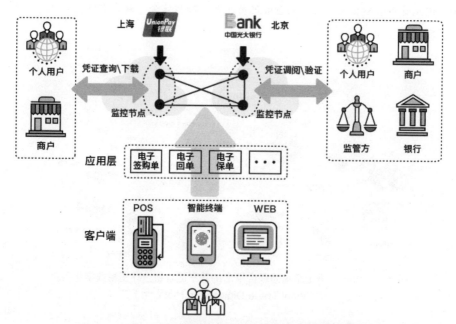

图 1-5 多中心可信 POS 电子签购单系统(联盟链)框架

麦肯锡2018年发布的一份报告显示，仅仅2017年一年时间，比特币总市值从不到200亿美元暴涨到超过2000亿美元，增幅达到10倍以上，比特币作为区块链第一个产业化应用，引起了各国政府和企业的广泛关注，多个国家政府发布了关于区块链潜在影响和应用前景的调查报告。达沃斯世界经济论坛调查预测，到2027年，全球10%的GDP将通过区块链技术存储和实现。2017年，风险投资公司（VC）对区块链创业公司的投资超过10亿美元，通过数字代币（ICO）募集资金飙升到50亿美元；IBM投入超过1000名员工、2亿美元进行基于区块链的物联网研发。

据此，我们对区块链提出了狭义和广义两方面的定义。

从技术维度来看，区块链是一种按照时间顺序将数据区块以顺序相连方式组合形成的链式数据结构，以密码学方式保证数据不可篡改和不可伪造的分布式账本、分布式系统架构。

如果综合技术维度、商业维度、社会维度来看，区块链是利用块链式数据结构验证和存储数据、利用分布式节点共识算法生成和更新数据、利用密码学保证数据传输和访问安全、利用自动化脚本代码组成的智能合约编程和操作应用功能的分布式信息基础架构与网络计算机制。区块链也可以延展为共识、信任、共享等价值观带来的全新社会思潮，是技术、理念、模式、运营的深刻变革创造了区块链经济（也有学者称为通证经济）新模式。

区块链主要技术特点如下。

1. 去中心化（Decentralized）

区块链系统采用分布式存储和计算，技术原理上不存在中心化服务器或管理机构，链上任意节点都有全网共识分配的权利义务，数据由链上具有维护功能的节点共同维护，任一节点停止工作或者遭遇网络攻击，都不会影响系统整体运作。

需要说明的是，在一些私有链、联盟链中，并非绝对去中心化，而是点对点、去中介化进行连接和应用。

2. 去信任（Trustless）

区块链系统中节点之间交易无须建立预设信任机制（如交易对手彼此熟悉、签署纸质合约），这源于分布式数据库和区块链网络运作公开透明，在系统的规则和时间范围内，节点之间无法彼此欺骗。

3. 开放性（Openness）

除了交易各方的私有信息被加密外，其他数据都可以实现对链上所有用户公开，用户通过公开接口（API）查询链上数据和开发相关应用（如在公有链上开发私有链）。

4. 共识（Consensus）

区块链共识机制的目标是使所有诚实节点保存一致的区块链视图，某诚实节点发布信息也会被其他所有诚实节点记录在自己的区块链账本。以联盟链为例，如果超过半数的利益不相干节点对某个应用、项目、交易完成验证、确认和共识，则可被认为全网各成员达成共识。

5. 自治性（Autonomy）

区块链采用基于协商一致的规范和协议，使全网所有节点能够在去信任环境下、按照共识规则来记录、共享分布式账本，以及交换、交易数据，将对人的信任转变为对机器的信任，减少人为负面干预。一些区块链项目还形成了链上社群、社区，基于应用场景实现了自我开发、自我管理、自我服务、自我运维。

6. 集体维护（Collectively Maintain）

区块链系统由其中所有具有维护功能的节点（用户）来共同维护。由于与己利益相关、全网共同监督，各个节点对维护系统的积极参与，可体现出主人翁意识、股东意识、志愿者意识。

7. 信息不可篡改（Information can not be tampered with）

一旦信息经过验证并添加至区块链，就会被永久存储在分布式账本中。在不能同时控制链上超过 51% 的节点的情况下，某个节点单独对数据库（分布式账本）修改无效，因此区块链的数据具有较高的稳定性和可靠性。

8. 可靠数据库（Reliable Database）

由于区块链系统每个节点（分布式账本）都储存最新基于权限的完整数据库拷贝，修改某个节点的数据库无效，此外系统会自动比较，核实最多次出现相同数据的记录才会确认和数据上链。

9. 匿名性（Anonymity）

由于节点之间数据交换遵循固定算法，相关程序规则会自动判断数据交互是否有效，因此交易对手无须通过公开身份等方式让对方对自己产生信任，从而有助于信用确权、评级和价值最大化。

区块链系统参考架构如图 1-6 所示。

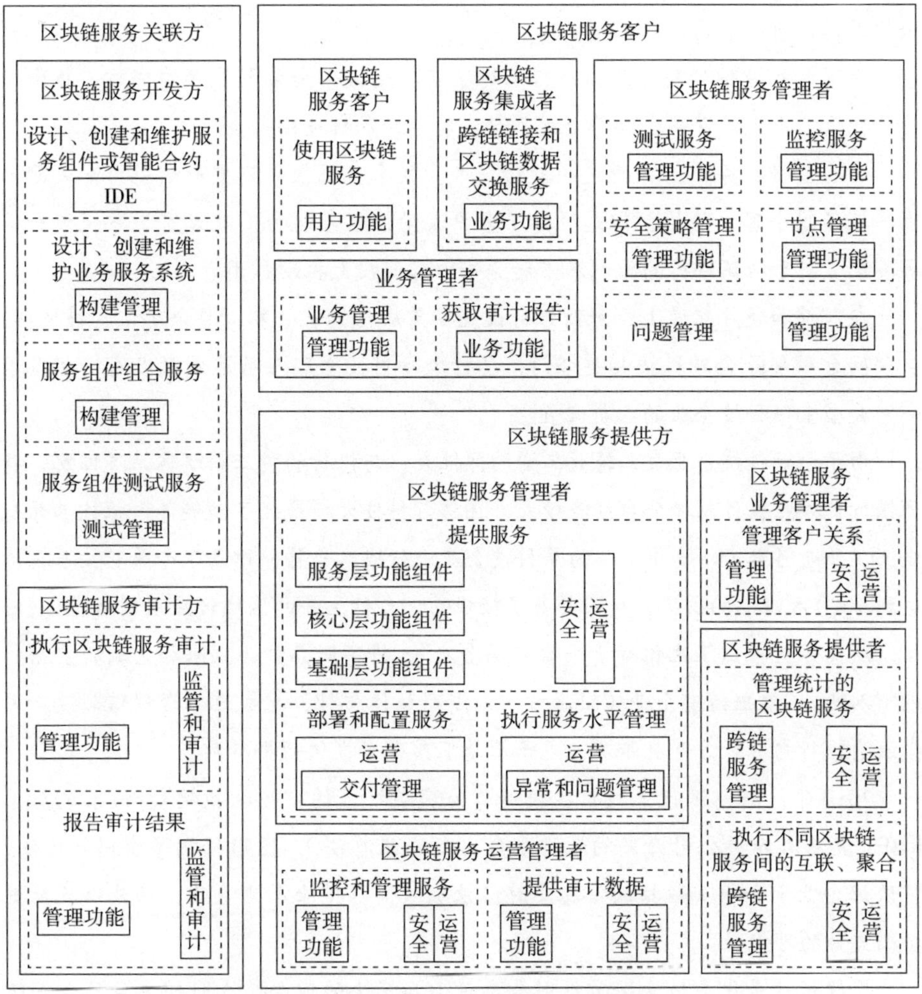

图 1-6　区块链系统（公有链）参考架构[①]

> **案例** ／ **浙商银行：区块链赋能传统银行转型金融科技银行**[②]

浙商银行是全国第十二家股份制银行，与工农中建交五大国有行、其他股份

[①] CBD-Forum-001-2017, 区块链 参考架构 [S]. 北京：中国区块链技术和产业发展论坛 .2017.
[②] 姚心璐 . 浙商银行二度试水区块链 [J].21 世纪商业评论 .2018,（6）.

制银行相比，浙商银行在资产、业务、品牌、市场等方面遭遇了后发赶超的竞争挤压。按照建设"国内一流商业银行"的发展目标，近年来浙商银行快速扩张，但也出现了踩雷乐视、卷入"宝能万科股权争夺战"、浙商产融运作风险爆发等传统模式逆袭所带来的系列问题。

为了大幅进位赶超，浙商银行选择了在区块链等金融科技领域突破，推出了应收款链、池化融资平台和易企银平台，转型金融科技银行。

这些金融服务较传统模式的授信额度、利率、还款周期更有吸引力，表面上看降低了单个客户价值，但是提升了客户流动性服务能力，做大了用户规模和服务场景，对于浙商银行的盈利水平和竞争力都有较大推动作用。

在人员和硬件配置上，浙商银行设置了首席信息官一职，整合了信息科技部、互联网金融部等金融科技相关部门，总行金融科技全职人员达到数百人，相当于一家大型金融科技企业的人员配置。

由于金融科技企业员工绩效工资的弹性大，与银行的员工薪酬体系不匹配，浙商银行就按照项目制和平台经济模式，在总行科技大楼聚合了趣链等一批技术开发企业，并与阿里云、腾讯、华为等科技企业进行战略合作，建立了专兼职技术人员达到1000人以上的团队，从而具备了较强的、自行主导的区块链应用创新能力。

浙商银行推出了池化融资平台"涌金池"，将不同品种、期限和金额的票据打包"入池"，票据持有企业（融资方）向浙商整体质押，生成池融资授信额度，用于浙商银行向融资方开具纸质、电子承兑汇票或者提供短期贷款。

2017年，浙商银行上线将区块链作为底层技术的"应收款链"，该系统基于RBFT算法（趣链公司开发的改进型拜占庭容错算法），运用秘钥等密码学方法，将认证企业（会员）应收款信息实时记录确权，以排除人为篡改、伪造以及数据坍塌失效的可能性。

应收账款是供应链金融常见财务类目，其产生的现金收支时间差往往会直接导致上游供应商现金流吃紧。化解企业资金压力的常规做法是将应收款质押再融资，但金融机构面临应收账款单据不实、数据造假等风险，通常需要供应链核心企业（应收账款债务人）提供背书才会认可。核心企业多处于强势地位，如果拒绝提供背书，供应商难以获得再融资。而低成本提升可信度恰恰是区块链的优势，只要应收账款单据上链和单据数据上链达成全网共识，所有操作和交易记录在账本，无须背书也能认定真伪。

浙商银行应收款链还可实现支付自动执行。应收账款的各类交易按约定规则，通过智能合约实现到期自动、无条件执行履约操作，不用依赖人工操作，提高了交易效率，减少了人工操作的误差和相关风险。

浙商银行应收款链平台架构如图 1-7 所示。

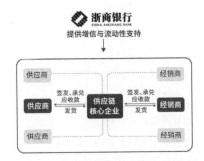

图 1-7　浙商银行应收款链平台架构

据浙商银行负责人介绍，应收款链还可与其他业务配合，构建可以被视为生态系统和公有链迭代的产品组合，如引入涉及供应链的更多票据产品，添加账单通、订单通、支持资产证券化（ABS）等浙商银行其他服务。

例如，浙商银行与上市公司浙江超威动力能源公司合作，将"应收款链"和"涌金池"结合，打造以超威动力为核心企业的供应链联盟链。借助浙商银行区块链平台，超威动力向供应商签发承兑应收款，并将相关信息上链，链上企业的交易、债权、债务关系实时记录在分布式账本上。同时，以超威动力为核心，浙商银行设立专项涌金票据池，超威动力签发的商票、电子票据可生成授信额度，然后由浙商银行保兑（为票据提供银行信用背书）。

超威动力供应商在收到由浙商银行保兑的应收款信息后，可将其在"涌金票据池"质押，获得浙商银行再融资贷款，提高现金流动性，降低融资成本。截至 2018 年 3 月，超威动力通过浙商银行区块链平台签发应收款 3.76 亿元，向浙商银行融资 2.8 亿元。

目前，浙商银行应收款链签约 100 多家大企业，链上资金融通和授信总额均达到几十亿元。这些大企业多为供应链核心企业，对供应链上下游企业影响力大，过去主要由大银行服务，浙商银行等中小银行竞争难度大。应收款链等区块链的应用开发有助于解决供应链上下游企业融资难、融资贵、融资慢的问题，减少应收款带来的矛盾，有利于营造供应链生态体系，成为吸引大企业与浙商银行合作的关键所在。

区块链应用于国内银行项目的情况见表 1-1。

表 1-1 国内部分银行的典型区块链应用项目

序号	银行	区块链项目
1	浙商银行	区块链数字汇票
2		应收账款链
3	中国银行	区块链电子钱包
4	中国工商银行	自主可控的区块链平台（企业级区块链产品）
5	交通银行	信用证区块链应用
6	中国建设银行	区块链银行保险平台
7	中国农业银行	涉农电商融资系统"E 链贷"
8	中国邮政储蓄银行	基于区块链的资产托管系统
9	招商银行	现金管理领域跨境直联清算
10		全球账户统一视图
11		跨境资金归集
12	中国民生银行	和中信银行联合推出信用证区块链应用
13	兴业银行	电子合同防伪平台
14	中国光大银行	阳光融 e 链
15		与中国银联合作 POS 电子签购单系统
16	浦发银行	和中国工商银行、中国银行、杭州银行在数字票据交易平台完成数字票据签发、承兑、贴现和转贴现业务

第 3 节 基于共识规则的应用创新：区块链主要理念和技术原理解盘

区块链是一种解决拜占庭将军问题、保证最终一致性的分布式数据库。从数据结构看，区块链是基于时间序列的链式数据块结构；从节点拓扑看，链上节点互为数据备份；从操作上看，区块链提供了非对称加密的公钥、私钥验证和时间戳不可篡改等技术手段来管理分布式账户，全网只有一个实时最终确定状态。

例如，假定有 1 万台联网计算机分布在世界各地，计算机拥有者互不认识、互不信任，我们需要采用什么技术手段来建设一个可信任环境，实现基于分布式、去中心、自组织的价值交互功能？在这种情况下，区块链可提供解决方案的底层技术。

①基于共同利益的节点构成点对点交互网络，需要遵循共同规则和拥有各自

分布式账本，节点间数据交换相当于记账过程；

②节点之间的数据交换过程不可篡改，每次数据交换均有时间戳记录，并且已生成的历史记录不可篡改；

③在规则体系内，每个节点发生的最新数据会同步到每个节点账本，并且会验证最新数据有效性；

④基于少数服从多数原则，网络维护和账本数据可以客观真实地反映数据交互的历史。

区块链发展历程如图1-8所示。

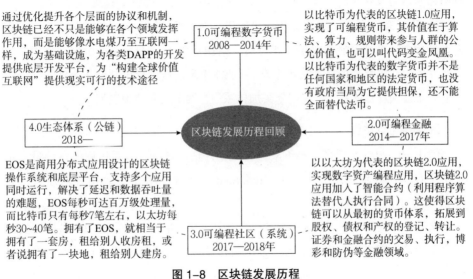

图1-8　区块链发展历程

一、数字世界的"信用"解读

"信用"是现代社会耳熟能详的核心词，指为履行诺言而能够取得的信任，也是通过长时间积累而拥有的信任和诚信度。信用无处不在，难得易失，费十年工夫积累的信用往往由于一时一事不当而失掉言行。

中国历来有重信守诺的传统，例如，《左传·宣公十二年》提到"王曰：'其君能下人，必能信用其民矣，庸可几乎？'"；《史记·季布栾布列传》提到"得黄金百，不如得季布一诺"。

西方国家同样重视信用。例如，经济学家约翰·劳、麦克劳德、熊彼特等人提出了信用创造论，认为信用创造资本，信用就是货币，通过这种资本扩张即信用量增加与扩展来创造社会财富，繁荣商业，使国民经济具有更大活力。英国哲学家约翰·穆勒认为，相互信任可以弥合人类每一个裂痕。

1. 信用与货币

市场经济的本质是信用经济，随着社会分工的深化和细化，以及市场全球化和精细化，信用频繁出现在借贷活动（促进资本增长）和其他市场经济活动中，成为市场经济的基础。

信用经济一词由德国经济学家 B. 希尔德布兰德（Bruno Hildebrand）提出，他把社会经济发展划分为物物交换为主的自然经济时期、货币媒介交换的货币经济时期和信用为媒介的信用经济时期，而信用经济是社会经济的高级形式。

20世纪30年代初，世界经济危机爆发，西方发达国家先后被迫脱离金本位和银本位制度，纸币不能再兑换金属货币，信用货币（credit money）应运而生，如今世界各国几乎都采用这一货币形态。近90年来，信用货币制度在全球的推行经历了"布雷顿森林体系"[①]和"牙买加体系"[②]两个国际货币制度。

2. 信用可计量性

信用是一种行为策略，多年来已有大量评估、评级工具对信用进行计量，主要集中在围绕违约风险建模（如 Creditmetrics 模型）和围绕公司价值建模（如 KMV 模型）两个领域。

这里补充说明一下，Creditmetrics 模型与 KMV 模型是国际金融界最流行的两个信用风险管理模型。两者都为金融机构在进行贷款等授信业务时，衡量授信对象的信用状况，分析潜在信用风险，防止集中授信，进而为实现投资分散化和具体授信决策提供量化的科学依据。

尽管信用计量工具林林总总，但失信问题依然层出不穷。人是感性动物，不同社会环境下的行为差异较大，单一基于计算的信用计量工具可操性不强，准确度不高。以征信为例，拥有强大用户行为数据的中国人民银行征信系统、芝麻信用也因缺乏对欠债不还客户的精准评估、识别、预警和风控而无法杜绝此类现象。

[①] 布雷顿森林体系："二战"后为建立统一的世界货币体系，1944年在美国新罕布什尔州布雷顿森林举行的有美、英、中、法等44国代表参加的世界货币金融会议上，创建了国际货币基金组织，形成了以美元为中心的国际货币体系，切断了黄金与纸币在国内的自由兑换关系。

[②] 牙买加体系：1976年1月，国际货币基金组织（IMF）理事会"国际货币制度临时委员会"在牙买加首都金斯敦举行会议，签订达成了"牙买加协议"，同年4月，国际货币基金组织理事会通过了《IMF协定第二修正案》，从而形成新的国际货币体系——实行浮动汇率制度改革，推行黄金非货币化，增强特别提款权作用，增加成员国基金份额，扩大信贷额度，增加对发展中国家的融资。

究其原因，主要是缺乏可以精确计量信用、将信用价值与日常生产生活融合的技术解决方案和生态系统。

3. 区块链为信用生态系统提供技术路径

信息论之父克劳德·艾尔伍德·香农（Claude Elwood Shannon）1948年提出比特（bit）这个新单词，将比特作为衡量信息多少的基本单位，用二进制存储信息，解决了"如何使用数学方法定义和测度信息"这一关键问题，引领了后来的计算机、互联网等信息产业的爆发。

既然无处不在的信息可以成功量化，那么同样无处不在的信用也可以用新模型、工具和系统来量化。在具体经济行为中，信用量化价值并非是对参与主体（如某个人、某个企业、某个组织）的存量或者历史信用资产进行评价，而是测度经济行为中的信用行为、可信程度，预测参与主体在经济行为及未来的违约、欺诈概率。违约概率越高，信用水平越低。

从公开透明、时间戳不可篡改、共识规则等技术特点看，区块链是一台信任机器，是在完全不信任节点之间建立信任机制的技术。简单来说，在区块链系统中，成员（节点）的欺诈行为所付出的成本要高于违约潜在收益，成本和收益均可事先精确计算和公开发布，很显然，理性参与者都不会有违约、欺诈的动力。

基于区块链系统，我们可以构建一个简单直接的信用计量模型：

$$信用行为可信程度 = \frac{违约成本}{违约收益}$$

二、区块链共识机制

共识机制是区块链的核心基石以及去中心化、效率、安全的保障，它通过数学算法等相对公平的方式，让分散各处的节点就区块创建、应用、激励和区块链运作等规则达成一致，是节点之间建立信任的基础。

共识是区块链节点达成一致的过程，区块链运作的一致性体现在以下三个方面。

一是最终性（Termination），每个操作进程最终会在有限的步骤内结束，并得出一个全网共识认可的数据值，算法不会无休止地执行。

二是统一性（Agreement），既然是算法得出的数据值，链上所有节点必须同意这个数据值，记录到分布式账本。

三是合法性（Validity），输出的数据值是输入数据按照系统规则生成，那么只要输出的数据值合法，就能够被链上成员记账。

1. 拜占庭将军问题[①]

拜占庭将军问题（Byzantine Generals Problem）是莱斯利·兰波特（2013年图灵奖得主）提出的分布式对等网络通信容错的问题。在分布式计算中，不同计算机通过信息交换达成共识，并按照同一套协作策略行动。但有时候系统的成员计算机可能出错而发送错误信息，用于传递信息的通信网络也可能导致信息损坏，使得不同成员基于全体协作策略得出不同结论，从而破坏系统的一致性。拜占庭将军问题被认为是容错性问题中最棘手的问题类型之一。

拜占庭位于今土耳其伊斯坦布尔，是当时东罗马帝国首都。当时的东罗马帝国国土辽阔，为了防御外敌入侵，每支军队比较分散，将军（军队首脑）与将军之间只能靠传令兵传递消息。在战争时期，拜占庭军队所有将军必须达成一致共识，决定是否攻打敌人阵营。但是由于军队中可能存在叛徒和敌军间谍误导将军们的决定，扰乱军队秩序，导致共识结果实际上并不能代表大多数人的意见。在已知有成员谋反的情况下，其余忠诚将军面临在不受叛徒影响下如何达成一致协议的挑战，拜占庭将军问题就此形成。对于忠诚将军来说，并不知道谁是背叛者，所以不能完全相信接收到的命令，必须对命令做出判断。

在比特币出现前，解决分布式系统一致性问题主要是靠莱斯利·兰伯特（Leslie Lamport）提出的 Paxos 算法及其衍生算法，证明了在将军总数大于 $3f$，背叛者为 f 或者更少时，忠诚将军可以达成命令上的一致，即 $3f+1 \leq n$ false，算法复杂度为 0。Paxos 类算法仅适用于中心化分布式系统，这种系统没有不诚实节点（不会发送虚假错误消息，但允许出现网络拥堵或宕机出现的消息延迟）。

2. 超级账本 PBFT 算法

1999 年，数学家卡斯特罗（Miguel Castro）和利斯科夫（Barbara Liskov）提出了超级账本 PBFT 算法（Practical Byzantine Fault Tolerance，也称实用拜占庭容错算法），某核心思想是：对于每个收到命令的将军，都要去询问其他人，他们收到的命令是什么，以此来确认命令的真实性。该算法解决了原始拜占庭容错算法效率不高的问题，将算法复杂度由指数级降到多项式级，使得拜占庭容错算法在信息系统的应用变得可行。

PBFT 共识机制是少数服从多数，根据信息在分布式网络完成所有节点的传播和交换，而后各节点列出所有得到的信息，一个节点代表一票，选择大多数节点

[①] 刘肖飞.基于动态授权的拜占庭容错共识算法的区块链性能改进研究[D].杭州：浙江大学,2017.

的投票结果作为共识方案。PBFT 将容错量控制在全部节点数的 1/3，即只要有超过 2/3 正常节点传播接收正确信息，整个系统便可正常运作。PBFT 算法的基本流程如图 1-9 所示。

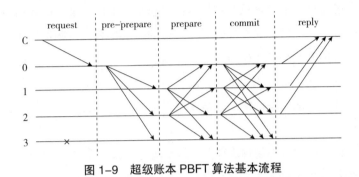

图 1-9　超级账本 PBFT 算法基本流程

PBFT 算法基本流程分为预准备（pre-prepare）、准备（prepare）、提交（commit）三个阶段。图中的 C 代表客户端，0、1、2、3 代表节点编号，打叉的 3 代表可能的故障节点或者问题节点，图中表现的行为就是对其他节点的请求无响应。0 是主节点。

整个过程大致是：

首先，客户端（C）向主节点（0）发起请求，主节点收到客户端请求，会向其他节点（1、2、3）发送 pre-prepare 消息。其他节点收到了 pre-prepare 消息，就开始上述三个阶段形成共识的过程。

pre-prepare 阶段：其他节点收到 pre-prepare 消息后，会有接受或者不接受两种选择。不接受情况是收到曾出现过、但内容和之前不一致的信息。

prepare 阶段：某个节点同意请求后会向其他节点发送 prepare 消息。同一时刻不是只有一个节点在进行这个过程，可能有 n 个节点在进行，因此某个节点可能同时收到多个节点发送的 prepare 消息。在一定时间内，如果收到超过 2/3 不同节点的 prepare 消息，代表 prepare 阶段已经完成。

commit 阶段：prepare 阶段完成后，某个节点向其他节点广播 commit 消息，同理，这个过程中可能有 n 个节点在进行，因此某个节点可能收到多个节点发来的 commit 消息，当收到 $2f+1$（$f=3$）个 commit 消息后（包括自己），代表大多数节点进入 commit 阶段，达成共识，于是每个节点就会执行请求，在各自账本写入数据。

上述流程处理完毕后,每个节点会返回消息给客户端。

3. 中本聪的解决方案:PoW 共识算法

中本聪在比特币中创造性引入"工作量证明机制(Proof of Work,PoW)",通过增加发送信息成本和降低节点发送消息速率,保证在某个时间内只有一个节点或者较少节点在广播,并在同时附上自己的数字签名,以确保真实性。这个过程就像将军 A 向其他将军(B、C、D…)发起一个进攻提议,将军 B、C、D…看到将军 A 签名的进攻提议书,如果是诚实将军就会立刻同意进攻提议,而不会发起自己其他意见。这就是比特币网络使单个数据区块(账本)达成共识、取得一致性的方法。

PoW 共识算法的核心是解决拜占庭将军问题(分布式网络一致性问题)。工作量证明相当于提高了做叛徒(发布虚假区块)的成本,只有第一个完成证明的节点才能广播区块,竞争难度非常大,需要很高算力,如果广播不成功,前面花费的算力就白白耗费了(算力需要成本)。如果有这样的算力作为诚实节点支撑,诚实节点可以获得很大收益(这是比特币矿工做的工作),降低了做叛徒的动机(造假代价太大),整个系统也因此更稳定。

比特币网络还构筑了"最长链机制",要求所有节点都遵循一个共识协议,也就是所有保存到本地(矿机、服务器)的区块链必须是本地节点验证通过的最长链。只有最长链的区块才能获得系统承认并得到挖矿奖励。打包区块获得的奖励在该区块上增加 99 个新区块之后才能使用,也是保证区块链不发生分裂的重要机制。

PoW 共识算法具有如下优点。

一是规则较为简单,参与门槛较低,去中心化程度高。哈希函数是散列函数,只能通过穷举法获得计算结果,随机性好,参与者能够公平执行规则,难以存在超级节点不劳而获"挖矿"得到比特币的情况。加之梅克尔树根的设置,哈希函数的解(计算结果)的验证过程也能在全网自动实现。理论上讲,只要具备联网挖矿设备和基本计算机处理能力,人人都可以参与比特币公有链挖矿,无须中心化机构许可和身份审核。

二是可靠性较高。PoW 共识算法破解了低门槛分布式 P2P 网络经常遭遇的"女巫攻击问题"[①],对比特币实施网络攻击需要掌握超过 51% 的算力,破坏系统的投

---

① 女巫攻击问题:假设 P2P 网络每个节点拥有一个确定身份,但是一个恶意节点宣称拥有多个身份,通过欺骗系统获得认可,从而获得网络中更大的影响力,这就是在发起女巫攻击。如何在 P2P 网络识别女巫攻击,对保证系统安全十分重要。

入极大，所以网络的安全性得到提高。

三是共识达成自动化。节点通过求解哈希函数，区块的产生、验证、共识、广播、记账全过程都是由算力控制，节点之间无须交换其他信息也能达成共识。

4. 新共识算法

比特币等加密数字货币并没有和实际的生产生活价值对标，由于工作量证明机制（挖矿）会造成巨大的电力消耗，引发人们对能源大量消耗的担忧，促使研究人员探索解决一致性（共识）问题新机制，陆续推出了权益证明机制（Proof of Stake，PoS）、股份授权证明机制（Delegated Proof-of-Stake，DPOS）、Pool 验证池等新共识算法。

三、区块链涉及密码学

密码学是研究如何隐秘传递信息的学科，它在编码与破译的斗争实践中逐步发展起来，并随着先进科学技术的应用，成为一门综合性尖端技术的科学，与语言学、数学、电子学、声学、信息论、计算机科学等有着广泛密切的联系。著名密码学者 Ron Rivest（2002 年图灵奖获得者）解释道："密码学是关于如何在敌人存在的环境中通信的科学技术。"

密码学的首要目的是隐藏信息含义，而并非隐藏信息的存在。密码是通信双方按约定法则进行信息特殊变换的一种重要保密手段。20 世纪 70 年代以前，密码学主要应用在政府、军事等领域。随着数据加密标准、公钥加密算法等技术的创新，密码学应用成本降低，并广泛应用于公众日常生活。

公钥密码学出现之前，几乎所有密码体制都是基于替换和置换这些初等方法。公钥密码学与之前的密码学完全不同。其一，公钥算法基于数学函数，而不是基于替换和置换；其二，公钥密码是非对称的，使用两个独立密钥，对消息的保密性、密钥分配和认证领域有着重要意义，一系列非对称加密算法陆续出现（算法流程如图 1-10 所示）。公钥密码体制根据所依据的数学难题一般分为三类：大整数分解问题类、椭圆曲线类、离散对数问题类。

公钥算法依赖于一个加密密钥和一个与之相关的解密密钥，并具有如下特点：一是仅根据密码算法和加密密钥来确定解密密钥，在计算上不可行；二是 RSA 等算法可以实现两个密钥的任何一个用来加密，另一个用来解密，通信双方无须交换密钥，也能建立保密通信。

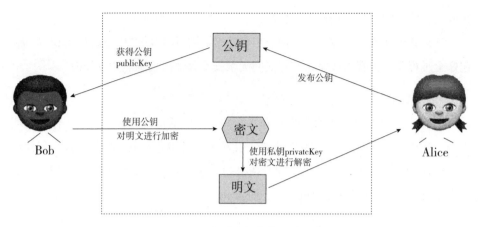

图 1-10 非对称加密算法流程图

1. 哈希函数

哈希函数（Hash Algorithm）又称哈希算法、散列算法、杂凑算法，是一种以较短的信息来保证文件唯一性的标志，这种标志与文件每一个字节都相关，而且难以找到逆向规律。当原有文件发生改变，其标志值也会发生改变，从而告诉文件使用者当前文件已经不是之前文件。目前，哈希函数已成为密码学的基础知识和基础算法，在加密数字货币、供应链金融、支付结算、数字票据、征信等区块链金融领域应用广泛。

哈希函数具有如下特性。

①输入可为任意大小的字符串；

②产生固定大小输出；

③能进行有效计算，对于特定输入字符串，在合理时间内，可以算出哈希函数输出。对应 n 位字符串，其哈希值计算复杂度为 $O(n)$。

另外，要使得哈希函数达到密码级高安全性，还要具备三个附加特性：碰撞阻力（collision-resistance）、隐秘性（hiding）、谜题友好（puzzle-friendliness）。

（1）碰撞阻力

加密哈希函数要求具有碰撞阻力（免碰撞），即不会出现输入 $x \neq y$，但是 $H(x)=H(y)$ 的情况，也就是强抗冲突性。哈希值的碰撞阻力特性使其值可以作为数据区块信息摘要（message digest）。即使整个文件非常大，信息摘要（哈希值）也是长度固定的，这极大降低了对分布式账本的存储要求，降低了该项技术的应用门槛。

（2）隐秘性

哈希函数具有隐秘性，对于一个给定输出结果 $H(x)$，想要逆向推出输入 x，在计算上不可能。如果哈希函数具有碰撞阻力和隐秘性，从安全性上讲，承诺任务（commitment）则是有效的。

（3）谜题友好

对于任意 n 位输出值 y，假定 k 选自高阶最小熵分布，如果无法找到一个可行方法，在比 2^n 小很多时间内找到 x，保证 $H(k \| x) = y$ 成立，那么我们称哈希函数为谜题友好。

最小熵是用于测试结果可预测性的手段，高阶最小熵描述了分布数据（如随机变量）的分散程度。在这样的分布中取样时，很难判定取样倾向，降低了非算法干扰。例如，如果 r 是从长度为 256 位的字符串随意选出的，那么任意特定字符串被选中的概率为 $1/2^{256}$，这是一个小到几乎可以忽略的取值。

2. SHA-256 哈希算法

安全散列算法（Secure Hash Algorithm，SHA）是由美国国家安全局（NSA）设计、美国国家标准与技术研究院（NIST）发布的多密码散列函数，包括 SHA-1、SHA-224、SHA-256、SHA-384、SHA-512，主要适用于数字签名。后 4 个哈希散列函数又并称为 SHA-2。

SHA-256 是比特币等加密数字货币应用较多、输出值为 256 位的哈希函数。SHA-256 利用 MD（Merkle-Damgard）变换，把一个固定输入、防止碰撞的压缩函数变换成一个接受任意长度输入的哈希函数。通过初始化向量（初始变量）补位，可以把输入编译成 512 比特的整数倍。

3. 数字签名

数字签名（digital signatures，也称公钥数字签名、电子签章）是一种使用公钥加密等技术手段、用于鉴别数字信息的方法，从技术上保证信息传输的完整性、发送者身份认证、防止交易抵赖发生。一套数字签名通常定义两种互补运算，一个用于签名，另一个用于验证。只有信息发送者才能产生别人无法伪造的一段数字串，这段数字串同时也是对发送者发送信息真实性的有效证明。数字签名基本流程如图 1-11 所示。

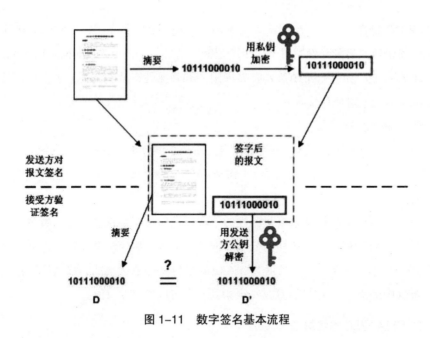

图 1-11　数字签名基本流程

4. 椭圆曲线数字签名算法

椭圆曲线加密算法（Elliptic Curve Cryptography，ECC）于 1985 年由 Neal Koblitz 和 Victor Miller 提出，是一种基于椭圆曲线数学理论的非对称加密算法。相比 RSA 非对称加密算法（第一个能同时用于加密和数字签名的算法），ECC 的优势是可以使用更短的密钥，并实现与 RSA 相当或更高的安全性。据研究，160 位 ECC 加密安全性相当于 1024 位 RSA 加密，210 位 ECC 加密安全性相当于 2048 位 RSA 加密。

椭圆曲线可用如下二元三阶方程表示：$y^2 = x^3+ax+b$，其中 a、b 为系数。形状如图 1-12 所示。

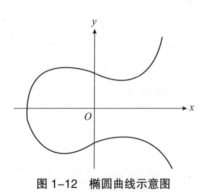

图 1-12　椭圆曲线示意图

椭圆曲线数字签名算法因高安全性而广泛应用在比特币、以太坊、超级账本等区块链项目，基本流程如下。

设私钥、公钥分别为 k、K，即 $K=kG$，G 为椭圆曲线上某个点。

私钥签名：

① 选择随机数 r，计算点 $rG(x, y)$。

② 根据随机数 r、消息 M 的哈希值 h、私钥 k，计算 $s = (h+kx)/r$。

③ 将消息 M 和签名 $\{rG, s\}$ 发送给接收方。

公钥验证签名：

① 接收方收到消息 M 和签名 $\{rG=(x, y), s\}$。

② 根据消息求哈希值 h。

③ 使用发送方公钥 K 计算 $hG/s+xK/s$，并与 rG 比较，如相等则验证签名成功，即 $hG/s+xK/s = hG/s+x(KG)/s = (h+xk)G/s = r(h+xk)G/(h+kx) = rG$

另外，比特币使用了基于参数为 secp256k1 的椭圆曲线数字签名算法，包含私钥和公钥，交易发出方用私钥进行签名，并将签名与原始数据发送到整个比特币网络，网络所有节点则用公钥对交易有效性进行验证。该算法保证了交易是由拥有对应私钥的人所发出。

5. 对称加密算法

对称加密（也叫私钥加密）指加密和解密使用相同密钥的加密算法，加密密钥能够从解密密钥中推算出来，同时解密密钥也可以从加密密钥中推算出来。在大多数对称加密算法中，加密密钥和解密密钥相同，所以也称这种加密算法为单密钥算法，要求信息发送方和接收方在安全通信之前，商定一个密钥。对称加密算法的特点是算法公开、计算量小、加密速度快、加密效率高，不足之处是交易双方都使用同样的钥匙，安全性得不到保证。

值得关注的是，对称加密算法（Advanced Encryption Standard，AES）成为美国数据加密标准，从而被广泛应用。比特币客户端使用 AES 算法中的 AES-256-CBC 来加密钱包文件。用户设置密码后，采用用户设置密码通过 AES 算法对钱包私钥加密来确保客户端私钥安全，从而保证用户数字资产的安全，因此 AES 也被称为分组密码、块密码。其算法流程如图 1-13 所示。

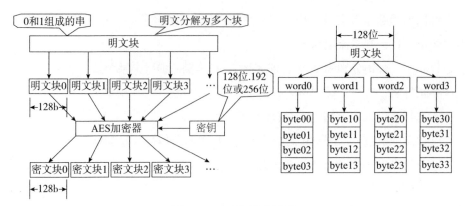

图 1-13　AES 算法流程

四、区块链的结构和组成

1. 哈希指针

哈希指针也可以被形象地描述为指向数据存储位置的指针，是一种数据结构，同时也是位置数据的哈希值。跟普通指针相比，哈希指针不但可以告诉用户数据的存储位置，还可以验证数据是否被篡改过。

通过哈希指针建一个链表，这个数据结构就还被称为区块链。普通链表有一系列区块，每个区块既有数据也有一个指向上一个区块的指针。而在区块链中，指向上一个区块的指针是哈希指针。所以每个区块不仅能告诉我们上一个区块的值在哪里，还包含了其哈希值。如图 1-14 所示。

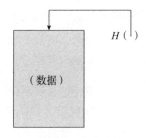

图 1-14　哈希指针

通过哈希指针 $H(\ )$，不但可以定位到对应数据块位置，而且还可以知道对该数据块进行哈希操作之后的哈希值是什么，所以一旦数据块的数据发生改变，对其做哈希操作之后的哈希值必然和之前不同，于是通过哈希指针也就可以得知数据是否被篡改。基于哈希指针的区块链结构如图 1-15 所示。

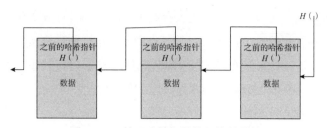

图 1-15　基于哈希指针的区块链结构

通过后一个区块哈希指针，不仅能找到前一个区块，而且能够防止有人篡改数据。如果有人试图修改某个区块的数据，那么它后面那个区块的哈希指针是不能够和篡改数据后的区块生成的哈希指针相匹配的。因此，只要我们保存好链表中最后那个哈希指针，就一定能发现是否有人篡改了区块数据。基于哈希指针的区块链防篡改性能如图 1-16 所示。

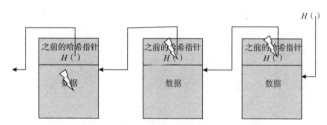

图 1-16　基于哈希指针的区块链防篡改性能

2. 梅克尔树

梅克尔树（Merkle trees）能够构成区块链的基本组成部分，通常包含区块体的底层（交易）数据库、区块头的根哈希值（即 Merkle 根）以及所有沿底层区块数据到根哈希的分支。梅克尔树的运算过程一般是将区块体数据进行分组哈希，并将生成的新哈希值插入梅克尔树，如此递归直到只剩最后一个根哈希值作为区块头的 Merkle 根。最常见的梅克尔树型区块链是比特币采用的二叉梅克尔树，每个哈希节点总是包含两个相邻数据块或其哈希值。

梅克尔树的特点如下。

①梅克尔树是一种树，大多数是二叉树，也可以是多叉树，无论是几叉树，都具有树结构的所有特点；

②梅克尔树叶子节点 value 是数据集合的单元数据或者单元数据 Hash。非叶子节点 value 是根据下面所有叶子的节点值，然后按照 Hash 算法计算得出。

梅克尔树有诸多优点，其一，极大提高了区块链的运行效率和可扩展性，使得区块头只需包含根哈希值而不必封装所有底层数据，使哈希运算能够高效运行在计算机、笔记本、智能手机、物联网等设备上；其二，梅克尔树支持"简化支付验证"协议，在不运行完整区块链网络节点的情况下，能够对交易数据进行验证。梅克尔树结构如图1-17所示。

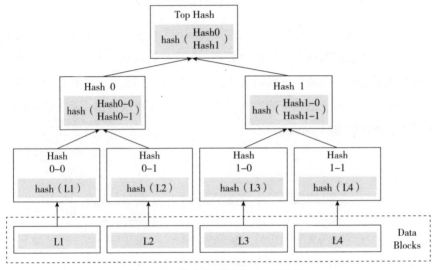

图1-17 梅克尔树结构（二叉树）

3. 数据区块

《2018—2023年中国大数据行业发展与投资机会分析报告》数据显示，2017年中国大数据行业市场规模为3615亿元，2018年将近6000亿元。普通人作为数据生产者，随着互联网的普及，几乎无时无刻不在贡献自身数据，但这些数据散落在互联网各个角落，个人无法直接了解和获得自身数据，也难以支配使用数据并产生数据的价值收益。

区块链可以对数据进行加密存储以保证其安全性，让每个人看到自己在各个场景产生的数据，并且在未经本人授权以情况下，第三方无法随意查看、处置和使用。通过这种技术手段，数据所有权回归数据生产者，既可以保护用户隐私，又解决了"信息孤岛"问题。

以比特币网络为例，每个"挖矿"节点都基于最新区块生成下一个区块，同时将网络未确认的合法交易包含进去。在完成工作量证明后，将最新区块广播到全网，同时获得区块奖励（Token）。由于只有最长链上的区块才能够获得奖励，所有节点在利益驱使下共同记账形成唯一的最长链结果，从而达成分布式账本系统共识一致性，同时也保证了整个系统的可靠安全。

比特币网络的合法交易都会被打包成一个区块，包含到比特币公开账本里。区块由包含元数据的区块头和紧跟其后的交易列表构成。区块头大小为 80 字节，由 4 字节的版本、32 字节的上一个区块的哈希值、32 字节的梅克尔树哈希值、4 字节的时间戳（当前时间）、4 字节的当前难度值、4 字节的随机数等组成。区块所包含的交易列表则附加到区块头后面。比特币网络约定每个区块的第一笔交易是"创币"（Coinbase）交易，这是一笔为了让矿工获得奖励和手续费的特殊交易。区块数据结构见表 1-2。

表 1-2　区块数据结构

字段	描述	大小
魔术码	固定值 0xD9B4BEF9	4 字节
区块大小	用字节表示该段之后的区块大小	4 字节
区块头	包含 6 个字段	80 字节
交易数量	交易列表长度	1–9 字节
交易列表	记录到区块的交易信息列表中	不定

案例　网易星球：利用区块链技术让数据产生价值[1]

网易星球是网易旗下首款区块链产品，它通过区块链加密存储技术帮助个人构建专属数字身份，生成数据护照。数据护照记录用户在电商、金融、游戏、娱乐、健康五大生活场景产生的行为数据，并实时上链，每个系统各自形成闭环。用户在五大数据系统内进行购物、游戏、阅读、听音乐、看资讯等相应行为即会产生行为数据，数据维度越丰富，获得的数字权益也越丰富。用户还可以自主选择将数据授权给数据场景方（网易等商业机构）从而获得价值，实现让数据产生者成为数据所有者、支配者和收益者。

网易星球还开启了数字钱包功能。在生态内的交易行为、黑钻[2]数量等信息都

---

[1] 网易星球上线数据护照 区块链让数据产生价值 [EB/OL].[2018-09-07].http://finance.ifeng.com/a/20180907/16491352_0.shtml.

[2] 黑钻：用户在网易星球参与相关项目和活动，可以获取"原力"。获取"原力"越多，获得的黑钻也就越多。黑钻可以用于网易星球设定的场景内的消费和兑换。

会存储在数字钱包（DAPP）中。数字钱包提供用户区块链地址，持有人可以通过区块链浏览器查询其他用户，以及网易星球所有上链交易信息，比如用户黑钻增减情况、全网交易总量、正在处理的交易笔数等。

2018年9月，网易区块链服务平台NBaaS上线，为企业提供区块链商业场景应用技术服务。以网络游戏《逆水寒》为例，游戏中增加了挖矿功能，当玩家等级达到60级，并且拿到采矿许可证后，就可在游戏中的自家庄园挖矿，获取数字资产（伏羲通宝），并永久收藏在个人账户，以便未来在网易其他游戏通兑通用。

这种机制改变了传统网络游戏彼此割裂、抢用户、同质化等恶意竞争，实现了网络游戏之间的用户共享和导流，扩大了用户持有游戏数字资产的应用场景，增加了用户黏度。对于网易这类游戏运营商而言，也可以利用区块链技术将独立开发、合作开发、自营、联营、加盟的各种网络游戏整合起来，实现用户、服务、运营、资金、数字资产等要素资源和消费场景、应用场景的融通共享，来扩大业务和营收规模。

4. 时间戳

时间戳的作用在于证实特定数据于某个特定时间确实存在，从而证明区块链的数据和交易的真实性。如同记录在区块链的其他数据一样，时间戳一旦记录上链，也就无法篡改。例如，比特币网络的时间戳服务器对以区块形式存在的一组数据实施随机哈希处理，加上时间戳（代码），并将该随机哈希值进行全网广播。每个时间戳将前一个时间戳纳入其随机哈希值，每个随后的时间戳都对之前时间戳进行增强（Reinforcing），以此类推，就可以形成一个链条（Chain）。时间戳系统如图1-18所示。

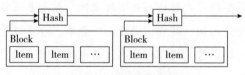

图 1-18　时间戳系统

5. P2P 网络

P2P（Peer to Peer）网络主要应用于文件共享、点对点通信、点对点交易等领域。例如，比特币被设计为点对点加密数字货币交易系统，运行在每台计算机的比特币程序可以认为是比特币P2P网络的一个节点。每个节点彼此公平、对等，互联互通，共同组成比特币网络，并且不存在特殊（中心）节点。

我们以比特币网络为例分析 P2P 网络的主要功能。

①新交易广播到全网节点，每个节点都会收到交易信息。

②每个（挖矿）节点将新交易收集到节点内存，自编程并组装区块数据。

③每个（挖矿）节点按照规则尝试在自己的区块找到一个具有足够难度的工作量证明。

④（挖矿）节点找到工作量证明，把有效区块数据向全网广播。

⑤只有所有节点对包含在该区块中的交易及工作量证明验证有效时，其他节点才会认可该区块的有效性。

⑥其他（挖矿）节点表示接受该区块，并在该区块末尾制造新区块，以延长整个区块的链条。

在比特币网络中，交易和区块信息传播通过洪水填充算法[①]（Flood Fill Algorithm）进行。每个节点在收到信息后，向与它相连的所有节点推送该信息。下一个收到信息的节点继续这个过程，信息很快会像洪水一样覆盖全网络，传播速度呈指数增长。

需要注意的是，新交易广播往往不需要抵达 P2P 网络全部节点，只要交易信息能够抵达规则要求的最低限数量节点，就会被 P2P 网络认为交易合法和交易确认，并很快将新交易信息整合到新区块。同时，P2P 网络对部分节点丢弃信息进行容错处理，如果某个节点没有收到加入新交易信息的区块，该节点很快会发现自己缺失了该区块，就会向区块链发出下载该缺失区块的请求并补齐。

6. 智能合约

智能合约（Smart contract）最早由尼克·萨博（Nick Szabo）在 1995 年提出，是一种以信息化方式传播、验证或执行合同的计算机协议。智能合约允许在没有第三方参与的情况下进行互联网可信交易，这些交易可追溯且不可篡改。智能合约的目的是提供优于传统合约的线上签约、履约的安全方法，减少与合约相关的交易成本。

智能合约负责将区块链系统的业务逻辑、商业逻辑以代码形式实现、编译和部署，完成既定规则条件的触发和自动执行，以最大限度减少人工干预。当然，正是由于签约、执行的自动化，同时缺乏区块链以外的第三方监管和强公信力第

[①] 洪水填充算法：以图像填充为例，就是把一个点 x 的所有相邻的点都涂上 x 点的颜色，一直填充下去，直到这个区域内所有的点都被填充完为止。

三方机构的参与保证，加之网络黑客的攻击，智能合约也是区块链安全风险高发的领域。举例说明，图1-19所示为信和云智能合约平台架构。

图1-19　信和云智能合约平台①架构

五、侧链技术②

为方便数字资产在不同区块链间相互转移，实现区块链的扩展，侧链技术（Sidechain）应运而生。2014年10月，计算机专家Adam Back开发团队发布了侧链白皮书，提出了一种新技术——楔入式侧链，以实现不同区块链间数字资产的互相转移。

在主链基础上，通过对侧链添加交易隐私保护、智能合约等新功能，用户能够访问侧链新型服务，并且对现有主链工作并不造成影响。另外，侧链也提供了一种安全协议升级机制，在侧链发生网络攻击等灾难性问题时保证主链安全。

侧链通过双向锚定技术（Two-way Peg，也是侧链的技术基础），可以实现将数字资产在主链暂时锁定，同时将等值数字资产在侧链释放。同样，当等值数字资产在侧链被锁定时，主链数字资产也可以被释放。双向锚定实现的最大难点是主链和侧链要相互兼容，侧链不能对主链的工作造成影响。

侧链的实现方式分为以下几类。

1. 单一托管模式

在这种模式下，将数字资产发送到某个主链的单一托管方（类似于交易所），

---

① 信和云智能合约平台：是一个公链体系，提供可视化开发、编译、运行环境，为开发者提供不直接涉及底层的区块链应用开发环境和工具。

② Adam Back, Matt Corallo, etc. 侧链白皮书：用楔入式侧链实现区块链的创新 [D].2014.

当单一托管方收到相关信息后，就会在侧链激活相应数字资产，不过该解决方案的最大问题是需要高公信力的中心化第三方机构参与。如果主链是去中心化机制，与侧链的中心化机构沟通协调的难度会较大。

2. 联盟模式

利用公证人联盟的多重签名对侧链数字资产的流动进行确认。在这种模式下，如果要想盗窃主链冻结的数字资产就需要突破更多机构（公证人联盟）构筑的防火墙，但是侧链的安全仍然取决于公证人的联盟诚信度。

3.SPV 模式

SPV（Simplified Payment Verification）模式是一种用于证明交易存在的方法，通过少量数据就可验证某个特定区块中交易是否存在，主要问题是需要对主链软分叉。在这种模式下，用户在主链将数字资产发送到主链的一个特殊地址，锁定在主链拥有的数字资产，随后创建一个 SPV 证明并发送到侧链。此时，一个对应带有 SPV 证明的交易会出现在侧链，同时验证主链上的数字资产已经被锁住，然后就可以在侧链打开等值的另一种数字资产，其使用和变化会在稍后会被送回主链。当该数字资产返回主链时，整个过程会再次重复。SPV 模式的主链、侧链技术框架如图 1-20 所示。

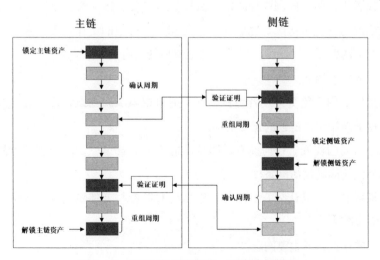

图 1-20　SPV 模式的主链、侧链技术框架

4. 驱动链模式

驱动链将被锁定数字资产的监管权发放到矿工手上，允许矿工们投票何时解

锁数字资产和将解锁的数字资产发送到何处。矿工观察侧链状态，当他们收到来自侧链的要求时，会执行协调协议以确保他们对要求的真实性达成一致。诚实矿工在驱动链参与的程度越高，整体系统安全性也就越大。同样，驱动链也需要对主链进行软分叉。

5. 混合模式

混合模式是在主链和侧链使用不同解锁方法，例如在侧链使用 SPV 模式，在主链则使用驱动链模式。同样，混合模式也需要对主链进行软分叉。

六、区块链的主要类型

区块链目前分为以下三类：公有链（Public Blockchain）、私有链（Private Blockchain）、联盟链（Consortium Blockchain）。三者的主要区别在于，公有链对所有人开放，任何人都可以参与；联盟链只对特定组织团体开放；私有链仅对单独的个人或实体开放。

1. 公有链

公有链（Public Blockchain）是指任何人都可以随时进入系统读取数据、发送可确认交易、竞争记账的区块链，通常被认为完全去中心化，因为理论上没有任何个人或者机构能够控制或篡改链上数据读写。公有链一般会通过代币（Token）机制鼓励参与者竞争记账、完成能够量化和产生价值的工作任务，来确保数据安全性和网络活跃度。比特币、以太坊都是典型的公有链。

公有链特点如下。

一是保护用户免受开发者不良影响。通过权限、规则设置，公有链的程序开发者无权干涉用户在链上的正常活动。

二是访问门槛低。任何拥有足够技术能力的人都可以访问公有链，甚至一台联网计算机就能满足访问条件。

三是所有数据默认公开。不过，很多公有链参与者都隐藏真实身份，不愿意将自己完全曝光。

公有链存在如下主要问题。

一是激励问题。为促使全网节点提供资源，自发维护整个网络，公有链需设计激励机制，来保证全网持续健康运行。但一些公有链（如比特币）的激励机制存在"验证者困境"，即没有获得记账权的节点付出算力验证交易，但没有获得任何激励回报。

二是效率问题。比特币目前平均每 10 分钟产生 1 个区块，其工作量证明机制很难缩短出块时间。以太坊等权益证明机制相对可缩短出块时间，但更易产生分叉，所以交易需要等更多节点确认后才被认为安全，无法满足大多数企业级的应用需求。

三是安全问题。包括来自外部机构的攻击、来自内部参与者的攻击、组件失效、算力攻击等。

四是隐私问题。公有链传输和存储的数据公开可见，一般只是通过"伪匿名"方式对交易双方进行一定隐私保护。对于某些涉及大量商业机密和利益的业务场景来说，数据暴露不符合业务规则和监管要求。

五是最终确定性（Finality）问题。公有链共识算法无法提供最终确定性，只能保证一定概率近似。例如，一笔比特币交易在经过 2 小时后可达到最终确定性为 99.9999%，对一些高标准商业场景和法律环境的可用性仍然较差。

案例 / 公信链：建设数据经济生态系统的探索和挑战

公信链（GXChain）是提供企业间、个人间、企业与个人之间的数据管理、共享、交易和交换服务的公有链，它使用 DPoS 和 PoCS 实现区块链记账和数据交换共识机制。

DPoS（Delegated Proof of Stake，股份授权证明机制、受托人机制）：每一个持有代币（Token）的用户进行投票，由此产生 101 个超级节点，超级节点的权利完全相等。如果超级节点不能履行职责（如没能产出数据区块），则会被除名，网络会选出新的超级节点来取代之。

PoCS（Proof of Credit Share，信用贡献证明机制、共享交换平衡机制）：用来解决数据体量悬殊企业之间共享交换数据不平衡的问题。联盟成员每完成一笔数据交易就计算一次 PoCS，贡献值根据交易次数计算。PoCS 低的联盟成员要付出比基准手续费更高的费用进行数据交换。

公信链技术架构如图 1-21 所示。

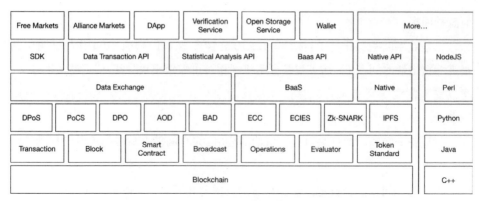

图 1-21　公信链技术架构

据公信链白皮书描述，布洛克城是公信链第一个移动端应用 DAPP，用于解决个人数据的管理和共享，实现用户数据价值化。布洛克城允许用户创建区块链身份和授权、管理个人数据，激励机制鼓励用户多维度、更全面地上传基础数据和行为数据。以保护用户的隐私安全，解决用户间的信任问题，布洛克城开发团队不会缓存用户数据。在用户授权的情况下，这些数据可被应用到消费、投资、支付等场景来产生实际价值。

公信链还开发了面向企业用户的去中心化数据交易所，具有不缓存用户数据、保护用户隐私和数据产权、遏制造假、支持双向匿名交易等特点，可被应用于网络贷款、消费金融等领域，以及政府、银行、保险、医疗、物流等有数据交换需求的机构。

根据我们调研，在布洛克城 DAPP 应用中，用户通过授权公信宝（运营团队）获取个人信息而获得"挖矿"算力和 Token 奖励（公信币），这些 Token 奖励能换成现金，相当于公信宝运营团队付费购买了用户信息。由于用户难以直接提供多维度数据，公信宝可能利用爬虫软件在网上爬取用户数据，需要第三方平台授权和允许，否则爬取操作就涉嫌违规。另外，公信宝利用区块链技术收集用户信用数据，而公信宝官网展示的合作方有现金巴士、拍拍贷、轻易贷等现金贷平台、P2P 网贷平台，二者之间的关联交易如何确保"技术不作恶"和用书数据得到价值体现也值得关注。

2. 私有链

私有链（Private Blockchain）是指链上数据写入权限由某个机构控制的区块链，参与节点的资格会被严格限制。由于参与节点有限和可控，相比公有链，私有链往往可实现更快的交易速度、更好的隐私保护、更低的交易成本、不容易被恶意攻击，并且能做到身份认证等监管部门的要求。相比中心化数据库，私有链能够防止机构内单节点（如财会人员）故意隐瞒或者篡改数据，即使发生错误，也能够迅速溯源，并在同时尊重私有链持有机构的隐私。

很多企业倾向于在试水阶段使用私有链技术，它们先将区块链技术、理念、模式推广到企业上下游生态体系。在得到区块链赋能的实惠后，根据业务延展需要再拓展公有链、联盟链。例如，Linux基金会、Gem Health网络等机构的超级账本（Hyperledger project）就是典型私有链。

私有链创建代码举例：

```
CustomGenesis.json
{
    "nonce": "0x0000000000000042",
    "timestamp": "0x0",
    "parentHash":"0x0000000000000000000000000000000000000000000000000000000000000000",
    "extraData": "0x0",
    "gasLimit": "0x8000000",
    "difficulty": "0x400",
    "mixhash":"0x0000000000000000000000000000000000000000000000000000000000000000",
    "coinbase":"0x3333333333333333333333333333333333333333",
    "alloc": {   }
}
```

案例 / 世界银行：利用区块链技术提升债券发行效率[①]

2018年8月，世界银行和澳大利亚联邦银行合作发行第一例区块链债券（Blockchain Offered New Debt Instrument，BONDI），它们使用一条以太坊私有链，将价值1.1亿澳元（7900万美元）的债券（为期两年）卖给7个机构投资者。

澳大利亚联邦银行在其中扮演了承销商角色，该行创新实验室研发的私有链

---

① 音希（编译）. 世界银行开始探索世界首个区块链债券项目 [EB/OL]. [2018-08-10]. http://tech.qq.com/a/20180810/058635.htm.

可以实现债券所有权的交易、流转、流通自动化，免除了协调不同债券发行人、投资者的 IT 系统账本需要，该链通过同步分布式账本实时显示债券所有权信息，投资者可以实时见证和确认购买行为，从而消除了传统模式费时的核对需求，提升了交易效率，降低了发行成本。世界银行的试验表明，基于区块链的债券交易可以将结算时间从数天缩减至几秒。

世界银行的债券评级为 AAA 级，它每年发行 500 亿~600 亿美元债券支持发展中国家经济。通过应用区块链技术，世界银行降低了承保成本、结算成本及交易对手风险，对于世界银行和发展中国家而言都是多赢的。

澳大利亚是区块链技术应用开发的先行者，拥有完善的金融基础设施，加之国际投资者对澳元普遍熟悉，澳元已成为世界交易量最大的法定货币之一。此前，澳大利亚证交所就宣称将使用美国数字资产控股公司的区块链技术替换原有股票结算清算系统。

3. 联盟链

联盟链（Consortium Blockchain）指只针对某个特定群体成员和有限第三方共同参与、管理的区块链。[①] 一般情况下，联盟链内部指定多个预选节点为记账人，每个区块的生成由所有预选节点共同决定。联盟链和私有链也被统称为许可链，公有链被称为非许可链。

根据中心化程度不同，联盟链可以按应用场景不同分为三种：一是全网公开、无用户授权机制的区块链，严格意义上属于公有链；二是允许授权节点加入网络，根据权限查看链上信息，多用于机构间组建的区块链，也有行业链之称；三是所有网络节点都掌握在一家机构，严格意义上属于私有链。

联盟链的维护治理一般由联盟成员进行，通常采用选举投票制度，机制上相对容易进行权限控制，代码一般部分开源或定向开源，主要由链上成员开发，或采用某些系统厂家的定制产品（如 IBM 的企业级区块链超级账本系统）。联盟链的有效治理需要解决联盟成员联合欺诈、竞争性联盟成员利益均衡、部分节点收获收益和投入维护不对称、数据资产权属等问题。

相比公有链，联盟链的优势在于以下几个方面。

一是交易成本更低。交易只需被几个授权节点验证就可以，无须全网所有节点确认，交易效率大大提升。

---

① 高志豪. 公有链和联盟链的道法术器 [J]. 金卡工程, 2017(3).

二是节点之间连接保障性更强,故障可以迅速通过授权节点追溯、人工参与修复,并允许使用共识算法减少数据出块时间,完成交易更快。

三是联盟成员数据读取权限受到限制,并非所有节点分布式账本存储全部数据,因而能更好地保护联盟成员个人隐私。

四是运作机制更灵活,根据实际需要,进行修改规则、追溯还原某笔交易等操作相对容易。

2017年区块链项目全球分布情况如图1-22所示。

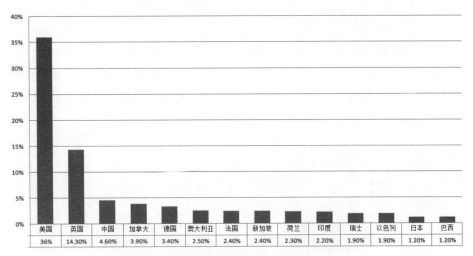

图1-22　2017年区块链项目全球分布情况

案例　中国农业银行：以联盟链推动三农普惠金融应用创新[①]

小微企业、"三农"客户融资难、融资贵问题的根源在于抵押不足、信用数据匮乏,银行难以对这类客户建立有效的信用模型和风险防控措施。中国农业银行依托产业链上下游经营、交易、财务等数据,推动传统信贷产品的互联网改造,以及区块链、大数据等金融科技赋能网络融资产品的创新。

1. 利用区块链技术积累大数据和挖掘数据价值

"农银e管家"电商金融服务平台是中国农业银行为生产企业、分销商、县域批发商、农家店、农户打造的"ERP+金融"在线综合服务平台。平台以传统供销关系价值链的快速互联网化为突破口,融入小微企业、"三农"客户的生产生活场

---

① 姚琮.应用区块链技术推进普惠金融发展[J].金融电子化,2017(12).

景,为工业品下乡、农产品进城搭建互联网金融服务渠道,并将历史交易数据映射到中国农业银行为核心企业、上述各方参与的联盟链,将每天产生数据(交易记录)实时上链登记(链上成员对数据不可篡改),以形成企业和农户可信交易环境,反映链上成员真实、实时的信用状况。

2. 利用区块链技术解决多参与方信任问题

中国农业银行推动将三农金融各环节涉及机构的数据实时上链,不断充实联盟链参与节点,将多参与方的信息系统通过联盟链技术性刚性约束,打造为相互信任、风险可控、依据信用价值流转的三农金融和三农经济生态体系。

3. 以智能合约实现客户授信

中国农业银行通过挖掘用户使用农银e管家的交易和经营数据,经授权获得链上企业订单、物流、农户信用等多维度数据,并将数据提供方作为节点上链,能够实时掌握完整的用户行为大数据、长数据,进而提供针对性普惠金融服务。中国农业银行三农普惠金融联盟链如图1-13所示。

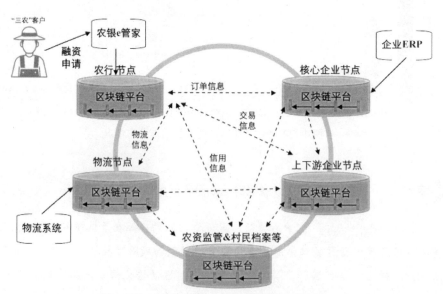

图1-23 中国农业银行三农普惠金融联盟链

中国农业银行还以智能合约约定统一数据共享标准,尝试将授信模型内嵌进智能合约代码,实现银行征信、审批、授信、增信等环节智能化处理,以减少人工处理负担和人工干预。中国农业银行智能合约提高了验证贷款真实性的准确率,以受托支付方式将资金直接划拨到贷款应用场景,而不是将贷款直接转入借款人账户,从而降低了信贷的不良率。

第 2 章 天使还是魔鬼:加密数字货币让"代码变金凤凰"

货币是购买货物、保存财富的媒介,实际是财产所有者与市场关于交换权的契约,具有流通、支付、汇兑、融资、信用、结算等功能。需要强调的是,货币的契约本质决定了货币可以有不同表现形式,如一般等价物、贵金属、纸币、电子货币、数字货币等。不同货币之间在互相兑换时,需要引入汇率概念。在现代经济中,货币起着根本性和基础性作用。货币发展史如图 2-1。

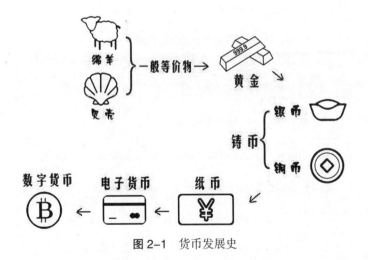

图 2-1 货币发展史

1971 年以前的金本位时代,周期性经济危机源于货币和经济的不配套,导致经济衰退，往往需要很长时间才能恢复。1971年，发达国家陆续使用纯信用纸币代替金本位，在对抗经济危机的过程中曾经产生了较好疗效，但是纸币40多年来不断增发，造成社会财富分配不合理，全社会信用扩张，资产泡沫的日积月累导致资产价格崩溃，金融危机依然不可避免地周期性爆发。近年来，随着互联网、智能硬件、金融科技等的创新发展和迅速普及，虚拟化、易分割、易传输、易持有、最不容易被单一主体控制的加密数字货币（Digital Currency）成为新选择，并因比特币、以太币等爆款应用迅速得到热捧。

目前，我国的法定加密数字货币还处于研发过程中，法定加密数字货币显然与微信、支付宝、网银等用于数字支付的"电子货币"、比特币等去中心化加密数字货币有着本质上的不同。电子货币技术含量更低，只是支付手段和结算方式发生改变，和银行基础账户挂钩，并没有增加广义货币（M2）。比特币等去中心化加密数字货币没有监管部门作为发行人参与，缺乏法律保护和现实生活应用场景。

未来中国版法定加密数字货币可能是人民币的数字化、国际化，并且是应用了加密算法、密码技术、区块链技术、金融科技的复杂系统，可能将改变法定货币的供给、管理和使用。

加密数字货币鼓吹者宣称，通过去中心化机制安排，能避免政府干预，实现币值稳定和物价稳定。然而，在现有经济社会发展阶段，没有一个国家的经济离得开货币政策的调节，没有一个国家仅仅依靠共识、自治实现良治，利益社会的科学治理恰恰需要中心化制度安排。这是去中心化加密数字货币面临的悖论。

我国电子货币与加密数字货币的比较如表2-1所示。

表2-1 我国电子货币与加密数字货币的比较

分类	电子货币		加密数字货币	
	货币电子化	电子化货币	商业闭环	开放非闭环
流通体系	金融机构	非金融机构	特定网络虚拟环境	跨区域、跨行业、跨境流通
典型应用	网上银行	第三方支付	腾讯Q币、游戏币	比特币、以太币
监管现状	监管成熟	纳入互联网金融专项监管	根据数字货币对应商业场景、消费场景，受到一定监管	监管机制不健全，目前纳入互联网金融专项监管及金融、传销等监管
与法币关系	法币电子化或者法币互联网化		非法币电子化	

第 1 节　去中心化带来财富生产力释放：比特币经济全景解码

2009 年比特币刚面世时，1 美元大致可买 1300 枚比特币。到 2017 年 8 月，比特币价格突破 30000 元人民币大关，8 年时间，价格暴涨超 500 万倍。作为兼有投资和投机属性的另类商品，比特币火遍全球，但作为全球去中心化的流通货币（超主权货币），比特币还有很长的路要走。正如美国经济学家保罗·克鲁格曼所言："至少目前来说，买入比特币还是一笔好投资，但这并不说明这次实验成功了。我们建立一个货币制度的初衷不是使得那些持有货币的人一夜暴富，而是让交易变得便利，让整个经济体获益，但这些诉求比特币都没能满足。"

一、比特币诞生的时代背景

2008 年 9 月 15 日，全球第四大投行雷曼兄弟投资公司向美国联邦政府申请破产保护。当天，美国银行宣布以近 500 亿美元的总价收购美国第三大投资银行美林公司。当月，美国五大投行硕果仅存的高盛和摩根士丹利宣布转型风险相对更低的银行控股型公司……一系列事件标志着 2008 年金融危机的开始，很快经济危机蔓延全球，表现为欧债危机，各国央行疯狂印钞，老百姓手里的货币迅速贬值，通货膨胀猛烈，经济衰退、失业猛增。

2008 年 10 月 31 日，一个密码学极客（中本聪）出现了，他带着去中心化梦想，在密码朋克（metzdowd.com）网站邮件列表中发表了一篇论文，题为《比特币：一种点对点式的电子现金系统》（第一版比特币白皮书）。中本聪在论文中详细描述了如何创建一套不需要创建在交易双方相互信任的基础上的去中心化电子交易体系。不到 3 个月，他将白皮书设想变为了现实，推出了第一代比特币交易系统，并由此揭开了比特币这个加密数字货币的财富传奇的序幕。

二、比特币发展简史

比特币发展编年史（2008—2018）如表 2-2 所示。

表 2-2　比特币发展编年史（2008—2018）

序号	年份	重点事件
1	2008	中本聪发表第一版比特币白皮书
2	2009	1月，在位于芬兰赫尔辛基的一台小型服务器上，中本聪挖出了比特币系统的第一个区块——创世区块（Genesis Block），获得50个比特币奖励。创始区块记入分布式公开账本，比特币时代正式拉开序幕。1月，比特币软件第一次迭代发布 1月，首笔比特币交易发生； 10月，出现了第一个比特币汇率，1美元=1309.03比特币，开启比特币与法币的兑换时代
3	2010	5月，第一笔使用比特币购买实物的交易发生，佛罗里达州程序员 Laszlo Hanyecz 向一名伦敦男子发送10000枚比特币，换取了总价值25美元的两个比萨饼； 7月，世界知名比特币交易平台 MT.GOX[①] 上线； 11月，比特币总市值首次超过100万美元
4	2011	2月，比特币价格升至1比特币=1美元，引发美国知名财经杂志《福布斯》专题报道，比特币开始进入公众视野； 3—4月，比特币与英镑、巴西币、波兰币等多国法币互兑交易平台先后开张。美国《时代周刊》也首次发表关于比特币的文章，比特币开始成为主流媒体的热门关注报道领域； 4月，比特币价格升至1比特币=10美元； 6月，比特币价格升至1比特币=29.55美元，涨幅高达3000%，比特币总市值达2.06亿美元； 6月，MT.GOX 的6000份用户信息遭到泄露，比特币面临的网络安全问题开始发酵； 12月，比特币价格跌至0.013美元/比特币
5	2012	4月，比特币价格止跌回暖，突破100美元/比特币门槛

---

① MT.GOX（读作 Mount Gox，昵称"门头沟"）：2010年7月建立的比特币交易平台，曾是世界最大的比特币交易商，最高峰时承担超过80%的比特币交易，2014年年初遭到黑客袭击，损失85万枚比特币（价值约4.73亿美元），随后宣布破产。MT.GOX 黑客袭击事件是史上最大的比特币盗窃案。

续表

序号	年份	重点事件
6	2013	3月，塞浦路斯政府宣布为应对经济危机，冻结民众银行转账交易，对存款人征税，储户人人自危。这时比特币作为去中心化和超主权网络货币，得到一些欧洲避险资金的青睐，短短40天从31.91美元/比特币飙涨至4月初266美元/比特币的历史高位。本轮全球经济危机带动的比特币价格逆势暴涨，让更多人真正注意到比特币存在的意义和价值； 3月，比特币自动取款机出现，催涨了比特币价格； 4月10日，比特币价格突然从266美元/比特币跌至最低105美元/比特币，一天之内跌幅超过61%，并在之后一星期内一度跌至最低50美元/比特币，比特币价格过山车式的暴涨暴跌引发社会热议，理论界、金融界、经济界纷纷对比特币的价值与意义展开争论。这些争论使得比特币走出数字货币狂热信徒的小圈子，引起普通民众的关注； 4月20日，四川雅安市芦山县地震当天，某比特币投资大咖发起对灾区的比特币捐赠，壹基金后来宣布收到比特币捐赠233个； 5月，央视《经济半小时》栏目第一次向国内观众详细介绍了比特币。由此，国内主流媒体纷纷报道比特币，比特币在中国得到普及； 6月，美国国土安全部冻结MT.GOX的美国银行账号，比特币价格再次跌至70美元/比特币； 12月5日，中国人民银行等五部委联合发布《关于防范比特币风险的通知》，被认为是国内监管部门对比特币"开刀"，当日引发比特币价格大跌30%，数日后探底至455美元/比特币，中国比特币市场从火爆逐渐恢复至平静
7	2014	1—2月，MT.GOX遇到前所未有的危机，85万枚比特币因黑客攻击而丢失； 2月10日，比特币价格闪电般跌至102美元/比特币，跌幅达80%。MT.GOX发布声明表示，比特币挖矿和协议机制存在根本缺陷，因此出现用户故障、提现延时和失败等情况，该声明被媒体解读为MT.GOX"无限期暂停提现"； 2月25日，MT.GOX因无法弥补客户损失而申请破产保护
8	2015	1月，比特币价格再次跌至114美元/比特币，跌幅88%； 8月，比特币价格重新维持在200美元/比特币左右
9	2016	比特币发生重大变化，内因是年产量开始收缩，外因是英国脱欧事件、美国大选、亚洲投资者激增等事件，价格持续上涨，2016年12月，比特币价格突破1000美元/比特币，一度创造160%的惊人涨幅

续表

序号	年份	重点事件
10	2017	比特币价格全年涨幅达 1700%； 1—8 月，比特币价格缓慢增长； 9 月，中国人民银行宣布将 ICO 定性为非法金融活动，暂停国内一切交易，随后监管层继续宣布关停所有国内注册的比特币交易所。比特币价格应声下跌，从 4800 美元 / 比特币下跌至 9 月 14 日的 3200 美元 / 比特币，跌幅近 30%； 9—11 月，比特币投资者持续涌入日本、韩国等对比特币监管较为宽松的国家，比特币价格又一路上涨； 12 月 17 日，比特币价格登顶 19290 美元 / 比特币，迎来诞生以来的最高市值，紧随着又是一轮暴跌，12 月 31 日跌破 11000 美元 / 比特币
11	2018	比特币和其他大部分加密数字货币一样，整体进入熊市，价格持续下跌，大批投资者损失惨重

2011 年至 2017 年 8 月比特币历史走势如图 2-2 所示。

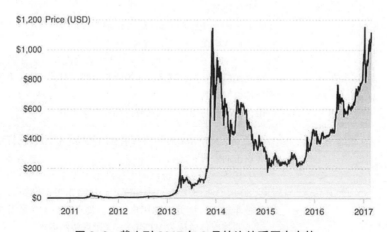

图 2-2 截止到 2017 年 8 月的比特币历史走势

数据来源：CoinMarketCap

三、比特币交易所发展情况

2013 年 9 月，火币网正式上线。2014 年 2 月 25 日，火币网单日交易量超过 26 万枚比特币，单日交易额超过 10 亿元人民币，晋级全球头部比特币交易平台，交易体量超过了不少区域性资产交易中心。

回顾火币网从起家到成为国内最大的比特币交易平台的过程，我们便会发现比特币的交易和股票、期货、贵金属、基金、外汇等传统金融市场截然不同。

一是利用互联网病毒式营销吸引各种投资人进场，其中不少是对比特币无甚了解、有一定贪念的中小投资者、金融小白，这些人多成为后来蜂拥而起的加密数字货币"难民"。火币网由团购网站"人人折"创始人李林创办。彼时，团购网站风潮刚过，行业处于洗牌过程中，美团、饿了么等少数独角兽企业得以幸存，大部分团购网站出局。李林在比特币大涨时，锚定单一投资品种比特币做爆款，用做团购网站时拉流量的方法吸引到更多投资人参与进来，很快交易量出现暴涨。

二是火币网采取了"永久免交易手续费"的互联网金融营销模式。这个模式的优势在于批量获客，迅速积累用户和交易规模。中国投资者习惯了交易所模式，股票、期货、贵金属等投资品种都愿意在交易所开展交易。从互联网环境和投资人信息化能力上讲，中国大部分投资者还无法便捷地进行国际交易，客观上需要交易所这种中介桥梁。交易所免交易手续费从情感上保留了去中心化等区块链的传统优势和价值观。

除了火币网外，币安网（Binance）也是全球知名比特币交易所。币安交易所于2017年7月成立，是一家不接受人民币，只接受比特币、莱特币等加密数字货币对账户充值，进行"币币交易"的交易所，它拥有超过500万注册用户。币安几乎所有资产（包括对交易收取的手续费和融资）都是以加密数字货币的形式保存。到2017年12月底，按照交易额计算，币安成为全球第一比特币交易所。2018年2月2日，币安官网公告，根据中国相关政策法规，币安不为中国地区用户提供服务。此前，币安宣称已经整体迁出中国，其用户基本来自海外，中国用户不足3%。

另外，世界十大比特币交易所还有新加坡K网、美国B网和OKEx、塞舌尔BitMEX、韩国Bithumb和Upbit等。除了比特币交易外，BitMEX等交易所还支持衍生品交易（如做多做空杠杆交易）。

除了从挖矿、交易所两个途径可获得比特币外，比特币ATM机也成为迅速发展的交易方式。比特币ATM机的主要功能是让比特币客户能够自己把比特币兑换为现金，也可以用现金购买比特币。比特币ATM机的交易费率非常高（目前高达7%左右），远超过交易所的交易费率。

据CryptoDaily报道，比特币ATM机已覆盖67个国家和地区，在一些地区几乎取代了用手机、计算机联网购买比特币，覆盖率最高的地区是安奎拉（每百万居民拥有667台），中国香港排名第19。举例说明，图2-3所示为比特币ATM机入驻荷兰阿姆斯特丹斯希普霍尔国际机场。

图2-3　比特币ATM机入驻荷兰阿姆斯特丹斯希普霍尔国际机场

案例　MT.GOX：曾经的世界最大比特币交易所沉浮记

MT.GOX（读作Mount Gox，昵称"门头沟"）曾经是世界最大的比特币交易商，最高峰时承担超过80%的比特币交易，最初由Jed McCaled在2010年7月建立，后转手给日本公司Tibanne Co.、Mark Karpelese运营管理。2014年年初遭到黑客袭击，损失了价值约4.73亿美元的85万枚比特币，随后宣布破产。

尽管MT.GOX关张并申请破产，但其建立的若干运营模式已经成为加密数字货币交易所的重要参考。

其一，在运营规则上，MT.GOX注册用户账户有两个子储蓄账户，一个用来储蓄比特币，另一个用来储存美元或者其他外汇（实际上是现金账户），用户用现金账户的钱买卖比特币。在MT.GOX交易平台可以像买卖股票和期货一样进行比特币买卖。MT.GOX会对比特币的买入请求和卖出请求按照规则排序，然后在系统内匹配，如果符合买卖双方要求即成交。

由于用户提交的买入量、卖出量存在差异，某个买入请求或者卖出请求可能部分被执行，相当于份额交易。例如，用户A挂出10个比特币、价格为100美元/比特币的卖单，与此同时用户B挂出5个比特币、价格为100美元/比特币的买单。那么用户A向用户B卖出5个比特币，剩下的5个比特币等待下一次交易匹配。

对于用户账户资金不足的交易请求，MT.GOX也会执行。例如，用户C挂出10个比特币、100美元/比特币的买单，在不考虑手续费的情况下，这笔交易需要用户C现金账户有1000美元。如果用户C的现金账户只有500美元，按照传统金融市场的交易规则，需要用户C补齐500美元差额。由于比特币价格波幅大、波动快，用户C补齐500美元差额的过程中比特币价格可能发生变化，因此MT.GOX不会通知用户C先补齐差额，而是忽略用户C现金账户资金不足，只执行符合用户C现金账户金额的交易，即只能成交5个比特币。剩下的5个比特币交易请求会被暂时保留，如果用户C随后在现金账户补齐差额，剩下的交易请求也会被MT.GOX纳入后续匹配，不过交易价格可能会发生变化。

其二，手续费上，MT.GOX对每笔交易低于100个比特币的用户收取手续费，标准为0.6%笔交易。根据比特币交易数量和用户交易次数，MT.GOX给予一定的手续费打折，优质客户享有更大幅度的优惠。

四、比特币挖矿及矿机产业化发展

由于比特币和黄金有很多类似的地方，所以这个行业出现了一些效仿黄金领域的不科技、不极客的称呼，揭示了比特币的货币、投资的本质属性。获得比特币的方式叫"挖矿"，挖比特币的计算机叫"矿机"。

中本聪设计了一套有效方式保证比特币的运营，挖矿逻辑形象地说就是每10分钟会有一道"数学题"扔到比特币网络，算得最快的计算机（也称为矿机）会"挖"到一定数量比特币，矿工们通过为比特币网络提供"算力"换取获得比特币的奖励的机会。矿工使用矿机下载特定软件，运行特定算法，与远方服务器通信后得到相应比特币。这里的"算力"可以理解为矿工挖矿付出的体力、能力，算力越多矿机得到的比特币越多。

1. 比特币挖矿史

世界上第一个比特币矿工是中本聪，他在2009年1月挖出比特币创世区块。刚开始时，全世界只有两个矿工，除了中本聪，另一个叫哈尔·芬尼（PGP加密技术发明者之一、比特币重要技术"可重复使用的工作量证明机制"的发明者）。比特币第一笔转账就是由中本聪发送给芬尼10枚比特币（10BTC）。

比特币出现的时间尽管不长，但挖矿飞速经历了个人计算机CPU挖矿、显卡挖矿和专业机器挖矿三个时代。

2011年以前是个人电脑CPU挖矿时代，当时中本聪还没消失在公众视野。据哈尔·芬尼回忆，他当时使用个人计算机挖矿，几个星期便轻松获得几千枚比特币。

正是因为获取得太容易，当时很多人并没有珍惜挖到的比特币，经常出现钱包没备份而丢失或忘记密码的情况，甚至一个英国 IT 工程师直接将内含 7500 枚比特币的硬盘当垃圾扔了。这些被丢弃的比特币理论上将永远无法被人动用，如同石沉大海。

2011 年以后，随着比特币圈子的扩大，加之交易所等金融平台对比特币价格推波助澜，挖矿成了一门赚钱的生意，人们纷纷开始挖矿"军备竞赛"，矿机性能竞争、装备竞争不断迭代。一些 IT 工程师利用显卡并行运算能力挖矿，效率提升几倍到几十倍，于是就有极客（对计算机和网络技术有狂热兴趣并投入大量时间钻研的程序员）开发出显卡挖矿专业软件。随后，挖矿转移到了算力更强、挖矿效率更高的现场可编程逻辑门阵列（FPGA），由若干显卡"组团"的算力能够超越大部分用户单张显卡。

2013 年，比特币市值又迈向了新的数量级，某些精通硬件技术的专家制作出"除了挖矿什么都不能干"的机器，也就是专业矿机，进而挖矿演进为提供计算服务，对各种比特币交易进行确认。由于交易需要大量计算，矿工可赚取客户支付的手续费和根据固定算法产生的新比特币。

2. 中国垄断全球比特币挖矿算力

对比特币矿工来说，想要获得更高的挖矿成功率，就需要性能更好、更多的显卡或者专业矿机进行运算，也意味着更高的耗电量。同时，由于比特币每隔 4 年会发生一次产量减半，未来挖矿耗电量还将急剧增加。比特币挖矿设备如图 2-4 所示。

图 2-4　大规模比特币挖矿设备

美国科学杂志 *Nature Sustainability* 发表的一项研究表明，比特币等加密数字货币的"挖矿活动"要比贵金属矿产的开采消耗更多能源。科学家回顾了 2016 年至今加密数字货币的挖矿过程，发现比特币、以太币、LTC 和 XMR 四种加密数字货币每产生 1 美元价值，分别需要消耗 17 焦耳、7 焦耳、7 焦耳、14 焦耳热量。相比之下，铜、金、铂与稀土消耗热量为 4 焦耳、5 焦耳、7 焦耳、9 焦耳。同时，加密数字货币挖矿活动累计造成 300 万~1500 万吨碳排放，2018 年占用世界能源消耗比例达 0.5%。更有甚者，澳大利亚、荷兰等国比特币挖矿耗费电能峰值超过当地总电量的 10%，捷克更是接近 45%。

一个国家的发电量与其经济增长密切相关，发达国家近年来发电量基本没有增长，甚至还有所降低，很难有多余电能供给比特币等加密数字货币矿场。相比之下，我国电力产能庞大，2016 年发电量占世界比重为 24.8%（美国占 17%），相当于美国、日本和俄罗斯三国的总和。我国庞大的电力产能还带来低廉的用电成本，工业电价处于全球中等偏下水平，居民电价更低，像水电资源丰富的四川电价（批发价）曾低至 0.2 元/千瓦·时，煤电发达的鄂尔多斯电价（批发价）不超过 0.3 元/千瓦·时，因此我国具备容纳比特币矿池庞大用电需求的供给能力，全球 80% 以上的比特币算力集中到中国。

比特币挖矿相关硬件、电力等支出也在迅速增长。2018 年 11 月，据 Cointelegraph 报道，比特币网络算力在过去 10 个月里持续增加，从 1500 万 TH/s 增加到最高超过 5000 万 TH/s（1TH/s= 每秒 1 万亿次哈希率）。如果算力达到 3500 万 TH/s，比特币盈亏平衡成本在 7000~8000 美元，低于此线则比特币挖矿处于亏损状态。由此可以认为，促使矿工坚持挖矿的动力在于他们对比特币未来上涨的预期，否则矿工及投资人可能因比特币暴跌而血本无归。全球比特币网络算力分布如图 2-5 所示。

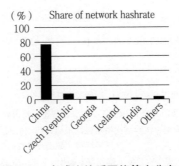

图 2-5　全球比特币网络算力分布

案例　比特大陆：全球最大比特币矿机厂商揭秘[①]

比特大陆是一家加密数字货币矿机的生产和销售企业，短短5年在全球比特币矿机市场的占有率便跃居第一位，也是中国第二大、全球前十大无晶圆芯片设计公司（按收入计算），供应了全球70%的矿机。根据比特大陆2018年9月发布的招股书显示，该公司2018年上半年营收高达28亿美元（约合196亿元人民币），净利润7.427亿美元（约合51亿元人民币），超过2017年全年数值。

在此之前，这家公司从不对外公布任何营收、利润、创始人等信息，但短短几十个月的创业就将年营收做到几十亿美元，财富积累的迅猛程度几近恐怖。比特大陆的主要收入来源于矿机销售、矿池运营、矿场服务、自营挖矿，其中矿机销售占总收入的94.3%，该公司累计售卖矿机超过460万台，销售份额的48.2%来自国内。比特大陆旗下蚁池、BTC.com还掌握着比特币37.1%的算力。举例说明，图2-6所示为比特大陆S9矿机。

图2-6　比特大陆S9矿机

值得关注的是，截至2018年6月，比特大陆持有的加密数字货币市值为8.869亿美元，占公司总资产的28%。从2017年起，比特大陆陆续投入25亿美元购买比特币现金[②]（超过100万枚）。IDG研究报告认为：比特大陆之所以重仓持有比特币现金，源于比特大陆要解决挖矿币种单一的风险，从单一依靠比特币转向硬分

[①] 吴杨盈荟，刘泓君.矿机围城里的比特大陆[J].财经,2018(10).

[②] 比特币现金（Bitcoin Cash，货币符号为BCH）：中本聪创建比特币时，1M区块的大小成为现在交易确认时间长、等待手续费高的核心掣肘，扩容是比特币内部最亟待解决的问题。比特币现金是比特币因为扩容问题进行的硬分叉，通过大区块扩容方式，来降低手续费，解决高效支付问题。2017年8月1日，一种依托于比特币主链的新货币——比特币现金在比特大陆支持下诞生，比特币王国从此分裂为比特币与比特币现金。此后各开发团队开启了对比特币的分叉之路。2018年10月，比特币现金价格较最高点已跌去80%。

拆后的比特币现金,从而以维系未来矿机生态发展。

此外,由于比特币还未走出熊市,S9矿机价格大幅下跌,比特大陆既要根据币种收益决定算力分配,同时也要维护比特币现金,在此情形下它推出了非加密数字货币场景的AI芯片,但是由于新产业尚未形成气候,未来面临的挑战依然巨大。

从排名上看,数字货币矿机行业前三甲依次为比特大陆、嘉楠耘智、亿邦国际。在相同算力下,比特大陆矿机售价相对最高,嘉楠耘智矿机售价最低。在单一机器上,亿邦国际矿机算力较高,比特大陆和嘉楠耘智的矿机算力差距不明显。厂商三甲份额比较见表2-3。

表2-3 数字货币矿机厂商三甲份额比较

企业	收入市场份额	交付矿机份额	算力份额
比特大陆	74.5%	66.6%	60%
嘉楠耘智	6.2%	20.9%	19.5%
亿邦国际	4.5%	3.7%	6%

四、比特币分拆情况

法定货币一般是恒定价值度量衡,无法被标准化再分割进行交易,刺激经济只能通过法币增发实现。比如人民币最小交易单位是"分",不可能继续向下计量和交易。比特币以比特(bit)的形式存储在网络,技术上可以实现标准化无限分割。根据中本聪的说法,比特币稳定供应量为2100万个,但是在交易过程中无限拆分实际上打破了其稀缺性。

为了增加比特币流通最小单位的数量,破解挖矿枯竭的问题,市场上出现了切割和硬分拆两种增发模式。

随着币值增长到高位,人们在交易比特币的过程中,肯定会用到小数点后几位数字进行交易,只有在巨额交易时才会用到整个比特币。在无限向下细分割的情况下,加上相关协议支持,一个比特币就可以变相实现无限增发。

另外,2017年8月以来比特币出现了硬分叉,分裂出新的加密数字货币,如比特币现金(Bitcoin Cash)、莱特代币(Litecoin)、比特币黄金(Bitcoin Gold)。硬分拆相当于重新发行了不同规则的比特币,只要有人认可,那么这个新分裂的比特币就有存在价值。

比特币硬分拆一段时间以来,争议不断。一些技术开发者和比特币矿工认为:

大型机构正通过高效率挖矿设备垄断比特币市场，比特币有再中心化倾向，他们期待通过硬分叉等技术升级，进一步提升比特币的开放性和平等性，以使得比特币交易更加便捷、门槛更低。不过比特币矿池的首创者 Marek Palatinus、美国最大的加密数字货币交易所 Coinbase 等大咖对比特币硬分拆持审慎的态度。

在比特币众多分叉币中，最成功的是比特币现金。2018 年 11 月 12 日，单枚比特币现金价格达到 2500 美元的历史高点，市值一度高达 300 亿美元。如今，比特币现金市值在整个加密数字货币市场仅次于比特币、以太币和瑞波币，排名第四。

五、比特币的独有价值和风险挑战

从世界范围来看，人们对比特币主要有如下几种观点。

一是比特币是一种虚拟商品，有一定投资属性；

二是比特币是一种点对点支付结算手段，未来有挑战 Visa、支付宝等传统支付工具垄断地位的可能性；

三是比特币系统作为底层公有链，为其他区块链的应用提供基础设施；

四是比特币是一种虚拟货币，拥有一定货币属性，在特定互联网社区有支付结算的属性；

五是比特币是一种类似黄金的储备资产或者大宗商品，因其标准化、可拆分、可在线传输等特点，在支付效率、存储成本等方面有巨大优势，未来有可能成为"数字黄金"，并且是价值互联网时代可能取代黄金的一种全球性资产。

（一）比特币的独有价值①

比特币尽管具备一定的流通、支付、汇兑、融资、信用、结算等与法币相同的功能，但是法币诞生于商品交换，服务于市场经济，而比特币是一种封闭式、脱离市场的发行机制，还不能满足多场景市场交易需求。另外，比特币及很多加密数字货币超发甚至远超过法币，泡沫巨大，其对抗通胀的作用衰减。

1. 引发了全球数字资产产权革命

比特币除了是加密数字货币外，还是一套点对点、独立于银行之外的现金支付系统，具有匿名、全球流通等特征。

大部分国家通行法律对私有产权界定了占有权、处置权、收益权、使用权四

---

① Locke. 比特币的真正价值：为经济全球化与国家制度矛盾提供全新的解决方案 [EB/OL].[2018-08-06]. https://www.sohu.com/a/245513907_100112552.

项权力,但是产权人必须接受税务等相关部门的监管。比特币兴起后,用户的财产、遗产、受人馈赠等有价资产均可存入安全隐秘的"比特币银行",技术上实现了"不让任何人知道"。这一旦成为普遍现实,各国法律需要对私有产权进行重新界定,同时要加强反洗钱监管。

另外,互联网头部平台控制和肆意商业化开发用户大数据,而有关个人数据隐私保护的法律法规不健全,公众维权意识不强。例如,为了描述一个用户的画像,阿里巴巴构建了 741 个维度收集用户行为数据,用户买过什么、购买时间、频率和价格,用户浏览过哪些网页,住在哪里,相貌如何,银行存有多少钱……这些数据都被阿里巴巴陆续收录进自己的系统,这些数据被如何处置和公开,用户往往并不清楚。

这也催生了涉及用户大数据倒卖的百亿级产业链,滋生了电信诈骗、金融诈骗等违法犯罪行为。根据央视相关报道,2016 年我国在黑市上被泄露的个人信息高达 65 亿条次,相当于每个人的信息平均至少被泄露 5 次。当然,国外个人数据交易灰色产业链也很普遍,据市场研究机构 eMarketer 统计,2010 年以来,数据服务类广告行业规模翻了 3 倍,已达到 830 亿美元。

社交平台个人隐私展现、网站漏洞导致数据库泄露、扫码中毒、虚假 WIFI、恶意软件、手机木马、钓鱼网站、住宿、手机丢失等也导致个人隐私的泄露。例如,雅虎公司曾经遭遇黑客攻击,超过 30 亿雅虎用户的姓名、电子邮件、电话号码、出生日期、密码、父母和配偶信息、宠物昵称被窃取、贩卖,甚至被恶意公布在网上。数据产权缺乏保护导致的金融欺诈如图 2-7 所示。

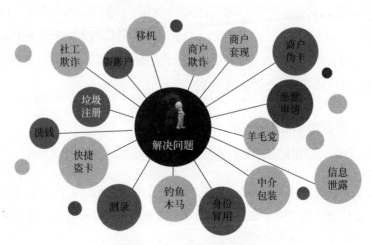

图 2-7 数据产权缺乏保护导致金融欺诈盛行

比特币网络通过分布式数据存储，打造了数字资产私人钱包新模式，明确了数据及数字资产归属私人所有的技术方案，并且可以实现点对点数据存储、转移、授权、交易。根据制度经济学产权理论，数字资产私有化从根本上确认了私有产权的价值，必然会带来价值互联网时代数字经济的飞跃。

当然，比特币这种数字资产私人处置方式也给传统财税治理带来挑战。大部分国家的税收是以财产为基础征收，财产税、资源税、所得税、流转税直接与财产挂钩，如果私人资产进入比特币网络匿名支付、转移、交易，那么就可能出现漏税和无法征税的情况，传统税收体系就会遭遇极大冲击。

2. 为全球货币经济矛盾提供了新解决方案

全球经济矛盾的本质是经济全球化、金融全球化与传统国家制度之间的矛盾。经济全球化（特别是商品贸易全球化）一定程度上挑战了以维护本国利益为第一要务的传统国家制度，造成贸易摩擦（贸易战）此起彼伏。货币国际化和资本自由流通是金融全球化的核心，很多国家都希望本国法币国际化，实现用于国际贸易结算和储备，甚至向其他国家收取铸币税，但是还没有一种法币具备足够的国家信用支撑起庞大的世界经济体系。即使是以美元为国际结算货币的布雷顿森林体系，规定各国法币与美元挂钩，周期性出现的全球金融危机还是无法避免。欧洲也做了统一货币的尝试，发行区域统一货币欧元，但是货币一体化和国家制度之间的尖锐矛盾并没有解决，希腊、塞浦路斯等落后经济体无法跟上德国、法国主导的欧元节奏，还引发了欧债危机、英国计划脱欧等问题。

如何破解全球货币经济深层次矛盾？关键是如何打破"货币是一般等价物和商品""货币是国家法定货币"等阻碍货币全球化、约束货币服务全球经济的传统认识。对此，理论界早有论证，例如，哈耶克在《货币的非国家化》中就推演了竞争性货币的合理性。日本东京大学教授黑田明伸提出了私人货币、竞争性货币、不依赖于国家权威发行的跨国流通货币。

> **案例** / 玛丽亚·特丽萨银币：
> 19、20世纪在红海周边国家广泛流通的非法定货币[①]

玛丽亚·特丽萨银币是最早由奥地利发行的法定货币，以18世纪著名的玛丽亚女皇冠名，曾广泛流通于远离奥地利本土的非洲、西亚等红海周边国家，成为

---

① 黑田明伸. 货币制度的世界史：解读"非对称性"[M]. 何平译. 北京：中国人民大学出版社，2007.

跨国流通结算货币。这些地区并不是奥地利的殖民地或者势力范围，有些甚至是英国、法国等其他列强的势力范围。

值得研究的是，1854年，玛丽亚·特丽萨银币在奥地利国内被废除，在奥斯曼帝国（当时奥地利属于奥斯曼帝国）也被禁止。英法等其他列强也试图在其势力范围内推行本国法币来替代该银币。然而玛丽亚·特丽萨银币不但没有缩减，其应用范围还逐渐扩展，英国公司在红海地区的皮革、石油、食糖、纤维制品等贸易都以该银币结算。不仅是奥地利维也纳，而且意大利罗马、英国伦敦、法国巴黎、英属印度孟买、比利时布鲁塞尔等城市都加入了玛丽亚·特丽萨银币的铸造和使用，仅孟买在1940—1941年的铸造额就达1886万银币。

"玛丽亚·特丽萨银币"现象说明流通货币能够超越政府、疆域、民族、文化，不需要国家背书，甚至被国家废除依然能跨国结算。流通货币不强调国家主权意志，只是一种在市场交换中使用者共同体自发认可的"隐形合约"和解决交易流动性的解决方案。

从这个角度看，比特币等加密数字货币基于使用者的共识而存在，也是用户之间的"信用"合约，属于"支付协同体"。大型企业发行流通货币用于供应链支付结算也是类似的商业逻辑。

信用货币与商品货币（金属货币、金本位货币）的区别在于前者是债权债务合约，后者还有商品价值，二者都是基于信任交易。商品货币的信任来源于本身的交换价值，债权债务合约的信任来源于本身的资产价值和可信任记账。

国家背书的信用货币风险在于一些国家并无足够能力直接兑付债权背后的资产，中心化国家机器（如中央银行）掌握绝对的法定货币发行（记账）垄断权，货币增发、超发和通货膨胀都会掠夺货币使用者的实际财富，资产信任和记账的可信度都会下降。

比特币本身没有任何资产背书，不具有刚性兑付功能，只能根据赋予权限决定信用度。比特币在记账可信任方面有优势，分布式记账实现了去中心化，技术上能够获得用户的广泛信赖与支持。

从这个意义讲，比特币最大的示范价值在于，它提供了一种协调性、全球性共识自由流通货币和资本流通网络，以解决金融全球化所涉及的国际货币结算、国际资本投资与传统国家制度之间的矛盾。

第 2 节　代码创富的技术逻辑与技术框架：比特币运行机制解析

一、比特币交易

比特币交易分为三部分：元数据、一系列输入和一系列输出。元数据存放内部处理信息，包含这笔交易的规模、输入数量、输出数量和哈希值，也是这个交易独一无二的 ID，并有时间戳证明；所有输入排成一个序列，每个输入格式一样，包括之前那笔交易的哈希值、之前交易的输出索引（从 0 开始）、数字签名；所有输出排成一个序列，要和特定公钥（地址）对应，所有输出的金额之和必须小于或等于输入金额之和，二者差额部分作为交易费（激励）支付给为这笔交易记账的矿工。

举例说明，图 2-8 所示为与比特币类似基于交易的账本。

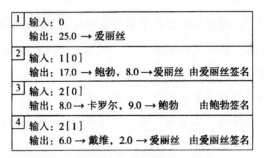

图 2-8　与比特币类似基于交易的账本

其一，地址转换。由某个交易输出的比特币，要么在另一个交易被完全消费掉，要么一个都不被消费，不存在只消费部分的情况。交易 1 中爱丽丝获得了 25 个比特币，交易 2 中她必须把这 25 个比特币全部消费掉，所以她把 17 个比特币转给鲍勃，剩下 8 个币转给自己，而这 8 个币可以转到另外一个爱丽丝所有的地址（不同于交易 1 中获得 25 个币的地址）。

其二，有效验证。当新交易被加入总账本，比特币网络要验证这 25 个比特币之前有没有被花费掉，只需要从爱丽丝所引用的交易开始，一直核查到账本上最新记录的交易为止，而不需要从账本建立之初的交易开始核查，这样可以大大提高效率。

其三，资金合并。只需要发起一个交易，交易里有两个输入和一个输出，输出地址就是所得比特币（收益）。

我们列出一个真实的比特币交易程序段来阐释比特币交易三个部分。

元数据
```
{
    "hash" : "5a42590fbe0a90ee8e8747244d6c84f0db1a3a24e8f1b95b10c9e050990b8b6b",
    "ver" : 1,
    "vin_sz" : 2,
    "vout_sz" : 1,
    "lock_time" : 0,
    "size" : 404,
```

输入
```
    "in" : [
        {
            "prev_out" : {
                "hash" : "3be4ac9728a0823cf5e2deb2e86fc0bd2aa503a91d307b42ba76117d79280260",
                "n" : 0
            },
            "scriptSig" : "30440..."
        },
        {
            "prev_out" : {
                "hash" : "7508e6av259b4df0fd5147bab0c949d81473db4518f81afc5c3f52f91ff6b34e",
                "n":0
            },
            "scriptSig" : "3f3a4..."
        }
    ],
```

输出
```
    "out" : [
        {
            "value" : "10.12287097",
            "scriptPubkey" : "0P_DUP 0P_HASH160 69e02e18b5705a05dd6b28ed517716c894b3d42e
                0P_EQUALVERIFY 0P_CHECKSIG"
        }
    ]
}
```

二、比特币脚本

大部分比特币脚本都非常基础，每个交易输出不仅要确定一个公钥，同时还要指定一个脚本（输入脚本和输出脚本）。为了确认一笔交易正确获取了上一笔交易所输出资金（比特币），网络必须把交易输入脚本和上一笔交易输出脚本串联起来，只有在当前交易这个串联脚本被成功执行后才可获取资金（比特币）。输出脚本指定一个公钥（或是公钥哈希值地址），输入脚本也会指定一个对应公钥的签名。

常见比特币脚本如下。

OP_DUP

OP_HASH160

69e02e18...

OP_EQUALVERIFY

OP_CHECKSIG

比特币脚本语言是堆栈式、线性、无法循环执行和非图灵完备[①]的，只有256个指令。每个指令只有1个字节，只能被执行一次。因此，指令数目的执行时间和内存使用上限被硬性规定下来。矿工执行网络任一交易者递交的脚本，但设计者并不希望他们提交可能无限循环的脚本。

输入脚本和输出脚本举例如下，虚线下方是上一笔交易的输出脚本，虚线上方是当前交易的输入脚本，二者链接起来就成为一个新脚本。

\<sig\>

\<pubKey\>

OP_DUP

OP_HASH160

\<pubKeyHash\>

OP_Equalverify

OP_CHECKSIG

一些比特币脚本工作语言中的指令及其功能见表2-4。

表2-4 一些比特币脚本工作语言中的指令及其功能

序号	指令名称	功能
1	OP_DUP	复制堆栈顶部数据
2	OP_HASH160	计算哈希函数两次：第一次用SHA-256，第二次用RIPEMD-160
3	OP_EQUALVERIFY	如果输入是相同的，返回真。如果输入是不同的，返回假，整个交易作废
4	OP_CHECKSIG	检查输入签名是否有效
5	OP_CHECKMULTSIG	检查在交易中 t 个公钥（地址）对应的 t 个签名是否有效

在堆栈中执行一个脚本，只需要一个堆栈来累积数据，不需要分配内存和变量，因而堆栈语言只有两类指令（数据指令、工作指令）计算相对较为容易。数据指

[①] 图灵完备：如果一门编程语言、一个指令集可实现图灵机模型里面的全部功能，或者说能够满足任意数据按照一定顺序计算出结果，就可称其具有图灵完备性。

令用于把数据推到堆栈顶部。工作指令用于将堆栈顶部数据作为输入值，用来计算某个函数。

执行脚本过程如下：前两条指令是数据指令，分别是输入脚本签名和用来验证签名的公钥，直接把它们堆到堆栈最上面。接着执行复制指令 OP_DUP，将堆栈最上层的公钥复制，并置于堆栈最上层。下一个指令是 OP_HASH160，该指令取得最上层数据，并计算其哈希值，然后将结果再堆到堆栈最上层。接下来，执行 pubkeyHash 指令，将发送者指定的公钥哈希值堆到堆栈最上面。这时候，执行 OP_EQUALVERIFY 指令，检查堆栈顶部的两个数值是否相等，假设相等，也就代表接受者使用的是正确公钥，这条指令会移除堆栈顶部的两条数据。同时使用 OP_CHECKSIG 来检查签名，假如没有碰到任何差错，这个脚本输出的就是 TRUE。脚本执行堆栈状态如图 2-9 所示。

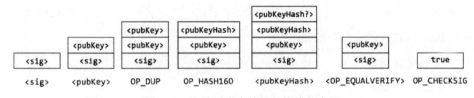

图 2-9　比特币脚本的执行堆栈状态图

比特币"销毁证明脚本"（proof of burn）也应给予关注，如果交易代码运行结果是将比特币转到"销毁证明脚本"，那么这笔比特币将被销毁，在实际应用中它主要被用来引导用户使用其他加密数字货币系统。

三、比特币脚本的应用

比特币有较完善的技术手段（脚本、矿工、交易验证等）保证强制执行全网共识的智能合约，而非通过法律、仲裁等中心化权威机构。

1. 第三方支付交易（escrow transaction）

比特币第三方支付交易可以用"多重签名"（MULTISIG）实现。只要网络 2/3 用户签名，比特币即可完成点对点支付，并纳入全网监管。如果支付过程中出现争议，同样是 2/3 用户签名支持的那一方得到权益保障。

2. 绿色地址（green addresses）

如果小王要将某笔比特币转账给小李，但是小李没有在线或者当时没有时间处理，无法通过查看比特币网络更新来确认小王转账是否完成。一般情况下，小王可以等待小李和网络确认，但是如果小王转账的目的是购买商品等用途，可能就无法等那么长时间。

为了解决这个时延问题，比特币采取了第三方交易所等金融媒介方式，交易方式从点对点改为了第三方参与。小王通知交易所需要转账给小李，如果小李在交易所也有账户，那么交易所从小王账户扣取费用，从交易所绿色地址转账给小李，而小李不需要实时查看交易所账户和比特币网络来确认交易。当然，小王和小李要信任交易所签名的交易，交易所也要保证不会进行双重支付等造假行为。另外，如果收款人小李信任交易所，他就无须信任转账人小王，这就实现了双方的无须信任交易。

Base58 是比特币的一种特殊编码方式，主要用于产生比特币钱包地址。相比 Base64 等其他编码方式，Base58 不使用数字"0"、字母大写"O"、字母大写"I"、字母小写"i"、"+"和"/"符号，采用数学经常使用的进制转换方法——辗转相除法。

Base58 设计的主要目的如下。

①避免混淆，在某些字体下，数字 0 和字母大写 O，以及字母大写 I 和字母小写 i 会非常相似。

②Base64 编码中包含"+"和"/"，非字母或数字的字符串作为账号较难被接受。

③在邮件系统中，使用字符和数字的组合不容易换行。

④大部分软件支持双击选中整个字符串。

比特币使用 Base58 算法对公钥 Hash160 及私钥编码，从而生成以 1 或者 3 开头的比特币地址，以及 WIF（Wallet Import Format）格式的私钥。

3. 高效小额支付（efficient micro-payments）

如果小王是小李的客户，需要持续向小李支付小额费用（比特币），但多次小额支付会产生较大网络流量费和交易手续费，解决方案是将多次小额费用累积起来，最后一次性支付。

小王先发起一个 MULTISIG 交易，把可能花费的最大金额先转到 MULTISIG 地址，这个交易需要小王和小李两个人签名才有效。小王在每次转账时签名一次，直到所有转账完成，这些转账交易只有小王签名，小李没有签名，因而没有放到比特币网络记账。小李在小王最后一笔转账里签名，并把小王所有转账信息记账到比特币网络。

4. 退款锁定时间

如果小王所有转账完成后，小李没有在最后一笔转账里签名，那么小王转给小李的比特币可能会存放入第三方交易所，损失掉他转到 MULTISIG 地址的所有比特币。为了解决这个问题，小王和小李需要预先约定退款锁定时间。比特币元数据有一个参数"lock_time"，在此参数上可以填写具体时间值 t。这个值告诉矿工在记账时，需要经过确定的 t 时间才能记账到比特币网络，这笔挖矿方能生效，这个技术就解决了退款的锁定时间问题。

小王发起 MULTISIG 交易，陆续把比特币转入第三方交易所托管，如果过了退款锁定时间，小李还没有在最后一个转账交易里签字，小王则可以通过这个退款交易指令收回已转账的所有比特币。

四、比特币网络

比特币网络底层是一个运行在 TCP 网络上的点对点网络，有一个随机拓扑结构，在规则和技术上实现了所有节点平等，没有权限更高的主节点（超级节点），每个节点和其他随机节点相连，节点之间不需要信任，但可在比特币网络完成可信交易。每个节点既是服务者（如矿工），也是消费者。新节点随时可以加入，旧节点随时可以离开，因此比特币网络一直处于动态变化。比特币网络底层结构示意图如图 2-10 所示。

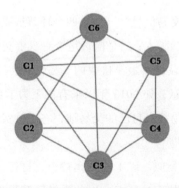

图 2-10 比特币网络底层结构示意图

随着比特币网络发展，各地又出现了公共节点。2018 年 3 月，公共节点达到历史峰值的 11083 个。排名前十名地区共有公共节点 7792 个，占总公共节点总数的 79.3%，美国、德国、法国位列前三。比特币网络公共节点主要分布见图 2-11。

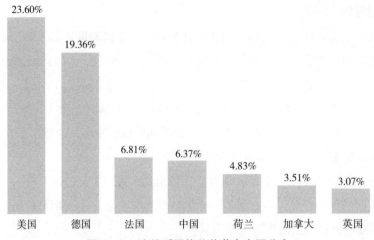

图 2-11　比特币网络公共节点主要分布

用户发起一个交易，需要通过洪泛算法①（flooding algorithm）让整个比特币网络都知道。小王要转账比特币给小李，小王在客户端发起一个交易，把这个交易告诉与小王（节点）相连接的其他节点，这些节点核验后，决定是否转播这笔交易。如果核验通过，这些与小王相连接的节点会将交易转播给与其连接的节点。以此类推，直到小李接收这笔转账并在区块和网络记账。需要注意的是，在小李还没有确认前，每个节点会有一个交易池将接收的转播交易信息储存，但不会记账到比特币网络，只是用于避免这个交易在网络不停转播带来的效率降低和数据冗余。

每个节点收到一笔新交易信息时，会有四个环节核验：一是交易验证，针对每个前序交易输出，运行核验脚本；二是检查是否有双重支付；三是检查该交易信息在之前是否被接收过，默认保留最早接收的交易信息。用户也可以自行操作保留和转播收到的历次交易信息，如2013年以来有矿工为了获得更高收益，遇到交易冲突时，将手续费高的交易放入自己的交易池，将手续费低的交易替换出去；四是只接收和传播白名单标准脚本。

区块传播与交易传播类似。矿工挖到比特币，打包一个区块，将区块加入比特币网络，传播给该矿工相连接节点，以此类推转播出去。如果某个区块同时被多名矿工挖到，只有其中一个区块可以加入比特币网络，其他区块则被丢弃。哪

---

① 洪泛算法：不要求维护网络拓扑结构和相关路由计算，仅要求接收到信息的节点以广播方式转发数据包。例如，源节点希望发送一段数据给目标节点，源节点首先通过网络将数据副本传送给它的每个邻居节点，每个邻居节点再将数据传送给各自除发送数据来的节点之外的其他邻居节点。如此继续下去，直到数据传送至目标节点或者数据设定的生存期限到0为止。

个区块被确认取决于其他节点的共识和转播。

完全有效节点必须长期在线，才能接收比特币网络所有交易数据。一个节点离线时间越长，其保存的交易数据就越不完整。由于离线期间无法执行交易，只有重新上线后，把缺省交易数据重新下载更新，才能确保在比特币网络的所有权益（如交易、转播交易信息等），同时也会消耗较长时间。比特币网络完整交易数据（区块链）的存储空间在 2016 年年初已经超过 50G，到今天已是庞大的数据量。

由于完全有效节点存储空间过大，用户难以实现快速查看、运行、核验脚本，也就出现了轻量节点（Lightweight Nodes），也称简单转账验证（Simple Payment Verification，简称 SPV 节点）。SPV 节点通过某个比特币钱包软件实现，不会存储比特币网络所有交易数据，而是只下载和存储与用户有关的、用户关心的、需要核验的部分交易数据。

SPV 节点的优势在于节省了大量存储空间，只需要几十 MB 存储空间即可，一部智能手机下载比特币钱包软件就能操作，但是 SPV 节点的安全性不如完全节点，不能核验某个区块所有交易的历史记录，因而只能依赖完全节点去核验没有存储的其他交易。

比特币网络是一个开源协议网络，由使用 C++、Go 等不同语言编写的不同软件系统无缝交互，兼容性强，即使部分软件出现问题，也不至于影响整个网络。为了确保交易及时有效，大部分节点会调用比特币早期核心代码开发者用 C++ 语言编写的资源数据库（Bitcoind Library）。

由于比特币投资人、矿工、用户投入很大，规则改变的负面影响也会很大，那么比特币总数量和挖矿记账奖励也可能长期不变，但是比特币交易处理能力和效率急需提升。按照中本聪的白皮书，比特币区块大小限定在 1MB，每个交易占用空间大致为 250 字节，每个区块最多容纳 4000 个交易。平均每隔 10 分钟有一个矿工获得记账权利，所以每秒只能处理 7 个交易，效率远低于以太坊等其他加密数字货币和银行等传统金融机构的记账能力。

如果要引入一些新特性来改善效率，则需要修改比特币规则协议，在操作上会非常复杂，很难判断所有节点都会达成共识并更新版本。修订协议分为硬分叉、软分叉两种类型。

硬分叉指通过修改协议引入新特性，可能使之前协议失效，造成运行新协议的节点认定有效的区块会被运行旧协议的节点认为无效，就会使比特币网络产生分裂，所有节点根据运行协议版本的不同扩展为两条不同的区块链（两个网络）。

比特币现金就是硬分叉的典型案例。比特币硬分叉示意图如图2-12所示。

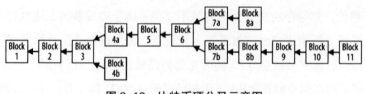

图2-12　比特币硬分叉示意图

如果比特币网络共识规则改变后,这种改变是向前兼容的,旧节点可以兼容新节点产生区块,则不会扩展为两条不同的区块链,即为软分叉。新规则下产生的区块会被旧节点接受,旧节点只是无法识别新规则的真实意义,新旧节点仍然处于同一条区块链,对整个系统的影响相对较小。

五、比特币的存储和使用

1. 用户自己存储和管理比特币

用户把比特币存放在个人电脑、手机等联网智能终端,这是热存储方式,方便但不安全。将比特币存储在离线智能终端,这是冷存储方式,相对更加安全,但使用起来不方便。用户要有效区分和管理热存储、冷存储,需使用不同的私钥和地址。由于冷存储不在线,热存储必须通过相应技术手段找到冷存储地址,两者才能进行转账。

目前用得较多的解决方法是使用分层确定性地址机制的电子钱包(分层确定性钱包,Hierarchical Deterministic Wallet),它通过椭圆曲线密码学机制,在确保没有私钥参与的情况下,将公钥直接分散成子公钥,并且分散子公钥可以由分散子私钥认证,也就是冷存储端制造多个地址,并且热存储端能够知晓其制造的所有地址。

2. 用户通过第三方机构提供服务来存储和管理比特币

一些专业公司为用户提供"在线钱包"服务。用户将密钥、交易等比特币的存储、管理等信息上传到云端服务器,通过网页或者APP客户端操作。由于在线钱包第三方运营公司存储了用户的比特币密钥,用户使用在线钱包登录密码保护密钥,所以用户需要信任第三方公司,并与之约定责权利。在线钱包的优势是方便,风险在于第三方公司及其技术人员掌握密钥,可能存在安全隐患。

一些比特币交易所也提供比特币存储服务,类似于银行存款业务,用户将比特币存储到交易所，以便在将来某个时间需要时提取比特币，或者兑换成法币。用户在交易所完成上述操作时，比特币网络并不会记录任何交易，交易所不需要在网络将比特币从一个地址转移到另一个地址，交易所和用户只需要签署和修改智能合约。交易所提供比特币存储服务的风险在于挤兑、黑客入侵、借新还旧等。

部分交易所会公开用户比特币存储信息，如公布用户姓名、比特币数量、市值等，用户据此可以计算交易所的存储规模（也可以理解为交易所需要兑付的负债规模），不过这种模式也存在用户隐私信息泄露、交易所瞒报假报信息等问题，因而一些交易所采取梅克尔树来描述用户比特币存储规模（也称为负债证明，Proof of Liabilities）。

技术原理如下：交易所构建一个梅克尔二叉树，每个叶节点为一个用户（储户），每个叶节点添加一个存储金额字段。每个叶节点存储金额字段保存用户比特币存储数量。每个节点存储金额字段等于最相邻两个子节点存款金额之和，根节点存储金额字段代表比特币存储总数量。用户可以要求交易所证明自己在梅克尔树上，以此判断自己的比特币是否安全。负债证明如图2-13所示。

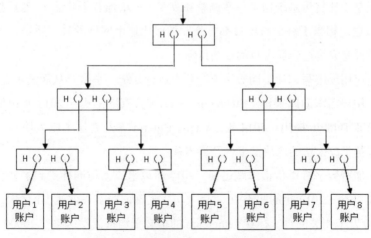

图2-13　交易所梅克尔二叉树负债证明

交易所构建完梅克尔树负债证明后，把根节点（用户）哈希指针和存储金额字段进行加密签名，然后在比特币网络广播，并且声明交易所的所有用户都可以对应到叶节点，所有存储数据都是准确的，那么根节点存储金额字段就是用户在交易所的比特币存储规模和交易所负债证明。

3. 交易费用

交易费用是用于补偿交易所、支付商、矿工处理某笔交易所付出的代价，具体金额可以由发起交易方自行设定，也可以采取链上用户提供的参考标准。用户支付交易费越高，其交易数据就会被更快、更安全地转播和记账。2015 年以前，交易费在矿工收入中占比不到 1%，因而大部分用户并不在意交易费收入和支出，但随着挖矿难度加大、挖矿奖励降低，交易费占比不断上升。目前，很多比特币钱包、交易所等第三方服务商都会收取标准化交易费用，用户的每笔交易都要缴纳一定比例的交易费。收取交易费成为第三方服务商的主要营收。

第 3 节　以太坊叠加平台经济：
　　　加密数字货币进入群雄逐鹿的战国时代

随着比特币关注度和参与度的不断提升，一些利用比特币网络实现不同于比特币逻辑的加密数字资产新项目陆续出现，但比特币机制本身并不灵活，新项目大多只是基于比特币系统做了一些调整和改变（如增加若干功能），然后独立运行在不同节点，相当于每个新项目都要开发类似比特币网络的独立系统，效率反而更低，并没有完全达到新项目的预期目标。

通过应用层编写，让不同数字资产开发运行在统一平台，从而满足更多机构、投资人、用户需求的以太坊（Ethereum，ETH）公有链模式于 2013 年由俄罗斯程序员 Vitalik Buterin 提出。2014 年，Vitalik Buterin 等人创建了以太坊基金会，逐渐构建起基于以太坊的区块链平台经济体系。

由于加密数字货币价格涨跌迅猛，2017 年以来以太坊同样受到了公众的广泛关注，仅 2016—2017 年的两年中，"以太坊"关键词检索谷歌达 1.1 亿次，百度收录了 1160 万个相关网页，标签 #ethereum 的推文平均每天发送超过 20000 次。

简言之，以太坊通过一套图灵完备脚本语言（Ethereum Virtual Machine-code，EVM 语言）建立各种应用功能和项目，类似于汇编语言。应用开发者使用 C++、Lisp 等高级语言在以太坊平台编程，由编译器转成 EVM 语言，从而成功建立应用。由于开发者只需要专注于应用本身的开发，不用考虑复杂的底层系统，从而大大降低了开发难度。

目前，以太坊已能够实现在互联网世界开展编程、担保、交易等诸多事项，如 ICO、STO 等加密数字货币，以及交易所、众筹、投票、知识产权、合同管理等分布式项目。

一、以太坊和比特币的异同

与比特币类似，以太坊也是一个去中心化的区块链平台（公有链），有众多节点参与，组成一个 P2P 网络，节点之间彼此平等，没有一个节点有特殊权限（也可以公有链下的各种应用约定权限）。

二者区别在于以下几个方面。

一是以太坊通过使用 Ghost 协议实现更快交易。目前比特币出块时间平均为 10 分钟左右，而以太坊能达到 12 秒，意味着以太坊具有更大的系统吞吐量和更小的交易确认间隔（低延迟高吞吐量）。

二是以太坊的经济模式与比特币不同。比特币总量有限（2100 万枚），获取难度不断加大（只有"挖矿"和交易两种方式），造成比特币投资门槛越来越高，投资人不过几百万，限制了投融资空间和应用场景。而以太坊理论上可以无限释放各种以太币，大大降低了参与门槛，扩大了参与者规模。

三是以太坊拥有图灵完备的汇编语言和内部代码，支持智能合约，用户可以自己定义数字资产流通的商业逻辑、技术逻辑、业务逻辑，通过以太坊虚拟机理论上可以执行任何计算，意味着以太坊能够作为通用区块链平台，支持各种去中心化应用（DAPP），而比特币没有这种灵活性。

> **案例** ICO、STO：基于以太坊平台或者其技术理念的体系开发的 ICO 代币、STO 证券型通证融资的机制、模式和风险

区块链物联网公司 Slock.it 受股份制公司运作的启发，在以太坊发起了一个去中心化自治机制（The DAO）众筹项目，后来一些以太坊用户发现这个机制也适合其他项目，The DAO 模式迅速普及，其中 ICO（Initial Coin Offering）代币融资类项目增长最快。人们可以在无须依赖信任或者强公信力第三方参与的情况下，在以太坊发行 ICO，实现经济激励、风险共担、协作共进的投融资。

ICO 源自股票市场首次公开发行证券（IPO）概念，是某个项目依托区块链技术和机制首次发行代币筹措资金的常用方式。早期参与者（投资者）支付通行加密数字货币（如比特币、以太币），获得融资方承诺的投资回报（ICO 代币）。由于融资项目具有潜在市场价值和增值空间，ICO 代币未来可能会被兑换成法币，

投资人通过法币增值获利。融资方获得比特币、以太币等通行加密数字货币，兑换成法币支持项目发展。ICO 标准流程如图 2-14 所示。

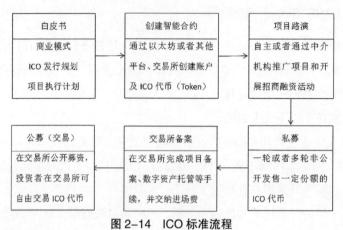

图 2-14 ICO 标准流程

ICO 代币有以下两种作用。

一是作为应用币，用来购买 ICO 发行方提供的商品服务，这一作用类似于游戏币，拥有游戏币就可以兑换得到相应的游戏功能（如装备、积分等）。

二是作为权益币，对 ICO 发行方的未来利润拥有一定的分成权利。以 2016 年区块链公司 The DAO 的 ICO 融资为例，通过发行 ICO 成功融资 1.5 亿美元，ICO 持有人可以参与公司重大决策投票及利润分成。2017 年 7 月，美国证券交易委员会认定 The DAO 发行的 ICO 属于证券融资，实际上确认了 ICO 作为权益币且属于证券，应该纳入监管。①

2017 年 9 月以来，我国监管部门重手取缔 ICO，根源就在于区块链企业缺乏监管、企业趋利和人性贪婪，很多 ICO 项目异化为非法集资、传销、金融诈骗等违法犯罪行为，沦为空气币，以投资高回报（主要在加密数字货币二级市场交易获利）诱骗缺乏金融常识的普通公众，人为制造投资泡沫，对金融小白"割韭菜"，涉众型危害巨大。据不完全统计，在未全面取缔 ICO 前，国内加密数字货币交易所挂牌交易 ICO 代币有几千种，内部交易的 ICO 代币数量更多，涉及投资人几千万，融通资金可能超过万亿元。

---

① 刘晓蕾. 为取缔 ICO 叫好：让融资归融资，技术归技术 [EB/OL]. [2017-09-12]. https://finance.people.com.cn/n1/2017/0912/c1004-29530593/html.

这些空气币也形成了一套大同小异的发行机制：操盘手从其他平台学习套路；找技术团队外包开发项目和编写白皮书；找大咖站台；联系或者挂靠海外机构，注册公司，安排律师、审计师、会计师等专业人士认证；社群私募；向交易所缴纳巨额进场费，在交易所挂牌；购买自媒体宣传流量；上线发行 ICO 代币；坐庄操作币值；以分销机制圈金融小白入局，"收割韭菜"。

在强监管下，全球 ICO 市场很快陷入熊市。据 CoinMarketCap 报道，2018 年第一季度登陆各大交易平台的 247 种 ICO 代币，87.5% 处于长期破发，平均跌幅 50% 左右，真正达到 10 倍以上收益（市盈率）的不超过 3%，ICO 的融资效能低于传统资本市场。

ICO 遭禁后，很快又出现了一种新型加密数字货币——安全代币（Security Token Offering, STO）。STO 即证券化代币发行，是指按照法律法规和行政规章要求，进行合法合规的证券型通证公开发行。STO 能够延展为现实世界的各种资产、权益、服务数字化（比如公司股权、债权、知识产权，信托份额，以及黄金、珠宝、玉石、房产、车辆等实物资产），并转变为加密数字货币（权益凭证）。从理论和技术上讲，STO 是私人资产证券化、风险资本融资的有效方式。三种发行方式的比较见表 2-5。

表 2-5 ICO、STO、IPO 比较

类别	监管	投资门槛	权益	应用场景	风险
ICO	监管难度大，国内明文禁止	零投资门槛	使用权	虚拟资产	极高
STO	接受一定程度监管	有一定专业能力的普通投资者	股权+使用权	传统+虚拟	较高
IPO	完善的严格监管	只针对专业投资者，普通人难以进入	股权	传统资产	较低

相较于 ICO，STO 模式之所以能被一些监管部门接受，关键是 STO 宣称在监管框架下，锚定资产已经存在于现实世界，ICO 则很难。STO 也具有传统证券的一些功能，如利润分配、股利分配、投票权、资产抵押担保等。

STO 也不能简单等同于 IPO，后者是在资本市场首次公开发行股票，投资者买到股票后就持有股权，享受股息、分红、投票等权利，但 IPO 对企业要求很高，且审核流程烦琐，时间较长，门槛较高，面向的受众多为专业投资人。

二、以太坊技术原理

（一）去中心化应用（DAPP）

去中心化应用（Decentralized Application，DAPP）是一种运行在点对点（P2P）网络的应用软件。与智能手机应用类似，DAPP 也是一种 APP，但不是运行在 iOS、安卓平台，而是运行在以太坊平台。DAPP 具有开源、去中心化、智能合约、激励机制、共识机制等特性。DAPP 后端运行在以太坊分布式网络各个用户节点，包含若干套相对独立的实现数据去中心化存储和管理等逻辑的智能合约代码。与 APP 的区别见表 2-6。

表 2-6 DAPP 与 APP 的区别

项目	APP	DAPP
运行机制	在 iOS、安卓系统上开发运行	结合智能合约，在以太坊等区块链公有链上开发
开发运营团队	由固定专业团队开发、运营和升级	由项目发起人提出和编程，所有用户共同维护
数据存储和处理	数据存储在中心化服务器，可由开发运营团队对数据进行修改	数据经加密存储在区块链 P2P 网络，除非超过 51% 的节点达成共识，否则数据无法篡改

相较于比特币等公有链技术高开发门槛，DAPP 开发难度更低，周期也更短。根据 DAPPReview 调查显示，截至 2018 年 11 月，基于以太坊开发的 DAPP 有 1306 个，单个 DAPP 24 小时最高活跃用户为 1116。其中加密数字货币钱包已经成为 DAPP 的重要应用，普通用户可以使用 DAPP 实现挖矿、支付、交易、投融资等功能。但是，很多加密数字货币（如 ICO）并没有对应和通兑的实际价值，反而因为降低了技术门槛，使得数据价值萎缩，加之不少项目鱼龙混杂，空气币满天飞，加密数字货币 DAPP 应用多昙花一现。

由此可见，满足用户高频长期需求，才是 DAPP 成功的基础。例如，淘宝、天猫、京东、拼多多等电商 APP 因为满足了用户高频长期的网上购物需求，微信、QQ 等社交 APP 因为满足了用户高频长期的人际交流需求，滴滴、摩拜等出行 APP 因为满足了用户高频长期的便捷出行需求，都成为头部平台。

另外，通过技术优化用户体验也是一种可能的路径。尽管 DAPP 相较于 APP

有若干优势，但是要打破头部 APP 的体验性优势坚冰，道阻且长。以移动支付为例，是采用支付宝、微信等中心化 APP，还是采用其他去中心化 DAPP，必须要综合考虑用户价值能不能驱动用户迁移。

用户价值 =（DAPP 体验 – APP 体验）– 替代成本

以即时通信 APP 子弹短信为例，子弹短信依靠前期巧妙营销获得大量用户尝鲜，但其正面 PK 的是微信，对用户而言替换成本过高，如果要改用子弹短信，自己的朋友圈都得同步迁移，迁移难度和社交圈潜在损失远高于新获得体验，因此绝大部分用户只是图个新鲜感，很快还是会用微信。子弹短信由于得不到用户高频长期的使用，最终结局就是下架退场。

尽管目前大范围普及 DAPP 尚有难度，不过在网络游戏、博彩等对透明化、去中心化、可追溯、不可篡改等特性有较大需求的细分场景上还是有较大空间。例如，从 2018 年 3 月开始，监管部门停批游戏版号，将德州扑克、斗地主等棋牌游戏纳入管控范围，造成传统游戏开发运营商陷入生存危机。网易、百度等头部游戏商陆续转型区块链游戏，将道具、积分、装备等用户数字资产上链，实现用户通过 DAPP 客户端玩游戏，并获得游戏中产生的加密数字资产交易、兑换、提现等功能，也就出现了"游戏即挖矿"这个可能替代传统游戏的新玩法。游戏即挖矿示意图如图 2-15 所示。

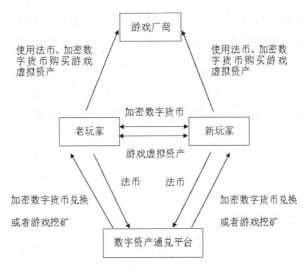

图 2-15　游戏即挖矿示意图

（二）以太坊整体架构

以太坊整体架构是一串连接的数据区块，区块之间由使用密码学算法生成的散列指针连接，包括底层服务、核心层和顶层应用。以太坊整体架构如图2-16所示。

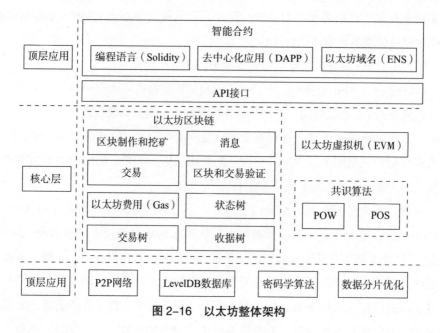

图2-16　以太坊整体架构

1. 底层服务

底层服务包含P2P网络、LevelDB数据库（Google开源的持久化KV单机数据库，具有很高的随机写、顺序读/写性能）、密码学算法、数据分片（Sharding）优化等基础服务。P2P网络每个节点彼此平等，能够生成或者审核数据，由所有节点共同提供服务和维护网络。LevelDB数据库可存储以太坊产生的区块、交易等所有数据。密码学算法用于保证数据隐私和网络安全。数据分片优化使得若干项目可以在以太坊并行、交易和验证，从而提高以太坊（公有链）整体运行效率。

2. 核心层

核心层包括通用区块链技术、以太坊共识算法、以太坊虚拟机（EVM）。区块链技术能确保去中心化记账和不同节点账本数据的一致性。以太坊底层通过EVM支持智能合约的执行与调用，在调用时根据智能合约地址获取代码，并载入EVM运行。开发者可以使用语法上类似JavaScript、Python的编程语言（Solidity）创建运行于EVM上的应用程序。

EVM使用了256比特长度的机器码，是一种基于堆栈的虚拟机，用于执行以太坊智能合约。由于EVM专门针对以太坊体系设计，因此使用了以太坊账户模型（Account Model）进行价值传输。

EVM 代码结构：

analysis.go   // 跳转目标判定

common.go

contract.go   // 合约数据结构

contracts.go   // 预编译好的合约

errors.go

evm.go   // 执行器 对外提供一些外部接口

gas.go   //call gas 花费计算 一级指令耗费 gas 级别

gas_table.go   // 指令耗费计算函数表

gen_structlog.go

instructions.go   // 指令操作

interface.go

interpreter.go   // 解释器 调用核心

intpool.go   //int 值池

int_pool_verifier_empty.go

int_pool_verifier.go

jump_table.go   // 指令和指令操作（操作，花费，验证）对应表

logger.go   // 状态日志

memory.go   //EVM 内存

memory_table.go   //EVM 内存操作表 主要衡量操作所需内存大小

noop.go

opcodes.go   //Op 指令 以及一些对应关系

runtime   // 运行时间

env.go   // 执行环境

fuzz.go

runtime.go   // 运行接口 测试使用

stack.go   // 栈

stack_table.go   // 栈验证

3. 顶层应用

顶层应用包括 API 接口、智能合约、去中心化应用（DAPP）等，是最接近用户的一层，开发者可以在此层开发各种应用。

(三)以太坊的区块数据结构

相较于比特币区块,由于以太坊区块数据结构保存了三棵梅克尔树(状态树、交易树和收据树),客户可以轻松查询以下内容:一是某笔交易是否被包含在特定区块;二是某个地址过去发出某种类型事件的所有实例;三是某个账户余额;四是某个账户是否存在;五是加入某个智能合约进行一笔交易,交易输出是什么。[①] 以太坊区块结构如图 2-17 所示。

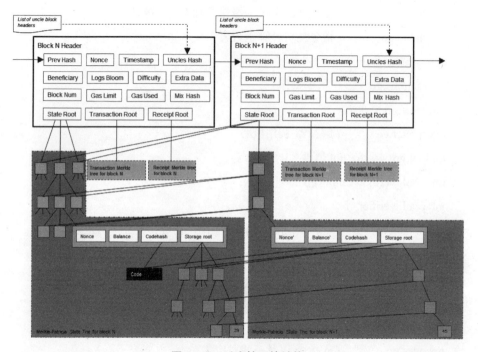

图 2-17 以太坊区块结构

1. 区块

以太坊区块由区块头(Block Header)、叔块(Uncle)、交易列表(tx_List)三部分组成,比特币区块结构更复杂。区块头由 15 个字段组成,出块速度更快,不过也造成矿工挖矿上的竞争,同时也可能会产出若干合法区块。以太坊允许竞争区块挂到主链,给予挖出竞争区块矿工少许奖励来增加挖矿工作的公平性。

ParentHash:父区块的哈希值。

---

① 贺海,武延安,陈泽华. 基于区块链的智能合约技术与应用综述 [J]. 计算机研究与发展,2018(11).

UncleHash：叔父区块列表的哈希值。

Coinbase：打包该区块的矿工的地址，用于接收奖励。

Root：common.Hash 状态树的根哈希值。

TxHash：common.Hash 交易树的根哈希值。

ReceiptHash：common.Hash 收据树的根哈希值。

Bloom：交易收据日志组成的 Bloom 过滤器。

Difficulty：本区块的难度。

Number：本区块块号，区块号从 0 号开始算起。

GasLimit：本区块中所有交易消耗的 Gas 上限。

GasUsed：本区块中所有交易使用的 Gas 之和。

Time：区块产生的 unix 时间戳，一般是打包区块的时间，这个字段不是出块的时间戳。

Extra：区块附加数据。

MixDigest：common.Hash　哈希值，与 Nonce 的组合用于工作量计算。

Nonce：区块产生时的随机值。

2. 账户

比特币不存在账户，而是比特币地址指向的 UTXO（关联比特币地址的比特币金额集合，是一个包含数据和可执行代码的数据结构）。账户（Account）是以太坊一大特色，并可分为外部账户和合约账户。

外部账户由用户通过私钥控制，可以存储以太币，但不能包含代码。每个外部账户有一对私钥和公钥，私钥用于签署交易，公钥由私钥经过加密算法（SECP256K1 椭圆曲线密码算法）计算得出，公钥经过 SHA3 算法得出账户地址。同比特币一样，用户要保存好私钥，如果丢失私钥，就会造成账户丢失且不能找回。外部账户之间的交易和传递信息如图 2-18 所示。

图 2-18　两个外部账户之间的交易和传递消息

而合约账户是一个包含合约代码、可编程的账户，由合约代码控制并由外部账户激活，存在于以太坊区块链，是代码和数据的集合。合约账户可以执行图灵完备的计算任务，也可在合约账户之间传递消息，编译成以太坊虚拟机字节码，记录在以太坊区块链。外部账户与合约账户的交易和传递信息如图 2-19 所示。

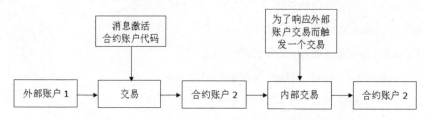

图 2-19　某个外部账户与某个合约账户的交易和传递消息

一个外部账户可以通过创建和用自己的私钥来对交易签名，发送消息给另一个外部账户或合约账户。而合约账户不可以自己发起一个交易，只有在接收到一个交易之后，被激活来响应这个交易。

3. 以太币

以太坊区块链的代币被称为以太币（Ether，代码为 ETH），是用来在以太坊支付交易手续费和进行运算服务的媒介，可以在许多加密数字货币交易所被直接交易。以太币总供给及发行量由 2014 年预售决定，包括"矿前预付＋区块奖励＋叔区块奖励＋叔区块引用奖励"。

一枚以太币（ETH）分为 Finney、Szabo、Gwei、Mwei、Kwei 和 Wei，其中 Wei 是最小 ETH 单位。

1ETH=1000 Finney=100 万 Szabo=10 亿 Gwei=100 万万亿 Wei。

4. 交易

以太坊利用交易将用户连接起来，起到价值传递作用。交易是某外部账户发送到另一账户（外部账户或者合约账户）消息的签名数据包，包含发送者签名、接收者地址以及发送者转移给接收者的以太币数量等内容。

一条交易可能包括的信息如下。

from：交易发送者地址；

to：交易接收者地址，如果为空则意味这是一个创建智能合约交易；

value：发送者要转移给接收者的以太币数量；

data（也写作 input）：存在的数据字段。如果存在，则表明该交易是一个创建或者调用智能合约交易；

Gas Limit：这个交易允许消耗的最大 Gas 数量；

Gas Price：发送者愿意支付给矿工的 Gas 价格；

nonce：区别同一用户发出的不同交易的标记；

hash：由以上信息生成的散列值（哈希值），作为交易地址（ID）；

r、s、v：交易签名的三个部分，由发送者私钥对交易 hash 进行签名生成。

用户在以太坊发起任何一笔交易都需要支付一定的费用，用于支付交易执行所需要的计算开销。计算开销费用并不是用以太币直接计算，而是引入 Gas 作为基本计量单位，通过 Gas Price 与以太币换算。Gas Price 根据市场波动调整，以减少以太币价值受市场波动的影响。

Gas（燃气、汽油）被形象比喻为以太坊燃料，是用来衡量某笔交易所消耗计算资源的基本单位。当矿工收到一笔交易信息时，会根据交易内容进行相应操作。对于转账交易，矿工会根据转账金额，对交易发送方和接收方的账户余额进行修改。对于创建和调用智能合约交易，矿工会根据对应字节码在以太坊虚拟机执行相应操作。矿工处理某笔交易所需的计算步骤越多、越复杂，那么这笔交易消耗的 Gas 就越多。

Gas 包括限制（Gas limit）、价格（Gas Price）两个部分。Gas Limit 是用户愿意为执行某个操作或确认交易所支付的最大 Gas 量（最少 21,000）。Gas Price 是 Gwei 数量，即用户愿意花费于每个 Gas 单位的价钱。当进行每笔交易时，发送方会设定 Gas Limit 和 Gas Price。

$$ETH 交易佣金 = Gas\ Limit \times Gas\ Price$$

Gas 一旦用完，矿工会停止执行相关操作。如果有剩余的 Gas，矿工也会立即退还给发起交易用户或智能合约创建者。

为了鼓励矿工在区块中确认交易，用户可以设置一个足够高的 Gas Price，这样就会被优先确认交易。反之，如果 Gas price 设置过低，低于矿工预期值，就可能会被忽视。

以太坊面世以来，交易笔数和交易额迅速膨胀，在 2018 年受加密数字货币熊市、以太坊网络拥堵等因素影响有所下降。2018 年 6 月，以太坊交易笔数约为 2249 万笔，到了 11 月下降到 1665 万笔，跌幅 25.97%。以太币交易额呈现震荡波动状态，11 月交易总额约为 7834 万 ETH，较 10 月环比增长 33.56%，但 7 月交易总额达到最低值，仅为 4409 万 ETH。2018 年 6—11 月以太坊交易笔数和交易总额分别如图 2-20 和图 2-21 所示。

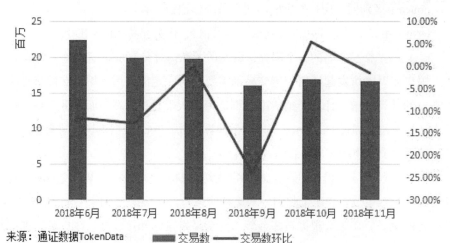

来源：通证数据TokenData

图 2-20　2018 年 6—11 月以太坊交易笔数

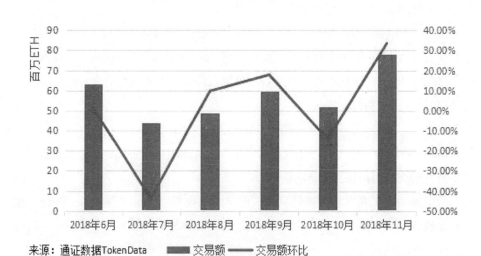

来源：通证数据TokenData

图 2-21　2018 年 6—11 月以太坊交易总额

（四）以太坊网络

以太坊网络已成为参与人员众多、分布广泛、技术体量庞大的 P2P 网络社区和商业平台。以太坊存在超过 3500 万个唯一地址，2018 年 1 月活跃地址（交易）数量首次超过 100 万，25 万人的以太坊开发者社区成为全球最大的开发者社区，一些支持和拓展以太坊社区的业务组织、技术联盟陆续成立。以太坊区块链成为最活跃的智能合约平台，市值排名前 100 名的代币有 94% 建立在以太坊上，市值排名前 800 名的代币有 87% 建立在以太坊上。2017 年全球融资方通过以太坊代币销售筹集近 55 亿美元，2018 年第一季度即筹集资金 65 亿美元。

案例 / The DAO：史上最大以太坊区块链众筹项目与黑客事件①

The DAO（去中心化自治机制）众筹项目由区块链物联网公司 Slock.it 发起，代码也主要由 Slock.it 成员编写。Slock.it 原先希望从以太坊平台筹措资金，后来发现 The DAO 框架可以被其他项目应用，于是他们创建了 The DAO（又称 DAO 之母，the mother of all DAOs）。

The DAO 和其他区块链项目一样是开源的，Slock.it 即使是 The DAO 代码的缔造者，也无法从规则或控制权上获得绝对优势，这就保证了 The DAO 能够吸引更多机构和人员参与。而后，The DAO 逐渐发展成为一个去中心化风险投资基金平台和去中心化自治社群，以智能合约形式运行在以太坊区块链，成员将自己掌控的以太币投资到相关项目，为自己和 The DAO 创造价值。

The DAO 的主要特点如下。

一是 The DAO 是一个另类 VC 平台（风险投资基金），通过以太坊筹集的资金（以太币）会锁定在智能合约，没有哪个用户能够单独随意动用这笔资金。The DAO 的运行规则基于成员共识，存在于网络虚拟世界，行为通过智能合约代码实现，不受中心化机构和意见领袖主导。

二是每个参与众筹的成员按照出资（以太币）数额，获得等值的 DAO 代币（Token），具有相应比例（出资额/融资总额）的审查项目和投票表决权利，并可以提出投资项目议案供所有出资人讨论和审核。以太币和 DAO 代币的汇率由 The DAO 所有成员共识约定。DAO 代币类似于股票，持有人成为众筹项目股东。

三是投资议案由全体 DAO 代币持有人投票表决，一个代币一票。如果议案得到需要票数的支持，相应的资金会投给这个项目。传统风投、私募基金公司的运作规则是由基金经理等专业人士操作，投资人将资金投给基金公司，一般不参与投资决策。The DAO 的投资决策来自于所有投资人基于出资额权重的"众智"（the wisdom of the crowd）。众智概念最早可溯源到亚里士多德关于政治的论述，意即综合许多人的智慧可以作出比某个专家更好的决策。

---

① 彭博社深度还原：The DAO 大劫案始末 [EB/OL].[2017-06-26].https://www.leipgone.com/news/201706/JnNEqj90inEWTJD.html.

四是投资项目收益会按照一定规则回报给 DAO 代币持有人。不过，并非所有项目都能够赢利，不少项目反而陷入了对 DAO 代币的炒作等投机行为。

The DAO 基本框架如图 2-22 所示。

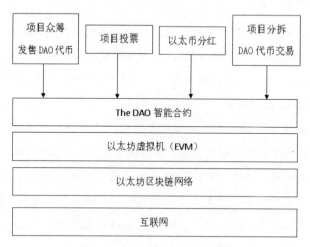

图 2-22　The DAO 基本框架

The DAO 众筹规模急速膨胀，触及一些国家的金融政策法规红线，其创建人、DAO 代币持有人并没有及时有效地应对调整，使得 The DAO 的运作陷入法律与监管的灰色地带。

黑客利用智能合约漏洞恶意的攻击也搞垮了 The DAO。2016 年 6 月 18 日，黑客成功挖到超过 360 万个以太币，投入到一个 The DAO 的子组织。当时以太币价格从 20 多美元暴跌到 13 美元以下，很多人都在尝试从 The DAO 脱离出来，将持有的以太币平仓，但是他们无法在短期内获得所需票数，因而被锁仓。黑客资金进入后，按照 The DAO 的规则，DAO 代币持有人在 28 天内无法将代币兑换成以太币。但是黑客发动攻击盗取以太币，投入到 The DAO 锁仓更多以太币，同时增持以太坊空头，通过做空以太币套现赚钱，造成所有以太币持有人的损失。

由于当时 The DAO 持有以太币总数的近 15%，该黑客事件对以太坊网络及加密数字货币都产生了深远的负面影响，也颠覆了人们对传统黑客攻击的认知。为了应对黑客攻击造成的风险和损失，以太坊创始人 Vitalik Buterin 提出软分叉解决方案：通过新的软件分叉，以太坊代码会创建一份黑名单，给以太坊基层代码上一个"开关"，在遭遇黑客攻击时触发，从而防止任何以太币从 The DAO 流出。

第 4 节　稳定币：价值相对稳定的储值型加密数字货币

目前，比特币、以太币等主流加密数字货币市值庞大，但是价格剧烈波动，阻碍了加密数字货币在现实中的应用。很多用户实际上将加密数字货币视为资产，降低了其市场流通性和流动性，因此投资人需要另寻更好的储值手段，稳定币从而兴起。

一、稳定币基本概念和商业模式

稳定币是一种价值稳定的加密数字货币，其价值意义在于结合加密支付网络的去中心化系统，同时拥有相对稳定的价格水平。作为交易媒介，融资方和投资者在交易过程中不会承担巨大的价格浮动风险。作为储值手段，投资者可以更有效地管理加密数字资产，减少其短期内过度缩水。

稳定币的特点在于：一是锚定、对标、挂钩价值相对稳定的标的物；二是抵押，将拥有公允价值的资产作为偿还担保；三是可赎回，流动性较好，可随时兑换。[①]

不过，稳定币从来都不是真正意义上的"稳定"，也会有波动，也会产生问题，只是相比其他加密数字货币，具有价值锚定、抵押担保、可赎回等优势。

美元成为现实世界的稳定币也是一波三折。1944 年布雷顿森林体系确立了美元作为稳定币的霸主地位，美元与黄金挂钩，各国货币再与美元挂钩，实行固定汇率制度。不过，当时使用英镑的国家和地区也很多，美元正处于替代英镑作为稳定币的渐进过程之中。英国在"二战"中损失惨重，加之美元打压，英镑衰落，进而美元强势崛起。然而，美元也遭遇过"二战"初期的钱荒、马歇尔计划带来的美元泛滥等挑战。1976 年，国际货币基金组织理事会通过了《IMF 协定第二修正案》，形成了美元、英镑、日元、欧元等多元化国际货币体系。2008 年全球经济危机爆发后，日元、欧元等再度被美元边缘化。

以稳定币 USDT 为例，它是 Tether 公司通过 Omni Layer 协议在比特币区块链发行的加密数字货币。每个 USDT 都由 Tether 公司储备等值美元支持（每发行 1 枚 USDT 代币，Tether 公司的银行账户都会有 1 美元资金冻结作为赎回保障），并且可以通过 Tether 平台赎回。Tether 的盈利主要来自在银行的等值美元储备金产生的利息和用户交易提现的手续费。

USDT 的优点是流程直观清楚，基本保持了与美元 1∶1 比例锚定，吸引了不

[①] "稳定币"是如何做到"稳定"的？[EB/OL].[2018-09-26].http://finance.sina.com.cn/blockchain/roll/2018-09-26/doc-inkmwytp2303639.shtml.

少投资人参与,但是缺点在于中心化运作,资金托管情况不透明,存在超发的可能性。

USTD 的逻辑框架如图 2-23 所示。

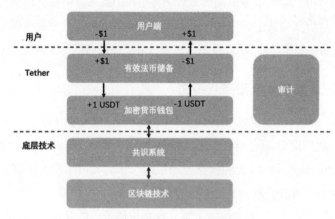

图 2-23　USTD 的逻辑框架

再如,GUSD 是基于以太坊网络发行、与美元按 1∶1 比例锚定的稳定币。相较于 USDT,GUSD 的最大不同是受美国纽约金融服务署监管,每一笔增发都会有相应美元资金入账冻结用于赎回,并进行账户审计。如果监管部门发觉相关交易存在问题,可以冻结账户及其相关操作。

再如,Maker DAO 系统界定了 DAI 和 MKR 两种稳定币。稳定币 DAI 是由抵押资产(以太币)支撑的加密数字货币,价格与美元保持锚定。MKR 是 Maker 去中心化自治组织的权益和管理代币,Maker 是以太坊的一个智能合约平台,通过抵押债仓(CDP)、自动化反馈机制和激励手段支撑和稳定 DAI 的价格。用户将以太币发送到 CDP 智能合约进行锁定,同时按照一定抵押率生成稳定币 DAI,直到用户偿还稳定币 DAI 后才可拿回抵押资产(锁仓的以太币)。如果抵押资产(以太币)下跌至低于其支持的锚定美元额度,使得 1 个稳定币 DAI 的价值不足 1 美元,智能合约就会自动启动清算。MKR 是系统救市资产,当市场出现极端贬值的情况,Maker 需要在抵押资产的价值低于其支持的稳定币 DAI 的价值之前强制清算 CDP,并在平台内部面向所有用户拍卖抵押资产来进行保值。部分稳定币比较见表 2-7。

表 2-7　部分稳定币比较

稳定币 比较指标	USDT	GUSD	DAI
底层协议	比特币网络 Omni 层协议	以太坊	以太坊

续表

稳定币 比较指标	USDT	GUSD	DAI
智能合约	不支持	支持	支持
锚定对象	美元	美元	加密数字资产
锚定价格	1:1 美元	1:1 美元	1:1 美元
审计透明度	中心化机构发行，审计比较模糊	明确	没有审计

二、稳定币依靠什么来维持"稳定"？

USDT 这类稳定币由现实世界的美元、矿产等资产做背书，通过融资方、发行方等中心化机构基于足额资产抵押发行，并没有脱离法币发行系统。但是中心化机构投放的抵押资产往往缺乏有效监管，权属并不透明，其稳定币的超发风险很大。

因此，稳定币必须锚定拥有稳定公允价值、价格波动不大的资产，如同美元锚定黄金，因为黄金是世界公认的硬通货，金本位是成熟的货币体制。比特币、以太币等加密数字货币价格波动大，直接作为锚定对象操作起来会很难。不过，比特币、以太币等头部加密数字货币拥有庞大的市值和用户，也可以作为刚入市加密数字货币，以及难以预先提供足额稳定资产抵押的稳定币的锚定对象，这属于折中方案。稳定币锚定的价值资产如图 2-24 所示。

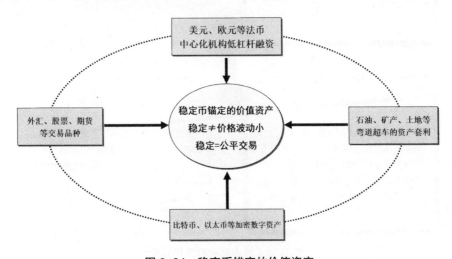

图 2-24　稳定币锚定的价值资产

另外，稳定币的发行同样需要激励措施才能保障用户参与和交易的活跃度。智能合约不透明不规范、信息披露不清晰、代码更新不及时也是制约稳定币发展的重要因素。

案例1　石油币（委内瑞拉稳定币）：高风险的"国家赌局"？[①]

委内瑞拉的石油资源丰富，国民福利待遇极好，一度成为全球人人羡慕的对象。而近年来，该国赖以生存的石油价格不断下跌，导致其政治、经济、外交等领域都处于混乱状态，法币贬值，大部分国民穷困潦倒。

面对高通胀，价格上扬的比特币开始代替法币玻利瓦尔成为当地流行的支付手段。加之委内瑞拉电价非常便宜，比特币矿工越来越多，挖矿成为不少普通人的营收来源。如果任由比特币应用普及，依靠不断印钱维持经济运转的饮鸩止渴模式将更加难以为继，于是委内瑞拉政府颁布法令禁止购买比特币矿机，规定挖矿是违法行为，并发行了全球第一个由国家政府支持的法定加密数字货币——石油币。委内瑞拉石油币简介如图2-25所示。

什么是石油币？

2017年12月，委内瑞拉总统马杜罗宣布发行石油币，以奥里诺科重油带阿亚库乔区块1号油田的50亿桶石油储量作为发行石油币的物质基础，每个石油币与一桶石油等价。

石油币与比特币有什么不同？

与比特币不同，石油币无须通过耗费计算机算力和大量的电力进行"挖矿"，所有石油币都是被预先创建并由委内瑞拉政府发行和直接出售的，与股票在一级市场公开发行类似。

石油币将起到什么作用？

石油币若顺利发行，可以在短期内增加委内瑞拉政府的外汇流动性并部分实现跨境支付功能，但是否能被国际投资者接受成为主流虚拟货币以及能否抑制玻利瓦尔的贬值趋势仍需观察。

石油币能不能换石油？

根据白皮书，石油币不能直接兑换石油。不过，委内瑞拉政府承诺，接受石油币作为个人或机构缴纳税费和购买公共服务的支付方式。石油币与委本币玻利瓦尔的汇率将由官方授权的虚拟货币交易所每日公布。

图2-25　委内瑞拉石油币简介

根据委内瑞拉政府发表的白皮书，首期石油币发行规模为一亿个加密数字货

[①] 张锐.石油币：一根随风摇摆的救命稻草[N].证券时报,2018-11-08.

币，兼具投资、储蓄、支付、公共服务等功能，不仅可以作为该国的国际记账单位，而且还是国内工资、商品、服务的定价基准。石油币可以接受人民币、美元等法定货币和比特币、以太币等加密数字货币的购买。购买渠道除委内瑞拉财政部外，还有 Banca、Afx Trade 等政府授权的六个交易所。由此，委内瑞拉国内市场流通法定货币有主权玻利瓦尔（纸币）、强势玻利瓦尔（纸币）和石油币（加密数字货币），后两者的发行都是为了遏制通胀而行。

石油币起初是与委内瑞拉一处荒凉草原上的 50 亿桶石油挂钩，而后又被改为锚定 50% 石油、20% 黄金、20% 铁和 10% 钻石的"四位一体"，后者缓解了国际原油价格大幅波动对币值的强烈影响，对标风险相对要小。石油币带有明确资本管制与阻止本国民众海外移民的目的，兼及了比特币等加密数字货币价格爆发带动石油币升值的投机性操作因素，对遏制通胀有一定程度的正向作用。

但石油币的风险在于：一是没有从根本上改变委内瑞拉依靠大宗商品出口和印钞维系经济发展的老路，并非解决深层次矛盾的经济改革，治标不治本；二是应用场景较少，大部分国民买不起智能设备，难以普及使用石油币，事实上造成因为需求量不足带来超发贬值，反而助推通胀；三是石油币挑战了美元国际结算货币的地位，遭到美国抵制，去美元难以得到石油进口国的认可；四是石油币由委内瑞拉国家政府发行，各种规则存在朝令夕改的风险，并没有体现加密数字货币的去中心化优势。

案例 2　Libra 稳定币：解决支付痛点的超主权货币[①]

目前，全球大致有 17 亿人没有银行账户，只能使用现金收款和支付，占全球总人口的 24.2%，这些人还得面临每年高达几百亿美元的盗抢风险，每月还得支付超过 4 美元的金融服务手续费。另外，在中心化的传统金融服务方式下，跨境转账效率低、流程烦琐。

2019 年 6 月 18 日，Facebook 旗下全球数字加密货币 Libra 官方网站正式上线，Libra 稳定币白皮书同步公布。按照白皮书披露规则，Libra 稳定币是锚定由美元、欧元、英镑、日元等组成的货币篮子的合成货币单位，其价格与货币篮子的加权平均汇率挂钩。Libra 稳定币可以避免比特币等加密数字货币的高波动性和投机属性，使其更像货币而非金融资产。

---

① 孙璐璐，王君晖. Libra 的机会与困境 中国应该如何应对 [N]. 证券时报，2019-7-29.

Libra 稳定币是由 Facebook 发起的 Libra Association（Libra 协会）负责发行和管理。要想加入 Libra 协会的机构需要向 Facebook 缴纳 1000 万美元会费，该机构就可以成为 Libra 区块链的运行节点，获得数据查看、写入等权限。Libra 协会的会员限 100 家，每个会员拥有 1% 投票权，此举可有效防止发起方、单一财团垄断。创始会员中已有 Uber、eBay、PayPal、Mastercard、VISA 等几十家知名跨国公司，也为 Libra 稳定币提供了投资、社交、通讯、电子商务、共享出行、公益、音乐、旅行、支付等多领域应用场景。

从功能视角看，传统法定货币主要有支付、储值、记账三大功能。Libra 稳定币最大优势在于低成本、高效率支付，尤其是依靠 Facebook 社交平台庞大的用户群体和网络推广效应，能够在跨境支付和汇款形成突破性优势。另外，Libra 稳定币的储值功能潜力也很大，一旦应用场景扩大到网民日常生活，加之跨境流通的超主权优势，将对通货膨胀大、本国法币币值不稳定的国家地区居民具有吸引力，从而对这些国家的法币发行、流通、管理带来冲击。

Libra 稳定币也引起了各国政府的高度关注和担忧。其一，Libra 稳定币面临用户隐私保护、反洗钱、反恐怖融资、跨境资本流动管制等其他加密数字货币面临的同样监管问题。

其二，Libra 引发的另一个重要问题是如何应对拥有用户和场景优势的大型互联网公司赢者通吃的问题。发达国家对互联网公司跨境从事金融业务一直持审慎监管态度，例如，法国财政部长表示了强烈反对："我不希望 Libra 稳定币成为主权货币。Facebook 拥有超过 10 亿客户，做出的任何决定都可能产生系统性影响。我们不能让那些为私人利益服务的公司拥有主权国家才有的属性。我们必须采取行动。"

第 5 节 加密数字货币交易所：
是连接投资方和项目方的红娘还是乱象

加密数字货币交易所是指为加密数字货币提供交易撮合的中介服务平台，是加密数字货币价格确定、交易流通的主要场所，其主要盈利方式有场内交易手续费、场外交易手续费、合约／杠杆交易手续费、转账手续费、发行平台币、做市赚取差价、收取上币费等。

目前，加密数字货币多以线上方式运作，我国还没有颁发专门的金融市场牌照给加密数字货币交易所,尚未出台完善的准入和监管政策,未来加密数字货币交易所合法与否难以有定论。

一、加密数字货币交易所国内五年记

1. 伴随比特币等加密数字货币的暴涨而迅速发展

前文对比特币交易所进行了分析。加密数字货币交易所沿袭了比特币交易所的运作模式。为了增加套利机会和炒作空间,比特币市场上还出现了一些加密数字货币期货交易所,增加了做多和做空机制。

国内不少加密数字货币交易所沿用了火币网开创的免交易手续费运作模式,并逐渐形成有别于传统交易所的盈利之道,如内部控制人交易套利、人民币提现配套各种服务套餐、类期货合约交易手续费、面向交易所会员的杠杆借贷收益。

2. 加密数字货币交易所监管趋严

2013年年末以来,监管部门对加密数字货币加大政策限制,交易所期货交易、融资融币等行为成为监管重点,投资者很难在交易所直接交易。而后,一些加密数字货币交易所推出代理商(充值)方式,用户在交易所操作加密数字货币交易,需要兑换法币时才从代理商那里提现。从2016年以来,随着监管部门陆续推出互联网金融专项整治、反洗钱、账户实名制、金融去杠杆等政策法规,国内加密数字货币交易所的法定空间越来越小。

2017年1月,国内三家最大的比特币交易平台比特币中国、火币网、OKcoin停止比特币现货型融资。不过随着2017年期货、股权类ICO代币的出现,比特币交易量重新暴涨,加密数字货币交易品种进一步丰富,相应的交易所在2017年上半年达到3000家以上。

2017年9月4日,中国人民银行、网信办等七部委联合发布《关于防范代币发行融资风险的公告》,在境内叫停包括ICO在内的所有代币发行融资活动,清理整顿ICO平台并组织清退代币。这意味着国内交易所不得从事加密数字货币与法币交易。

3. 国内加密数字货币交易所纷纷出海

由于国内参与加密数字货币投资交易的人数众多,一些头部交易所由于用户数、交易额、营收额庞大,具有通过国际化维系运营的能力,因而纷纷出海,在东南亚、中亚等国家和地区注册展业的屡见不鲜。例如,原OKcoin币行CTO在日本创立币安交易所,日交易量最高达20亿美元以上,很快晋升全球一线加密数字货币交易所。

值得关注的是，加密数字货币交易所靠收取类期货合约交易手续费、面向交易所会员的杠杆借贷收益在强监管下显然走不通，于是很快出现了新玩法——发行交易所币（或者叫平台币）套利。

一些加密数字货币交易所发行自己的平台币，将平台币价格和市值与交易所挂牌的加密数字货币对标挂钩，让平台币上市交易流通，持有加密数字货币的投资人也同时持有平台币，也就是"交易即挖矿"模式。平台币可以单独进行交易，交易所其他挂牌加密数字货币则需要和平台币捆绑在一起，如此一来，绕开国内监管，到海外开加密数字货币交易所就成为新的热点，这需要引起监管部门的进一步重视。

二、理性认识加密数字货币交易所

1. 加密数字货币交易所≠证券交易所

加密数字货币交易所是由某个提供加密数字货币交易撮合、资产服务、信息中介的公司、非法人组织（如某个社区、社群）建立的，抵御风险和信用偿还的能力有限，加密数字货币交易所短时间内倒闭是常有的事情。证券交易所多由国家政府背书，建立了完善严格的准入、监测、管理、发行、交易、退市等制度体系，不会为挂牌交易商（上市公司）提供担保、质押等风险服务。

证券交易所的交易对象是有价证券，背后有完善估值体系支撑的上市公司和实体资产，属于优质资产，交易公开、透明、合法。加密数字货币交易所的交易对象往往是缺乏公允价值资产支撑的加密数字货币，至多算是有限用户群认可的数字资产。甚至很多加密数字货币都不过仅仅是一个融资方案（白皮书），或者干脆就是空气币、传销币。

2. 数字货币交易所≠安全

加密数字货币交易所多由某个企业或者组织开发，网络安全保护能力天然缺乏。前期的加密数字货币交易所交易品种单一，主要为比特币，在比特币价格疯狂上涨的同时，网络攻击向加密数字货币交易所转移，导致安全问题层出不穷。时至今日，安全问题对分布式共享账本、智能合约等区块链来说依然是达摩克利斯之剑，还没有彻底的解决方法。

从严格意义上讲，加密数字货币交易所属于中心化机构，需要交易双方把法币、加密数字货币转入在交易所开设的专门账户，并没有点对点直接交易，但有可能导致一些加密数字货币交易所的负责人、技术人员因为利益驱动而盗取用户资产。

3. 数字货币交易所≠可交易

世界上有 200 多个国家和地区发行了本国、本地区法定货币，跨国流通货币不外乎美元、欧元，强势法币有人民币、日元等，数量总体有限，而加密数字货币数量泛滥，仅中国市场就有几千种之多。同理，每个国家或地区都有各种交易所少则几个，多则几百个、一两千个，覆盖多个行业、类别，而加密数字货币交易所则高达几千家，同质化的背后是价值发现、稳健运营变得越来越难。因此，加密数字货币在交易所挂牌并非就一定能够获得暴利，也并非所有加密数字货币交易所都适合投资者交易。

第 6 节　乱花不能迷人眼：
加密数字货币面临的风险与中小企业融资建议

对区块链持积极态度的瑞士联合银行（UBS）发布研究报告认为："比特币数量有限，市场需求不定，使其极易受价格波动影响，所以比特币很难发挥货币职能，缺乏成为货币的必备条件，也很难成为一种合适的投资资产类别。"[1] 当然，对于不了解比特币及相关技术、风险承受能力较弱的群众来说，远离比特币投资才是王道。比特币发展面临的挑战如图 2-26 所示。

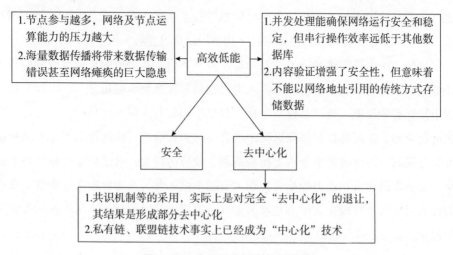

图 2-26　比特币发展面临的挑战

---

[1] 聂伶俐. 投资比特币有四大风险 [N]. 烟台晚报, 2013-11-22.

一、加密数字货币面临的主要风险

1. 投资交易风险巨大

法定货币和通用货币一般都有交易媒介、计价记账、价值储藏等功能，都要求稳定的币值和估值。而比特币等加密数字货币价格波动幅度大，难以作为通用货币，投资交易风险也非常大。特别是比特币这类热炒型加密数字货币还存在暴涨暴跌的套利风险，庄家、资深玩家会利用不同交易平台的比特币价格不同和信息不对称的优势进行"高卖低买"，获取价差收益。杠杆交易、借贷、融资融币已经成为国内外几千家加密数字货币交易所的主要商业模式。

一些加密数字货币交易看起来非常火热，但其实大部分是意在推高价格的程序化交易。另外，如果分别在国内和国外的交易平台之间套利，交易人还需要承担交易过程中的汇兑风险。

法定货币与所在国家的政治经济社会发展紧密挂钩，也受国际形势的影响。如果某个国家经济崩溃、政权更迭，法定货币就将大幅贬值，所以说，法定货币有基本面价值。但是加密数字货币大多没有这样的基本面价值，只能作为少数群体参与的圈层型另类投资品。

同时，加密数字货币超发滥发现象也很普遍。虽然比特币号称只有2100万枚发行上限，但是正如前文所述，交易速度慢、无限拆分和硬分叉实际上打破了其稀缺性。由于几大矿池把持了比特币多数算力，导致比特币出现中心化趋势。另外，比特币发行已逾十年，未来如果有更优越的技术迭代方案，或者强权政府干预和推出替代方案，比特币和其他加密数字货币的价格可能将一泻千里。

另外，国内外陆续发行了上万种加密数字货币，其币值的长期表现和监管干预都表明，这些数字货币最后多陷入庞氏骗局和涉众型金融犯罪。不少加密数字货币缺乏有效价值、资产和权益对标，只是根据参与人群、交易时间、自定义算法进行交易，庄家前期往往操纵舆论、自媒体和社群进行稀缺性引导，并采取拉人头分利润、币值高速率单边上扬制造利多效应的行为，以信息不对称优势吸引缺乏金融常识和辨别能力的社会公众（金融小白）参与，用自定义加密数字货币去人为对标法币并偷换去中心化和恒量发行等概念，以利用新参与人群的投资来给付前期参与人员的收益。

2. 实用价值有限

实际上，人们在日常生产生活中的交易几乎无法使用比特币等加密数字货币来支付。加密数字货币目前仅仅作为一种投资品存在,如果它们未来不能跟现实世界的通用货币(如美元、黄金)交易实现兑换,其价值空间终会有限。以韩国为例,KB国民银行和新韩银行曾经与加密数字货币交易所Coinplug签订协议,用户可以使用两家银行信用卡积分兑换比特币,但是2017年两家银行因为监管原因停止了兑换。

当然,加密数字货币能够满足用户匿名交易的需求,但是除了毒品、枪支、洗钱、恐怖活动等需要匿名的非法交易需求以外,人们日常的匿名交易需求其实并不多。

3. 网络安全堪忧

尽管加密数字货币在技术和交易规则等方面设置了众多安全措施,例如,比特币社区技术专家持续不断地打补丁,但是随着比特币交易量和用户的迅速膨胀,以及交易方式的日趋复杂,交易平台(交易网站、交易所)、比特币账户(钱包)面临着遭遇黑客攻击的风险。

此外,交易平台卷款跑路的情况也不少。按照一些交易平台的规则,用户不能实现直接的点对点交易,需要将资金充值到交易平台账户才能交易,提现也需要先往交易平台账户充值加密数字货币(如比特币),才能提取等额法币,结果导致投资者资金在很多时候会滞留在交易平台,这和余额宝、微信、支付宝等互联网金融平台有些相似,所不同的是后者的头部平台基于品牌形象、监管措施并不会限制用户提现,也不会通过违法违规获取商业利益。

一些动机不纯的交易平台在利益驱使下以遭到网络攻击、政府监管等不可抗力因素为借口,卷款跑路,例如2013年10月底,比特币交易所GBL突然关闭,绝大多数用户还没来得及将账户内资金提出,GBL运营团队一干人等人间蒸发。

4. 强监管已是常态

目前,国内对加密数字货币尚未形成完善的监管体系,合规科技、监管科技建设相对滞后,现有法律法规尚不能完全适用于对加密数字货币实施穿透式监管。

不过,随着《关于防范比特币风险的通知》《关于防范代币发行融资风险的公告》等监管政策的颁布,未来有可能针对性立法、强监管成为决策层共识:比特币等虚拟货币不是货币当局发行的,不具备法偿性和强制性等货币属性,并不是真正意义上的货币,不具有与货币等同的法律地位,不能且不应作为货币在市场上流通使用,并将被取缔首次代币(ICO)发行。

监管部门、司法机关、行业协会、智库、媒体也多次警示,公众投资、使用加密数字货币需谨慎,一旦发生纠纷极有可能得不到法律保护。从市场反应看,每当监管部门采取行动,比特币等加密数字货币价格就会剧烈跳水,整个行业在2018年进入熊市就是属于这种情况。

二、理性认识区块链通证经济

Token 本是网络通信名词,意为令牌、信令,在网络中只有拿到令牌,节点才能通信,这个令牌就是权益证明。在以太坊公有链推出后,任何企业和个人都可以基于以太坊发行自定义 token,token 被频繁用来发行 ICO 代币。但是 token 只可以作为任何权益信证明,并非代币或者货币化的唯一种类。

准确地说,Token 是可流通加密数字权益证明,简称通证,其四要素为权益、加密、流通和数字化。通证启发和鼓励人们把知识产权、消费积分、合同、证书、证券、资质等资产和资源通证化(tokenization),放到区块链流通交易,让市场去中心化、透明化匹配投资者,合理风险定价,实现场景化消费和产业化,从而改变传统加密数字货币缺乏应用场景和实际价值的瓶颈。Token 通证主要类型如图 2-27 所示。通证经济四维度解读如图 2-28 所示。

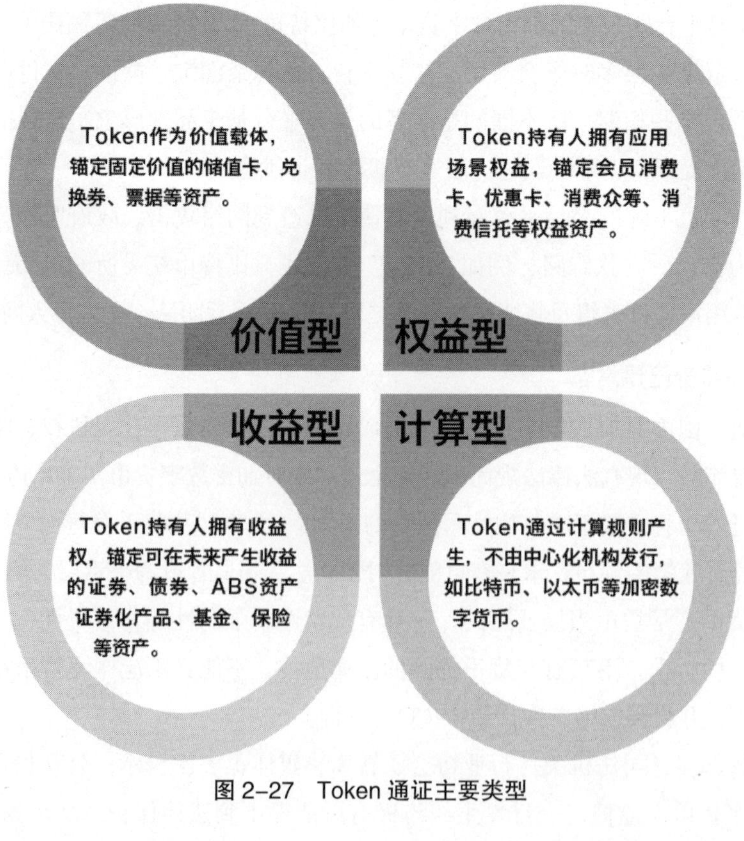

价值型:Token 作为价值载体,锚定固定价值的储值卡、兑换券、票据等资产。

权益型:Token 持有人拥有应用场景权益,锚定会员消费卡、优惠卡、消费众筹、消费信托等权益资产。

收益型:Token 持有人拥有收益权,锚定可在未来产生收益的证券、债券、ABS 资产证券化产品、基金、保险等资产。

计算型:Token 通过计算规则产生,不由中心化机构发行,如比特币、以太币等加密数字货币。

图 2-27 Token 通证主要类型

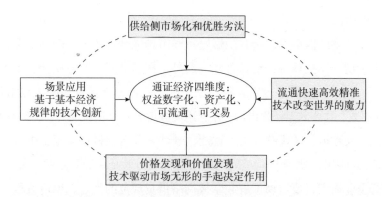

注：通证供给市场化，具备条件的机构和个人都可以发行权益证明，将通证运行在区块链，通过可验证、可追溯、可交换等技术来实现优胜劣汰，安全性、可信性、可靠性较强。

图 2-28　通证经济四维度解读

三、中小企业融资多元化与中小投资人审慎性投资建议

对于缺乏风险承受能力和专业金融投资知识的金融小白（普通人、中小投资者）来说，我们不建议其参与投资回报承诺超过 GDP 增速的风险型投资项目，比如说，2018 年 GDP 增速是 6.6%，即年化收益 6.6% 即是一个风险值。如果手上有一定数量的闲置资金，建议考虑银行大额存单、结构性存款、持牌金融机构渠道发售的稳健型基金，带有消费＋信托功能的消费信托、消费＋权益分红的消费众筹，上述项目对投资专业技术的要求相对较低，风险较低。显而易见，金融小白不宜重仓投资加密数字货币，风险型投资配置不宜超过个人流动资产的 20%，否则极有可能沦为"割韭菜"对象，导致血本无归。

破解中小民营企业融资难、融资贵多年来一直是社会热点、争论焦点、政策重点和操作难点，也是不少中小民营企业选择 ICO、STO、稳定币等风险型加密数字货币方式融资的主要驱动力。不过，中小民营企业要在新一轮经济变局和转型中重新审视优化融资目的、融资方式、融资成本，从而找到发展新空间，而非依靠融资续命，借旧还新。

1. 中小民营企业融资目的和融资方式正在发生激变

目前，中小民营企业厂房改造升级、生产线、供应链等粗放式扩大再生产传统融资已经转变为腾笼换鸟转型、跨界优化生态体系、跨区域国际化市场拓展等流动性、试水性、微创新等产业链、关键业务环节融资。授信额度从较大额度转变为小额、分散，还款周期由较长期低息和短期高利贷转变为短期还款，同时利

率也基于场景市场化。

从中小企业信贷的情形看,只有隐形冠军和市场优胜者才可能融到资金,而非简单拥有多少房子、土地等传统抵押物。此外,产品品质、服务质量、市场竞争力也是信用,例如,网商银行给天猫商家贷款,看重的是借款人网店点击量、交易流水、好评数、退货率等经营指标,并利用大数据分析其还款能力、还款意愿。

也就是说,大数据、区块链、人工智能、云计算等金融科技实现了中小企业信用的可记录、可测度。改善经营绩效的网络借贷成为重要的新型普惠金融业态,对于中小民营企业而言,要透彻了解和掌握网络借贷规范的平台、申请流程、成本风险,将小额分散贷款逐渐从民间借贷(高利贷)转为更高效更优惠的网络借贷。对网络借贷机构而言,要把握中小微企业贷、个人消费贷呈现的小额、分散、网络化趋势,利用区块链等技术优势,重构分布式信贷体系。

2. 科创板、注册制释放创新型中小企业上市融资空间

科创企业的发展规律是前期烧钱搞突破技术研发,后期通过技术驱动市场爆发式增长,但是一些创新型中小企业限于经营指标不达标,无法在资本市场直接上市融资,从而延误、耽误、阻碍企业的生存发展。科创板的设立可以让一些尚未盈利、技术领先、估值较高的创新型中小企业直接上市融资,改善其融资环境,将精力和资源专心投入产业,而非沉迷于包装项目,到处找钱、借钱。

2019年1月30日,中国证券监督管理委员会发布《关于在上海证券交易所设立科创板并试点注册制的实施意见》,同时就《科创板首次公开发行股票注册管理办法(试行)》《科创板上市公司持续监管办法(试行)》公开征求意见。同日,上海证券交易所就《上海证券交易所科创板股票发行上市审核规则》《上海证券交易所科创板股票发行承销实施办法》《上海证券交易所科创板股票上市规则》《上海证券交易所科创板股票交易特别规定》等6个配套细则公开征求意见。2019年3月2日,上述政策文件正式颁布实施。

根据中国证券监督管理委员会和上交所公布的相关文件,科创板准入、信息披露、交易、并购重组和退出等标准和流程进一步清晰。

其一,放宽准入条件。在科创板申请上市的公司只需在上交所审核,并在中国证券监督管理委员会注册。与创业板和主板相比,科创板对上市公司盈利条件要求较低。其中,上市公司市值分为5级,除对最低一级市值为10亿元人民币的公司有一年净利润要求外,其余四级不再对公司上市时是否盈利做出要求。

其二,允许特殊股权结构企业与红筹企业上市。这就意味着在科技创新企业

比较常见的同股不同权的股权结构不再是企业上市的障碍，而通过搭建 VIE 架构在海外上市的科技创新企业也有在科创板上市的资格。

所谓的 VIE 架构（Variable Interest Entities）是指境外注册的上市实体与境内业务运营实体相分离，境外上市实体通过协议方式控制境内业务实体，业务实体就是上市实体的 VIEs（可变利益实体）。

其三，科创板将重点支持新一代信息技术、高端装备、新材料、新能源、节能环保以及生物医药等高新技术产业和战略新兴产业，推动互联网、大数据、云计算、人工智能和制造业的深度融合。

其四，对个人投资者资质规定为证券账户及资金账户资产不低于人民币 50 万元并参与证券交易满 24 个月。

其五，对股票涨跌幅作出新规定，新上市公司上市后前五个交易日不设涨跌幅限制，其后交易日涨跌幅限制为 20%，而目前 A 股主板限制为 10%。

其六，退市措施更加严格，取消暂停上市和恢复上市程序，对应当退市企业将直接终止上市。

第 7 节　包容发展与强监管交织：全球加密数字货币监管概况

一、各国政府对加密数字货币的态度和监管[①]

由于比特币发行流通时间最长、价格市值最高、覆盖国家和地区最多，因而各国对比特币的关注和监管也最多。目前大部分国家并不承认比特币是法定货币和通用货币，而是把它定义成一种虚拟商品或者另类投资品。各国对是否专门监管比特币、是否将比特币定义为货币、是否支持比特币支付以及是否对比特币交易征税等问题的监管态度也不尽相同。

日本、瑞士、新加坡、韩国、印度、瑞士、澳大利亚、南非、巴西等国家对比特币产业链持支持态度，中国、俄罗斯、委内瑞拉等国则出台了一些严管措施，孟加拉国、玻利维亚、厄瓜多尔、吉尔吉斯斯坦、尼泊尔等国则明令禁止比特币在本国交易。需要指出的是，随着比特币在市场、技术、交易出现的新情况、新

---

① 刘泓君. 比特币产业链的全球监管版图 [J]. 财经, 2017(9).

问题，各国的监管态度也在不断变化。

据不完全统计，明确比特币法律地位的国家有：加拿大（无形资产），美国（大宗商品、资产），阿根廷（虚拟商品），以色列（应税资产），日本（资产、合法支付方式），菲律宾（合法支付方式），德国（私人货币），挪威（资产），瑞典、卢森堡、澳大利亚（货币），英国（私人资本）。

以下组织和国家对持有、交易比特币做出明确征税要求：欧盟、德国对使用比特币购买商品服务征税；以色列对比特币兑换法币交易征税；芬兰对使用比特币购买商品服务及进行法币兑换都征税；挪威对持有比特币征收财产税；法国对持有比特币征收资本所得税；英国对比特币资产损益征收资本利得税[①]。

由此可以认为，尽管各国对加密数字货币态度迥异，但均充分认识到其潜在价值和风险挑战，并给予了加密数字货币一些试错包容空间，以发掘经济金融增长新变量、新机会，但对于加密数字货币作为法定货币、流通货币几乎都持反对态度。下面是几个国家对加密数字货币监管的例子。

1. 美国

美国、英国等传统金融大国拥有完善的金融体系，对不成熟的新事物普遍态度模糊，例如美国商品期货交易委员会（CFTC）2015 年发文将比特币和其他合格虚拟货币定义为大宗商品，美国证券交易委员会（SEC）要求将代币（ICO）纳入监管，美国国家税务局（IRS）则侧重向加密数字货币资本收益征税。

美国将加密数字货币分为资产型、证券型、应用型三类，其中资产型、证券型 ICO 必须注册登记，接受美国证券法等法律以及美国证券交易委员会（SEC）等机构的监管，但应用型 ICO 还未得到官方明确表态。

除了联邦政府对加密数字货币分类监管外，美国有些州都出台了一些相关政策，例如，加利福尼亚州在 2014 年出台的 AB-129 法案就明确规定虚拟货币、积分、抵用券、折扣券、代金券是合法的，而后该州还出台了《虚拟货币商业统一监管法》；纽约州金融服务部门将比特币等虚拟货币管理编入《纽约金融服务法律法规》，创立了比特币交易许可证制度，发布了数字货币公司监管框架 BitLicense，纽约证券交易所参股比特币交易所 Coinbase；特拉华州出台了法案允许在区块链上进行股票交易；亚利桑那州通过了区块链数字签名和智能合约的合法性法案。

---

① 资本利得税：指对非专门从事不动产和有价证券买卖的纳税人，就其已实现的资本利得征收的一种税，属临时税。

2. 日本

作为区块链技术主要发源国之一，日本经济低迷多年，尤其需要新技术、新事物、新机制来振兴经济，政府对比特币等加密数字货币的发展较为重视，并指派日本中央银行（BOJ）和金融厅（FSA）予以监管。例如，日本交易所集团（JPX）牵头成立区块链联盟，日本央行、金融厅、美林证券等机构均成为该联盟成员；日本政府部门对符合条件的交易所和互联网公司颁发准入牌照，特许其开展 ICO 融资项目。

不过，在日本加密货币交易所 CoinCheck 被黑客盗取价值 5.23 亿美元加密数字货币的事件发生后，日本政府的监管很快趋严。例如，2018 年 3 月，日本金融厅发布"肃清令"，成立虚拟货币交换业者研究会，对 7 家虚拟货币交易所予以行政处罚，其中 2 家被要求停业，5 家被要求整改；日本金融厅依据《资金结算法》等法规，对设于中国澳门而未在日本登记为虚拟货币兑换业者的 Blockchain Laboratory 公司 ICO 项目公开警告。

3. 瑞士

瑞士是全球金融避险天堂，其金融业高度发达，以安全、保密、中立著称，这与加密数字货币存在一些理念相通的地方，由此被认为是对比特币友好的国家，不少加密数字货币、ICO 项目纷纷向瑞士转移。例如，瑞士金融市场监管局（FINMA）认定加密数字货币是资产而非证券，实际上确定了加密数字货币持有人拥有所有权、处置权、收益权等关键权益；瑞士成立了政府支持的社会组织"加密谷"，以此为平台积极构建世界领先的区块链经济生态系统。

4. 新加坡

新加坡是亚洲金融中心，鉴于传统金融市场正在被其他国际金融中心瓜分，也希望能在新金融市场分一杯羹。新加坡金融管理局曾经发文认为加密数字货币是资产而非证券，并相对较少干预加密数字货币交易的正常运作，但是要求对用户身份进行识别，以防止洗钱和资助恐怖分子，并对匿名交易不提供严格官方保护。新加坡、英国、澳大利亚等国设立区块链监管沙盒机制，只要在限定区域注册的金融科技公司，允许其在事先报备的情况下，从事与目前法律法规有一定冲突的 ICO 业务。加密数字货币在一些国家及组织的法律地位、监管政策见表 2-8。

表 2-8 比特币等加密数字货币在一些国家及组织的法律地位、监管政策一览表 ①

序号	国家及组织	近年来出台的重点政策
1	欧盟	2014年，欧洲银行管理局建议欧洲各银行在明确的监管体制出台之前不要涉入加密数字货币（例如比特币）交易； 2015年，欧盟法院申明"法币与比特币兑换不应征收增值税"，购买商品需缴税"，此举可视为欧盟将比特币界定为货币而非商品； 2016年，欧盟议会提议建立一个监管加密数字货币、打击洗钱和恐怖融资的特别小组，凸显加密数字货币存在的洗钱和恐怖融资风险； 2017年，欧盟会提案要求加密数字货币交易所和钱包承担相可疑交易活动责任
2	七国集团（G7）	2013年，G7金融行动特别工作组对比特币相关企业下发指导文件，指出"比特币网络支付方式存在洗钱、恐怖融资的高风险，需要加大力度监管"
3	美国	2015年，美国商品期货交易委员会（CFTC）发文将比特币和其他合格虚拟货币定为大宗商品； 美国证券交易委员会（SEC）要求将代币（ICO）纳入监管； 美国国家税务局（IRS）侧重向加密数字货币交易的资本收益征税
4	加拿大	《个人财产安全法案》将比特币界定为"无形资产"； 2014年，联邦预算法案提出"对比特币的使用和交易依照反洗钱法和反恐怖融资条例监管"； 魁北克省金融市场监管局宣称比特币交易所、比特币ATM机依照货币服务业务法案监管
5	墨西哥	墨西哥政府许可比特币使用和交易，由《金融科技法》监管
6	牙买加	2017年，牙买加中央银行（BOJ）开始推广加密数字货币，利用区块链技术建设电子支付服务系统
7	阿根廷	根据《阿根廷民法》，比特币被视为商品或者物品，但不能作为法币，比特币交易应被视为商品交易

---

① 周子涵. 史上最全世界各国（地区）比特币监管大盘点[EB/OL].[2017-10-18].https://finance.sina.com.cn/blockchain/roll/2018-09-26/doc-inkmwytp2303639.shtml.

续表

序号	国家及组织	近年来出台的重点政策
8	玻利维亚	2014年，玻利维亚中央银行公布禁止比特币交易使用的决议
9	哥伦比亚	2014年，哥伦比亚金融监管局表示比特币不受监管
10	巴西	2014年，巴西中央银行表示比特币和加密数字货币在巴西不受监管
11	厄瓜多尔	厄瓜多尔政府禁止比特币和加密数字货币交易使用
12	吉尔吉斯斯坦	2014年，吉尔吉斯坦国家银行表示"将加密数字货币（尤其是比特币）作为支付方式是非法的"
13	以色列	2017年，以色列税务局公布文件表示，比特币和其他加密数字货币不被视为货币或金融证券，而是应税资产。个人卖出比特币，应缴纳25%的个人所得税。矿工、交易者被视为商人，应缴纳17%的增值税和公司所得税
14	约旦	约旦政府发布对比特币系统风险警告文件，但不禁止使用。约旦中央银行禁止商业银行、货币交易所、金融公司、支付公司涉足比特币等加密数字货币
15	黎巴嫩	黎巴嫩政府发布比特币等加密数字货币风险提示，但未禁止使用
16	孟加拉	2014年，孟加拉中央银行表示"根据反洗钱法，任何被逮捕使用加密数字货币的人都会被扔到监狱"
17	印度	2013年，印度储备银行负责人表示该行不打算监管比特币
18	巴基斯坦	2017年，巴基斯坦国家银行表示不认可加密数字货币，联邦税收局对比特币交易者进行反洗钱、反逃税调查
19	中国	2013年，中国香港金融管理局负责人表示比特币只是一种虚拟商品，将密切关注比特币的使用和发展；2014年，中国香港金融服务和财政部秘书处对立法会表示"中国香港没有直接监管比特币等加密数字货币的规章，但是现有法律（如《有组织及严重犯罪条例》）已经提供了加密数字货币相关犯罪行为（如诈骗、洗钱）治理措施"；中国台湾监管部门禁止铺设和使用比特币 ATM 机，但比特币可以在超过6000家便利店进行购买。监管部门警告公众比特币不受有关法定的索赔或转换担保，不具有有关法定的保护，如果它们使用比特币，监管部门会进行必要监管

续表

序号	国家及组织	近年来出台的重点政策
20	日本	2014年，依据《银行法》和《金融商品法》，日本政府认为比特币不属于货币或者债券，但并不禁止个人、公司从交易所接受比特币支付；禁止银行和证券公司涉足比特币；2016年，日本金融监管部门提议将加密数字货币类似法定货币方式进行监管；2017年，日本政府首次认可比特币作为法定支付方式，并取消8%的消费税
21	韩国	2017年，韩国政府"紧急"禁止韩国银行直接参与加密数字货币相关活动
22	马来西亚	2014年，马来西亚国家银行发布公告，不承认比特币为法定货币，中央银行不会监管比特币交易，但使用者应小心规避风险
23	菲律宾	2014年，菲律宾中央银行发布比特币交易使用风险警示公告；2017年，菲律宾中央银行将比特币交易所当作比特币汇款公司进行监管，并将比特币视为合法支付方式
24	新加坡	2013年，新加坡金融管理局对比特币风险发出警告："如果比特币停止运行，没有任何机构能保证资金返还。新加坡金融管理局不会涉入比特币交易"；2014年，新加坡国税局发布了针对比特币征税指南，比特币如果被作为支付方式，则按照易货兑换征税；处理比特币外汇交易的企业（如交易所）将根据比特币销售量征税
25	泰国	2013年，泰国中央银行宣布比特币非法，但彼时一些比特币公司已经获得营业执照。而后成立的一些创业公司则因为涉及比特币业务而被拒绝颁发执照。2016年，泰国中央银行表示比特币使用和交易不违法，但对其风险做了警告
26	越南	2017年，越南国家银行宣布比特币等加密数字货币不是合法支付方式；2018年，越南国家银行宣布"禁止发行、使用和供应加密数字货币，违反者将被罚款150万～200万越南盾（433—577元人民币）"
27	克罗地亚	2013年，克罗地亚国家银行对比特币进行讨论，提出比特币并不非法

续表

序号	国家及组织	近年来出台的重点政策
28	德国	2013年,德国财政部宣布比特币是一种"记账单位",可以被用于缴税和交易,用比特币购买商品需要与欧元交易一样支付增值税
29	波兰	2013年,波兰财政部宣布不认为比特币非法,不限制其发展,但比特币不应被视为法币; 2016年,波兰财政部发布声明,"虚拟货币是征税对象"
30	罗马尼亚	2015年,罗马尼亚国家银行警告"使用加密数字货币支付会给金融系统带来风险"
31	斯洛伐克	斯洛伐克国家银行宣称比特币没有合法货币法律属性,不被国家控制,参与交易需自担风险
32	瑞士	2013年,瑞士国会一份提案呼吁政府明确加密比特币法律地位; 2014年,瑞士联邦委员会发布报告,声称加密数字货币采取监管措施; 2016年,瑞士楚格州接受以比特币作为支付方式
33	丹麦	2013年,丹麦金融监管局发布公告,宣称比特币不属于货币,其相关业务不在监管部门监管范围
34	爱沙尼亚	爱沙尼亚金融监管局宣称使用加密数字货币作为支付方式不存在法律阻碍,但提出了风险警示
35	芬兰	芬兰税务局要求使用比特币购买商品或进行法币兑换、挖矿收入都需要缴税
36	冰岛	2014年,冰岛中央银行表示"禁止用加密数字货币对法币进行兑换、限制加密数字货币交易"; 2017年,冰岛中央银行提出修正案,豁免了外汇法关于加密数字货币的一些限制条件
37	立陶宛	2014年,立陶宛中央银行宣称比特币不被视为法币,并提请使用者注意其风险
38	挪威	2013年,挪威水管理局宣称比特币不应被视为资产而非货币,对其收益征收财产税,对比特币相关业务征收营业税; 2017年,挪威政府宣布不对比特币买卖征收增值税

续表

序号	国家及组织	近年来出台的重点政策
39	俄罗斯	2016年，俄罗斯联邦税务局宣称比特币非法； 2017年，俄罗斯央行负责人提出"比特币不应被视为法币或外币，俄罗斯将封禁提供比特币的网站"。财政部负责人提出"使用加密数字货币支付可能非法"
40	瑞典	瑞典税务机构宣称比特币交易不征收增值税，但应被视为货币而受金融部门监管； 金融监管机构承认比特币等加密数字货币为支付方式，其与法币有关的业务需要获得批准或许可证，从业机构必须遵守传统金融服务商的监管准则
41	保加利亚	保加利亚政府宣称比特币监管适用于支付系统和支付服务的法律框架
42	马耳他	2017年，马耳他首相宣布支持比特币和区块链技术
43	法国	2013年，法国央行针对比特币价格波动发出警告； 2014年，法国财政部发布报告限制比特币交易匿名，加密数字货币交易需要缴纳资本所得税
44	卢森堡	2014年，卢森堡金融业管理局宣布认可比特币等加密数字货币地位； 2015年，卢森堡政府颁布第一个加密数字货币许可证，宣称政府正积极推进比特币发展
45	英国	英国政府发文将比特币视为"私人资金"，使用比特币兑换英镑或外币时，不会对其征收增值税，但是如将比特币作为支付方式将征税，对因市值波动产生的损益征收资产所得税
46	澳大利亚	2013年，澳大利亚储备银行宣称"人们可以使用加密数字货币支付"； 2017年，澳大利亚政府宣称比特币"与货币同等"，且不受双重征税
47	新西兰	新西兰储备银行表示"非银行机构及个人在进行加密数字货币储存和转账时不需要储备银行批准"
48	尼日利亚	2017年，尼日利亚央行表示本国银行禁止以比特币等加密数字货币进行银行间交易。尼日利亚央行与尼日利亚存款保险公司成立了专门研究区块链应用的委员会
49	南非	2014年，南非储备银行宣称加密数字货币没有法律地位和监管框架
50	纳米比亚	2017年，纳米比亚中央银行宣称不允许加密数字货币交易所经营，加密数字货币不能用于商品服务支付
51	津巴布韦	2017年，津巴布韦政府向BitMari（比特币交易平台）颁发了许可证

二、中国对比特币的监管情况

我国是比特币、以太币等加密数字货币上下游产业链参与群体和机构最多的国家，包括比特币交易用户、交易量、矿工数量、矿机厂商、全网算力等。但是，我国监管部门对加密数字货币实行严格控制和监管，禁止 ICO 代币融资活动。

（一）比特币法律定位和法律性质[①]

根据我国有关法律和监管要求，比特币不具有与法定货币等同的法律地位，不能作为货币在市场流通中使用，但并未明文禁止持有比特币和比特币交易行为。

2017 年 10 月 1 日起实施的《中华人民共和国民法总则》（以下简称《民法总则》）第一百二十七条规定："法律对数据、网络虚拟财产的保护有规定的，依照其规定。"《民法总则》肯定了网络虚拟财产[②]的法律地位。在《民法总则》正式颁布之前，我国还没有任何法律对虚拟财产进行明确的立法保护。

《中华人民共和国民法通则》（以下简称《民法通则》）《中华人民共和国宪法》（以下简称"宪法"）《中华人民共和国物权法》（以下简称"特权法"）均没有直接将网络虚拟财产纳入合法财产范畴，不过以下条款规定都为虚拟财产定义提供了解释空间。例如，《民法通则》第七十五条规定："公民的个人财产，包括公民的合法收入、房屋、储蓄、生活用品、文物、图书资料、林木、牲畜和法律允许公民所有的生产资料以及其他合法财产。"《宪法》第十三条第一款规定："公民的合法的私有财产不受侵犯。"《物权法》第二条第二款规定："本法所称物，包括不动产和动产。法律规定权利作为物权客体的，依照其规定。"

由于现行法律并未对网络虚拟财产如何界定、如何交易、如何继承等问题作出明文规定，导致法院在审理相关案件时，经常会面临虚拟财产界定难、法律关系认定难、网络信息取证难、财产价格评估难等争议，法院或者参照其他法律适用，或者对法律做出扩大解释，对价值评估、损失认定通常也只能用"酌定"一以概之。

例如，2003 年发生的一起虚拟财产失窃案成为法律保护虚拟财产的较早法例。当时一个网络游戏《红月》的玩家由于装备被盗，将游戏公司告上法庭。一审判决中，法院认定虚拟的"武器装备"是有价值无形财产，由于运营商没有对这些虚拟物品（财产）尽到保护义务，所以应恢复玩家所丢物品，并赔偿经济损失。

[①] 蒋怡琴.《民法总则》解读：网络虚拟财产法律保护的"前世今生"[EB/OL].[2018-01-07].http:sh.qihoo.com/pc/9bf9124c43d09f2c5?cota=48tj_url=so_rec&sign=360_e39369d1&refer_scene=so_1.

[②] 网络虚拟财产：也称为虚拟财产，能够为人所拥有和支配并且具有一定价值的网络虚拟物和其他财产性权利。

在二审判决中，北京市第二中级人民法院维持一审判决不变，最终确定了网络游戏中的虚拟财产可以作为有价值无形财产，受到法律保护。

再如，《重庆晚报》2010年曾经报道一起案例，某离职员工偷盗老板Q币，最终被法院判刑。这起案件同样也表明了网络虚拟财产受到法律保护，而且网络虚拟财产具有公私财产属性，受刑法保护。

2013年12月3日，中国人民银行等五部委联合发出了《关于防范比特币风险的通知》，明确规定比特币不由货币当局发行，不具有法偿性与强制性等货币属性，并不是真正意义上的货币，而是一种特定的虚拟商品，不能且不应作为货币在市场上流通使用。

"虚拟商品"是中国人民银行等部委对比特币的定义，由于商品属于财产，因此可以认为比特币属于网络虚拟财产。需要强调的是，除了比特币，有关部门并没有对其他加密数字货币进行明确界定，对其是否也被纳入网络虚拟财产范畴尚难判断。

在已有司法判例中可以了解到，有法院认定比特币属于持有人合法动产，如遭窃取并被提现，则应按盗窃罪来处理。但是对网络虚拟财产价值鉴定难度较大，如对比特币窃取是按照比特币交易时价还是第三方估值，进行失窃额估值，并无明确规定，这也就为量刑带来巨大的不确定性。从操作性看，也有法院认为比特币仅是存在于网络中的电子数据，如持有人比特币遭窃取，则应按非法获取计算机信息系统数据罪来处理。

受我国司法保护的仅是比特币持有人的财产权益，而非其交易行为以及由此产生的债务，用户在比特币交易中需"风险自担"。我国禁止从事比特币兑换、买卖、定价、中介等服务，违规机构将受到网站、APP关停和吊销营业执照等行政处罚，违法犯罪者还要承担刑事责任。由于比特币等加密数字货币交易所无法在国内工商部门登记注册，一些企业、团体设立的加密数字货币交易所根本不具有法人主体资格，用户一旦出现交易损失，将无法追究其民事责任。简单来说，用户将比特币储存在交易平台，但交易平台对此并不负有法定保管义务。

随着比特币价格的疯狂飙升，涉及比特币的犯罪也呈现快速增加态势。根据中国裁判文书网检索发现，截至2018年，在涉及比特币的311份判决文书中，刑事案占比过半（172份），民事案其次（137份），盗窃和诈骗是近年来涉及比特币的主要刑事案由。例如，《证券日报》报道，犯罪分子利用油田、矿产等地便利条件窃取国家电能，以实现低成本挖矿。2018年1—3月，大庆油田公安局查获盗窃油田电力挖矿非法窝点37处，破获案件23起，抓获犯罪嫌疑人36人，收缴各类矿机3768台。

> **案例** / 北京首例比特币被盗案件：比特币作为虚拟财产受到法律保护①

北京市海淀区某互联网科技公司员工仲某在日常维护网络时发现，有人试图通过黑客手段入侵公司服务器并尝试盗取该公司比特币，在排除异常干扰之后，该员工遂心生歹念，利用管理员权限登录服务器，将公司 100 个比特币转移到其在国外网站注册的比特币钱包。后为消除痕迹躲避追踪，仲某尝试使用了该网站私密钱包功能，将 10 枚比特币存入私密钱包，但该功能后被证实为钓鱼网站，存入的 10 枚比特币已无法找回。

2018 年 2 月，北京市海淀区人民检察院以涉嫌非法获取计算机信息系统数据罪对犯罪嫌疑人仲某批准逮捕。案发后，仲某将剩余的 90 枚比特币退回公司。据被害公司称，100 个比特币于 2017 年 9 月 16 日网络交易中价值达 200 万余元人民币。

本案承办检察官称，现行《中华人民共和国刑法》第二百八十五条规定，违反国家规定，获取计算机信息系统中存储、处理或者传输的数据，情节严重的，处三年以下有期徒刑或者拘役，并处或者单处罚金；情节特别严重的，处三年以上七年以下有期徒刑，并处罚金。犯罪嫌疑人仲某违反国家规定，采用技术手段，获取计算机信息系统中存储的数据，其行为已经触犯了《中华人民共和国刑法》第二百八十五条之规定，涉嫌非法获取计算机信息系统数据罪。

本案将比特币作为网络虚拟财产进行了法律保护，但也尽力回避了比特币价值财产属性问题，没有以盗窃罪来入罪。

（二）加密数字货币监管风暴

2017 年 9 月，中国人民银行、国家互联网信息办公室、工业和信息化部、国家工商总局、中国银行业监督管理委员会、中国证券监督管理委员会、中国保险监督管理委员会联合发布《关于防范代币发行融资风险的公告》，对加密数字货币进行强监管整治的态势进一步做了明确。

以下是公告的部分内容。

近期，国内通过发行代币形式包括首次代币发行（ICO）进行融资的活动大量涌现，投机炒作盛行，涉嫌从事非法金融活动，严重扰乱了经济金融秩序……

代币发行融资中使用的代币或"虚拟货币"不由货币当局发行，不具有法偿性与强制性等货币属性，不具有与货币等同的法律地位，不能也不应作为货币在市场上流通使用。

……

---

① 左燕燕. 盗取价值百万比特币 海淀一公司管理员被刑拘[N]. 新京报, 2018-1-16.

本公告发布之日起，各类代币发行融资活动应当立即停止。已完成代币发行融资的组织和个人应当做出清退等安排，合理保护投资者权益，妥善处置风险。有关部门将依法严肃查处拒不停止的代币发行融资活动以及已完成的代币发行融资项目中的违法违规行为。

……

本公告发布之日起，任何所谓的代币融资交易平台不得从事法定货币与代币、"虚拟货币"相互之间的兑换业务，不得买卖或作为中央对手方买卖代币或"虚拟货币"，不得为代币或"虚拟货币"提供定价、信息中介等服务。

……

各金融机构和非银行支付机构不得直接或间接为代币发行融资和"虚拟货币"提供账户开立、登记、交易、清算、结算等产品或服务，不得承保与代币和"虚拟货币"相关的保险业务或将代币和"虚拟货币"纳入保险责任范围……

自《关于防范代币发行融资风险的公告》发布以来，监管部门比照互联网金融，对加密数字货币采取穿透式强监管，对有关非法集资、金融诈骗、传销等经济犯罪处置力度进一步加强。另外，自媒体舆论的整治也在加码，例如，2018年8月21日晚，多家区块链自媒体公众号因涉嫌发布ICO和虚拟货币交易炒作信息，账号被永久封停，其中不乏金色财经、火币资讯、币世界、深链财经等一些大号。不久，百度也对涉及加密数字货币的贴吧实行全面封锁。

内地几大比特币交易所纷纷关停或者迁出，例如，数字货币交易所比特币中国（BTCChina）2018年9月30日关停；火币网更名为"火币pro"迁到新加坡；OKcoin更名为"OKex"迁到香港，法币交易全部改为C2C；币安迁到日本，停止提供法币交易入口。我国有关加密数字货币监管政策文件和措施见表2-9。

表2-9 我国有关加密数字货币监管政策文件和措施

序号	时间	政策文件和措施	涉及监管机构
1	2013.12	《关于防范比特币风险的通知》	中国人民银行、工业和信息化部、中国银行业监督管理委员会、中国证券监督管理委员会、中国保险监督管理委员会
2	2015.7	《关于促进互联网金融健康发展的指导意见》	中国人民银行、工业和信息化部、公安部、财政部、工商总局、国务院法制办、中国银行业监督管理委员会、中国证券监督管理委员会、中国保险监督管理委员会、国家互联网信息办公室

续表

序号	时间	政策文件和措施	涉及监管机构
3	2016.4	《国务院办公厅关于印发互联网金融风险专项整治工作实施方案的通知》	国务院办公厅
4	2017.1	中国人民银行数字货币研究所成立	中国人民银行
5	2017.4	《互联网传销识别指南》（2017年版）	江苏省互联网金融协会
6	2017.6	《关于冒用人民银行名义发行或推广数字货币的风险提示》	中国人民银行货币金银局
7	2017.8	《处置非法集资条例（征求意见稿）》	中国银行业监督管理委员会
8	2017.8	《关于进一步开展比特币等虚拟货币交易场所清理整治的通知》	互联网金融风险专项整治工作领导小组办公室
9	2017.9	《关于防范代币发行融资风险的公告》	中国人民银行、国家互联网信息办公室、工业和信息化部、国家工商总局、中国银行业监督管理委员会、中国证券监督管理委员会、中国保险监督管理委员会
10	2018.1	整治办函〔2018〕2号《通知》	互联网金融风险专项整治工作领导小组办公室
11	2018.3	2018年全国货币金银工作电视电话会议	中国人民银行
12	2018.8	《关于防范以"虚拟货币""区块链"名义进行非法集资的风险提示》	中国银行保险监督管理委员会、国家互联网信息办公室、公安部、中国人民银行、国家市场监督管理总局
13	2018.8	《关于禁止承办虚拟货币推介活动的通知》	北京市朝阳区金融社会风险防控工作领导小组办公室
14	2018.11	《中国金融稳定报告（2018）》（专题十二）	中国人民银行
15	2018.12	《关于防范以STO名义实施违法犯罪活动的风险提示》	北京市互联网金融行业协会
16	2019.1	《区块链信息服务管理规定》	国家互联网信息办公室
17	2019.2	《银行业金融机构反洗钱和反恐怖融资管理办法》	中国银行保险监督管理委员会

第 3 章

构筑利益共同体的共享金融：国策消费金融与区块链融合创新

党的十九大报告多次提及消费，消费已连续多年成为拉动经济增长的首要动力。五年来，消费对我国经济增长的贡献率稳步提升，消费充分发挥了"稳定器"和"压舱石"的作用。中国在近期中美贸易摩擦中之所以能够稳健应对，也源于中国消费经济的韧性。

作为刺激、扩大、升级消费的重要普惠金融工具——消费金融，已经上升到国家战略，写入政府工作报告，各级政府相关政策规划均有明确要求，同时消费金融还成为中国金融对外开放的重点。银行、消费金融公司、电商、消费企业、互联网金融机构、信托、保险、基金、证券、小贷、P2P网贷、网络小贷等一大批企业纷纷涌入，从业者过千万，形成了信用卡、消费贷、现金贷、消费分期、消费类资产证券化、消费信托、消费众筹、消费返还、消费责任保险等多种消费金融服务模式。

目前，"消费金融+"已无处不在，深入到人们生活中的方方面面，覆盖了一个人从出生、上学到恋爱、结婚、旅行、买房、买车、装修、买家电等成长的全周期消费。

区块链与消费金融都强调消费者主权和普通用户主导。区块链提供的智能合约、分布式账本、共识信任等价值互联网时代的技术创新理念、标准和路径，与消费金融强调的消费金融化、金融生活化相结合，围绕消费的资金资本融通，构筑起消费者、商家和金融机构的利益共同体机制。尤其是大数据、云计算、人工智能、互联网等信息技术已经对消费金融基本完成信息化改造，使得区块链与消费金融融合后，驱动消费金融高质量发展。消费金融的主要模式见表3-1。

表3-1 消费金融的主要模式

序号	产品类型	基本模式	对应的消费或者金融场景	适用目标消费群体
1	信用卡	由商业银行发行的具有消费支付、信用贷款、转账结算、存取现金等全部功能或部分功能的电子支付卡。用户持卡消费，按照约定还清透支欠款	在透支额度内可以自由刷卡、网上消费，不需对应具体的消费场景	有固定收入、信用良好的用户群体，根据透支额度高低来区分不同层次的收入群体
2	消费贷	银行或其他金融机构采取信用、抵押、质押担保或保证等方式，向个人消费者提供消费贷款	日常消费为主，每笔消费贷要对应一个消费场景，确定针对性的授信额度、还款周期和利息率	愿意或者习惯提前消费、信用消费的中低收入群体、年轻人居多
3	现金贷	又称互联网小额现金贷款，具有方便灵活的借款与还款方式，以及实时审批、快速到账的特性	金融机构由于消费场景缺乏，为了增加获客推出的无抵押无担保小额贷款，利息和罚金偏高	30岁以下年轻人、月光族为主，存在多头负债、一人多贷的普遍问题
4	消费分期	根据用户信用情况，对商品进行分期付款	以销售滞销、过剩商品为主	信用良好的消费者
5	消费类资产证券化	把欠流动性但有未来现金流的消费信贷资产经过重组形成资产池，并以此为托底资产发行证券	将小额分散、总体规模较大、收益率较高的消费贷债权打包	保险、银行、小贷等机构投资者购买此类产品居多

续表

序号	产品类型	基本模式	对应的消费或者金融场景	适用目标消费群体
6	消费信托	商家、信托公司发行信托理财产品,让投资者购买信托产品的同时获得消费权益,连接投资者和提供消费产品的产业方,从而将投资者的理财需求和消费需求整合起来,达到满足消费者消费、实现消费权益增值的目的	养老、旅游、家电、酒店、影视等发展型、品质型消费为主,兼顾"理财+消费"功能,但要有信托公司参与	对品质型消费有需求的中高收入群体,或者对某类消费迷恋的粉丝
7	消费众筹	针对未面世产品服务,商家根据同类产品价格及目标消费者价格承受能力,预先设置产品价格,预售代现售形式众筹生产开发成本,并通过直供方式降低营销成本。同时,消费者可参与产品研发生产,获得喜好商品,向朋友圈推荐获得销售佣金,分享项目运营收益	对某类商品或者研发运营领军人物有独特喜好、价格有一定门槛但并不会过高的商品服务	追求时尚热点、对某类消费迷恋的年轻人为主,特别是粉丝群体
8	消费返还	商家基于促销驱动,将一部分消费资金返还给消费者。部分商家将消费资金视为投资,消费者成为临时协议型微股东,所消费资金产生利润的一部分返给消费者,并发展消费者为消费商来扩大销售规模	以日常消费为主,尤其是持续性、高频、边际成本随着规模效应的扩大而降低的消费场景,如日用百货	对商品价格和商业回报较敏感的中低收入群体

续表

序号	产品类型	基本模式	对应的消费或者金融场景	适用目标消费群体
9	消费责任保险	保险公司为商品质量提供责任保险，用每笔消费资金的一定比例作为保费，一旦出现商品质量问题，保险公司先理赔受损失的消费者，后追责商家。保险公司为消费贷、现金贷、消费分期提供信用责任保险，用每笔贷款或者消费资金的一定比例作为保费，一旦出现消费者逾期违约，保险公司先理赔商家或金融机构，后追责违约者	为用户购买商品服务、消费金融产品提供责任保险	为风控、信用评估能力不足的消费金融平台，以及存在一定潜在质量风险的商品提供责任保险

第1节 消费金融化 金融生活化：
国策消费金融迎来300万亿元蓝海市场

一、消费金融的基本内涵和主要模式

1. 狭义消费金融

目前，我国采用的消费金融模式主要是从西方发达国家引进的消费贷款，也被称为狭义消费金融。其具有单笔授信额度小、审批速度相对企业贷较快、无须大额抵押担保、服务方式灵活、贷款期限相对企业贷较短、降低消费者一次性购物成本、满足消费者紧迫性刚性消费需求等特点，主要起到刺激消费的作用。

但是普通公众以工资性收入为主，可能因为增加了利息、手续费等消费信贷成本，反而抑制、削弱了总消费能力，出现"寅吃卯粮"式提前消费，甚至会出现校园裸贷、金融欺诈、现金贷高利贷化等乱象。席卷全球已过十年的金融危机就是源于2007年美国次贷危机，诱因恰恰是美国房贷及次级债危机导致了市场崩盘，其本体是消费金融出现了异化。这与第一次全球经济危机如出一辙，到 1929 年世界经济危机爆发时，美国 70% 的新汽车、85% 的家具、75% 的洗碗机、65% 的吸尘器、75% 的收放机都是靠分期付款、消费贷款卖出。可以说，周期性出现的全球经济危机都与消费金融失控有着密切关系，维护消费金融安全已经上升到国家金融安全高度。

在我国人均 GDP 达到和超过 7000 美元时，随着很多国人追求超前、超大、超快消费，尤其是很多高消费依托名目繁多的信用卡、消费贷、现金贷、消费分期等信贷支撑，造成"中国有花不完的钱"的假象，以致可能会掉入"过度消费陷阱"。而任何一个以贷款消费拉动经济增长的国家，最终都不可避免地陷入危机。

近年来，我国广义货币（M2）占 GDP 的比率维持在 200% 以上的高位，远高于美国、英国等发达国家，进一步体现出信贷消费较快上升、实体经济投资回报率降低、储蓄下降等"温水煮青蛙"式的滞胀危机。

根据米塞斯－哈耶克的商业周期理论，低利率和信贷扩张会人为地夸大市场不均衡程度，增加虚假套利机会，使企业家过度投资于套利活动，引起资本市场和房地产市场泡沫，最后造成投资资金无法收回，金融脱实向虚和空转，而导致经济危机爆发。从某种意义上说，政府用刺激政策化解危机，又增加了新套利机会，从而弱化了企业家创新的动力。

2. 广义消费金融

广义消费金融是围绕消费价值链条的资金和资本融通，以小额、分散、精准、高效、救急（应急）为显著特点，是消费产品服务的促销工具和金融增值手段，核心是通过"消费金融化、金融生活化"运作，实现消费和金融两种资源跨越时间、空间配置，从而产生便利、高效、额外收益等增值，让消费者、商家各得其所，彻底扭转消费者与商家之间传统对立对抗的关系，使他们真正成为互惠互利的利益共同体，达到快乐生产、快乐消费的目的。

广义消费金融的总结和提出，改变了"消费金融只是降低一次性购物成本，但增加了总消费支出"的"增量成本换一次性购物减量"的狭义认知，上升到便捷消费、消费规划、财富管理的"消费＋理财"，依靠消费行为驱动，成为更贴近消费者、贴近民生的普惠金融。

其一，关于消费金融场景化促销功能。

传统营销是以商家（商品生产方和销售方）为主体发起，包括渠道营销、直销、电商等多种方式。由于在传统商品交易基础上，增加了消费金融服务，让更多消费者得到实惠,提升了对应消费场景、商品服务的销量、收入和利润,因此,消费金融成为新型促销工具。特别是金融机构认识到这一点,就能从利率市场化、同业竞争和利息价格战的红海市场跳出来,建立与商家的新型利益共同体机制。

以消费贷款为例,通过消费贷款降低一次性购买成本,吸引更多消费者,尤其是不具备全款购物能力的消费者,增加了商品服务的目标消费群体和销售规模。例如,一部苹果 iPhone 8 手机售价在 5000 多元,该商品目标消费者本来是中产阶级及以上人群。由于有了消费贷款,用户可以在承担一定利息的基础上分期付款,按照年息 10%、还款周期 12 个月、授信额度 5000 元,每个月还款额度不到 500 元,很多蓝领工人、农民工、大学生等低收入群体都能够消费得起。无疑,通过消费金融服务,增加了 iPhone 8 手机用户群和实际销量,也增加了苹果公司的收入和利润。

其二,关于消费金融增值功能。

从传统货款两清的交易方式来看,商家获得消费资金,扣除成本,即是利润,消费者购买商品,满足自身相关需求,支付消费资金,整个消费过程并没有额外财富增值。

但是,如果改变货款两清的交易方式,商家并非需要消费者在商品交易环节支付货款或者全款,那么这笔消费资金改变了传统的商品购买用途,在约定时间、空间内进行金融运作,就可能产生增值,为消费者、商家带来额外收益。另外,消费信托、消费众筹、消费返还等模式都能实现消费金融增值功能。

其三,关于"小额、分散、精准、高效、救急(应急)"功能。

由于用户分散,单笔金融服务体量小,依靠营业网点、线下推广等传统营销路径显然难以实现批量获客、精准营销,这也是很多城商行、农商行等区域性金融机构将消费金融业务视为"鸡肋"的重要原因。掌握消费大数据的阿里巴巴、京东、美团、携程等电商、互联网公司则能够利用信息技术驱动、互联网驱动等手段,精准高效预判、识别出用户需求,及时响应和提供针对性的消费金融服务。当然,如果对消费经济透彻理解,也能够利用模式创新驱动精准营销。

钱在不同时间、空间的价值不一样,比如说年轻人对社保价值的概念不多,但是一旦退休了,失去了正常工作创造财富的能力,微薄的退休工资就是老年人的主要收入来源。同理,消费金融就是通过帮助用户解燃眉之急,来凸显其价值。

不过，在救急方面也要防止走偏。比如说一对大学生情侣在聊天，女生问男生："你爱我吗？如果爱我就给我买一台苹果电脑。"由于大学生没有稳定的收入来源，多靠家里提供生活费，承担不了这样感性的消费。但为了证明这份爱情，男生只得硬着头皮想方设法凑钱，一些校园贷机构就瞄准了这类救急性消费金融服务需求，不需要男生提供收入、信用、负债情况等资料，很快就会将钱借给男生。一旦男生资不抵债，或者两人闹矛盾分手，其还款能力、还款意愿都会下降，就会造成不良消费贷款风险。

其四，关于利益共同体功能。

消费金融的核心是构建以消费者为核心，涵盖商家、金融机构、消费环节各服务商、消费者的利益共同体。尤其需要强调的是，要以消费者为中心量化、设计出各成员利益诉求和满足机制，各取所需，开放包容。

这样，消费者就有了双重身份：商品服务和金融服务的消费者。这个认识的根本转变，有利于商家、金融机构更加重视为消费者提供满足其需求的优质服务，而不是各自为战，也不是因为有金融服务便利而提供低质商品，更不是因为有消费者心仪商品而实施金融欺诈。在实际的运作中，有些商家和金融机构联合在一起，通过营销、广告等各种手段诱导消费者，也只能取得短期利益，很难与消费者建立牢固的利益共同体关系。一旦失去了消费者，商家、金融机构也就成为"无源之水"。

其五，关于平台经济功能。

据不完全统计，全球最大的100家企业中，有60家企业的大部分收入来自平台类业务。具有高度黏性的平台经济已成为推动经济发展的新引擎。所以，从商业发展历程来看，平台化的经营模式最有可能成就产业巨头，尤其在当今的互联网时代。

消费金融的平台经济化已成为主流，整合各方资源为消费者提供更贴心、更满意的服务，而不是单干、蛮干的独角戏。例如，阿里巴巴、京东、当当等电商网站聚合了大量商家、金融机构、征信等服务机构，建立了基于消费者行为画像的在线征信系统，使得消费者能够使用第三方支付、网络银行、信用卡、消费贷、消费分期等多类消费金融服务，便捷高效地购买到心仪商品。中国工商银行、招商银行、中国建设银行、桔子理财等金融机构也建立了电商平台，中国银行、重庆银行、湖北银行、盛京银行、重庆百货、360、携程等一大批电商、互联网、金融、商业等企业还参与发起了消费金融公司。

二、从网点思维到互联网思维：加大金融科技与消费金融的深化融合

过去，由于服务对象难以提供或者维持高质量信用等级，商家、金融机构单纯线下开展消费金融业务，往往面临有规模不经济的困境，如果投入大量人力、物力去追求规模效应，不然会产生额外运营成本，造成不良风险，如果做不出规模，盈利自然堪忧，如捷信消费金融公司曾经在盈利能力并不高的情况下聘用数万信贷人员开展线下业务。

随着移动互联网、大数据、云计算、VR、区块链等互联网＋新技术新应用发生颠覆性变革，使得人们通过一部手机、一个微信公众号、一个 APP 就能运作和管理海量商品和金融资源。至此，互联网消费金融的生产力得到完美释放，中国迎来 300 万亿元的蓝海市场。

在互联网＋变革中，消费者、商家、金融机构可以通过极低成本来获取或者复制更多营销、技术等服务要素，并能基于大数据实现供需精准匹配，免费、低收费、一举多得、交叉营销、批量获客的变现方式将会变得越来越普遍：基础服务免费，增值服务收费，或者基础产品免费，服务收费。基于数据分析的互联网消费金融＋组合模式，以及基于用户数据的多种增值商业模式都将会大行其道。

马上消费金融公司 CEO 认为，消费金融创新本质就是在大数据对技术风控的精耕研究下，对用户体验积极勇敢探索，在大数据技术和移动互联网支持下，发力创新、安全、快速、简单的消费金融。

另外，"人工智能＋消费金融"将聚焦于大数据系统、产品和服务、智能技术、智能预警等核心领域。以度小满金融为例，在智能信贷方面，依靠图像识别、数据风控技术，百度消费金融旗下教育信贷产品"百度有钱花"的审批速度可以达到"秒批"级别；在大数据风控方面，度小满金融与浦发银行、买单侠等机构合作，在 3C 分期、车分期、房分期以及现金贷、黑名单及反欺诈规则等方面，利用百度的数据及技术，定制模型，为合作方进行信用评分、辅助决策；在财富管理方面，百度理财尝试依托"百度大脑"，通过互联网人工智能、大数据分析等手段，精准识别和刻画用户，提供"千人千面"的定制化财富管理服务。

由于国内征信体系不完善，加之消费贷款具有小额、分散、无抵押、无担保（或者少抵押少担保）等特点，风控需要大数据等金融科技支撑。传统银行反欺诈规则体系类似于杀毒软件，具有一定滞后性，往往只能在欺诈事件发生后才能升级把漏洞补上。当人工智能出现后，通过机器学习分析大数据，能够提前预测用户行为，从而可以大幅度降低消费金融风控成本和风险概率。消费贷款大数据风控

模型如图 3-1 所示。

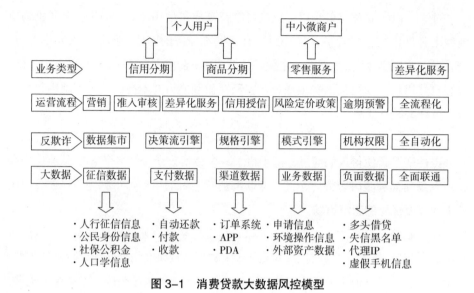

图 3-1　消费贷款大数据风控模型

案例／微众银行：探索利用区块链升级分布式业务[①]

微众银行的核心优势是大股东腾讯的微信、QQ 等社交大数据，并结合了京东、土巴兔、美团、大众点评网等消费场景和消费数据，能将社交大数据信用化，进而为 C 端用户提供精准金融服务。

微众银行的商业模式是金融科技赋能，不设物理网点，通过金融科技应用创新，与银行合作联合放贷，支持合作金融机构建设移动线上入口、提升移动客户流量、留存线下客户和获取线上客户。截至 2017 年 12 月末，微众银行累计发放贷款总金额超 8700 亿元，相比当年年初增加 335%，授信用户总数突破 3400 万，覆盖全国 567 座城市，75% 的客户为传统金融机构没有完全服务到的中小微弱群体。

微众银行联合万向控股、矩阵元推出聚焦于企业级应用服务的区块链公有链开源平台 BCOS（BlockChain Open Source），通过集成身份认证、非对称加密算法、引入技术治理功能、支持全面监管审计功能等举措，实现了多维度分布式商业应用。

对于开发者（多为微众银行合作机构）而言，使用 BCOS 平台既能够共享区块链底层设施，包括共享云服务相关技术、软件和代码，不需要每个开发成员重

---

① 微众银行：用区块链构建分布式商业 [EB/OL].[2018-05-21].http://finance.ce.cn/rolling/201805/21/t20180521_29200835.shtml.

复投入,又能使用友好、简单、跨平台应用开发API(Application Programming Interface),以及图形化管理台、区块链浏览器等,加速开发流程,改善区块链产品创建和管理体验。BCOS平台总体架构图如图3-2所示。

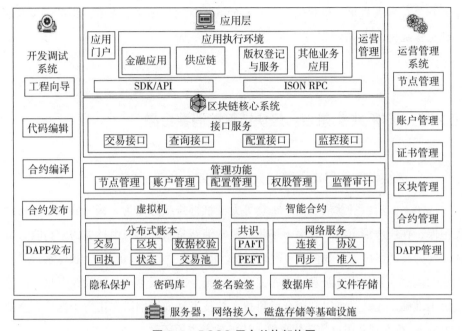

图3-2 BCOS平台总体架构图

例如,2016年8月,微众银行联合上海华瑞银行,基于BCOS平台早期版本,推出微粒贷备付金管理及对账平台(联盟链)。通过分布式账本等区块链技术,优化微众银行与华瑞银行合作推出了微粒贷业务板块备付金管理及对账流程,其实质相当于借款人通过微粒贷(微信客户端导入)贷款,微众银行、联合放贷人华瑞银行、导流机构(微信运营商腾讯)三方账本均有申请、征信、审批、放贷、还款、逾期、催收等实时全过程记录,从而实现了缩短对账周期、提高运营效率、降低运营成本等目标。随后,洛阳银行、长沙银行也相继接入该平台,到2017年年末,该平台所记录的真实交易笔数已达数百万量级水平。实践证明,C端分布式账本通过赋能借款人信用消费,实现业务、产品精准匹配,以提高获客和风控效率。

2016年5月,微众银行联合深圳市金融科技协会、深证通等企业,牵头成立金融区块链合作联盟(深圳),目前联盟成员单位已过百家,在云服务、信用、场外股权市场、票据等数十个领域开展区块链应用创新。

2018 年，微众银行联合广州仲裁委、杭州亦笔科技共同研发推出仲裁链，以用于微众银行及合作金融机构不良贷款催收、业务纠纷处理等自身业务优化。仲裁链将实时保全数据通过智能合约形成证据链（实际上将用户信贷全流程行为数据实时上链），满足证据的真实性、合法性、关联性要求，实现证据收集处理、仲裁、审判标准化和在线化，将传统数个月的仲裁流程缩短到 7 天左右，将司法成本也降低至传统模式的 10%。

第 2 节　场景 共享 融合：区块链赋能消费金融

一、区块链赋能日常消费贷款提质增效

近年来，消费贷款从房贷、车贷等大额抵押贷款转变为小额、分散、无抵押无担保、在线申请审批、利率市场化的日常消费贷款，用户由过去的中高收入群体转变为长尾客户（小微企业、普通公众，也称为中小微弱群体）。长尾客户开发面临的挑战在于信用等级和质量参差不齐、批量获客成本高、风险甄别难、风险定价不准确，尤其是难以利用金融科技风控技术精准识别欺诈用户（把坏人全部挑出来）、精准判断用户的还款意愿（让借款人依约还款）。

如前文所述，传统反欺诈规则体系类似于杀毒软件，具有一定滞后性，往往只能在欺诈事件发生后才能升级把漏洞补上。因此反欺诈必须要实现提前预测或者实时监测用户行为，及时识别筛选风险客户，才能大幅度降低消费金融风控成本和风险概率。

传统日常消费贷款征信通过采集借款人身份证、学历、工作、财产、社会关系、社交等标签，来评估借款人信用等级，也就是还款能力。实际情况却相去甚远，很多小贷、网络小贷、P2P 网贷平台都使用了上述数据，但是不良率、坏账率依然高企。尽管存在一些数据失真，不过实时还款意愿的难以评估，"有钱不还"的无法识别，还是征信风控的主要瓶颈。

当然，如果贷款人对借款人有足够激励和约束，上述还款能力征信数据也是有价值的，并且通过消费贷款运作还能完善和升级贷款人产业链生态体系。例如，蚂蚁金服给阿里巴巴平台的商家和消费者贷款，解决商家的流动资金困难，降低了消费者一次性购物成本，提高了用户黏度和忠诚度。如果借款人违约，则会使在平台

开店经营、消费的行为受限，违约成本往往大幅高于小额贷款不还。微众银行也是类似的道理，如果借款人违约，则可能遭受社交行为受限，如禁止使用微信、QQ等。

如果借款人与贷款人只是单纯的借贷关系，强熟人关系（借贷双方需要知根知底）则成为金融机构降低不良的主要手段，因而拥有发达消费市场的国家和地区的银行业都选择了网点扩张发展的路径。网点在当地建立社会关系网，为客户提供尽可能完善的金融服务，也能准确了解客户的还款能力，以及实时经济状况、客户心理状态，以便及时制订预案和进行处置。

区块链具备的分布式记账、防篡改、去中心化、智能合约等特点，是解决日常消费贷款上述问题的新技术方案。

例如，将若干贷款人联合构筑成为一条联盟链，链上涵盖不同贷款人及电商、医疗、教育、房地产、旅游等与借款人存在信用关系、消费场景关系的机构，部署分布式账本（数据库），实时记录借款人所有动态信用信息（哈希值），包括传统大数据征信收集处理的信用数据、日常监测数据、要求借款人按照一定规则动态上传的行为数据、链上共享数据等。哈希值按照共识权限实时（或者按照查询响应）触达链上各节点（机构），而分布式账本由记账人实时更新。

将去中心化共享结合去单一机构征信风控，有利于贷款人清晰准确地掌握借款人的信用状态和还款意愿，也为其他利益相关者提供参考，更好地实现千人千面信用画像和精准的风险定价，信用良好的优质客户获得更优惠的特惠服务，提升优质用户体验和黏度，促使链上企业基于信用共享建立合作扩大发展空间，相当于联盟链给予了借款人按期还款的正向激励。同时，对有问题的客户在链上及时风控触发，以黑名单形式广播到链上有关成员，提高了借款人违约成本，大幅降低贷款人风险。

有关区块链赋能征信，本书在第10章有专门介绍和解读。

总体来看，目前区块链应用到消费贷款主要是在以下领域探索：资产在线抵押、去中心化联盟链搭建、信贷中介和资产管理服务、区域化和全球化信贷，以及消费链、产业链、信贷链结合的生态体系搭建。

案例 / **区块链应用到小额贷款案例：赋能信贷生态体系**

1.Libra Credit

Libra Credit（LBA）是一个建立在以太坊区块链上的去中心化借贷平台（联

盟链），借款人可以在平台借贷稳定币和法币。借款人需注册会员，提前用法币购买或者用比特币、以太币兑换平台加密数字货币（LBAtoken）。在需要贷款时，借款人提交贷款申请表后，平台对借款人进行信用评估，通过后由平台与借款人签署贷款协议，借款人用加密数字货币 LBAtoken 抵押来获得贷款。如果借款人抵押时遭遇 LBAtoken 贬值，则需增加抵押直至与贷款额等值。

2.SALT Lending

SALT Lending 平台是会员制 P2P 网贷区块链私有链，支持用户抵押数字资产获取法币贷款。SALT Lending 平台简化了传统 P2P 网贷的审贷流程，不再对借款人进行信用评估，更注重借款人抵押的数字资产价值。贷款人在链上广播可以放贷的资金和接受数字资产抵押的条件（如接受什么加密数字货币、抵押方式是什么），借款人在链上广播需要多少贷款、还款方式、还款周期、利息率、抵押的数字资产，SALT Lending 平台根据借贷双方相关情况和需求在链上自动匹配。一旦借贷双方达成贷款协议，借款人将抵押数字资产转发至多重签名的 SALT Lending 平台区块链电子钱包。借款人没有偿还完贷款期间，抵押数字资产在电子钱包内被冻结。如果借款人违约，SALT Lending 平台将电子钱包内抵押数字资产清偿未还款金额，并按贷款协议条款进行处罚。如果借款人还清贷款，就将抵押数字资产返还给借款人。

3.Ripio Credit Network

Ripio Credit Network（RCN）是基于智能合约等区块链技术的在线贷款协议，链接贷款人和借款人。借款人在链上发出贷款需求，信用评估商、共同签署人（催收人）、贷款人共同审核通过和数字签署贷款协议，以便借款人贷到本地法币。如果借款人违约，共同签署人可作为贷款人的当地代理人进行催收。该模式降低了金融机构特别是中小投资者的催收成本，实现了跨国本地货币信贷。

二、区块链赋能汽车金融

近年来，尽管我国汽车销量保持在 3000 万辆左右的高位，但是竞争日益激烈、产能出现过剩，未来利润空间不再是依靠汽车销量增加的粗放式发展模式，而是面对汽车全产业链条提供的金融服务。汽车金融服务汽车全产业链如图 3-3 所示。但是国内汽车金融渗透率仅为 20%，这一数据在美国是 80%。随着互联网的高度普及，我国互联网汽车金融面临巨大的发展机遇，厂商、经销商、电商平台、互联网巨头、汽车金融公司、P2P 网贷平台、商业银行、保险公司、融资租赁公司等纷纷布局。2017 年我国汽车金融市场规模达到 1.16 万亿元，同比增长 21.5%，预计 2018 年可达到 1.38 万亿元。

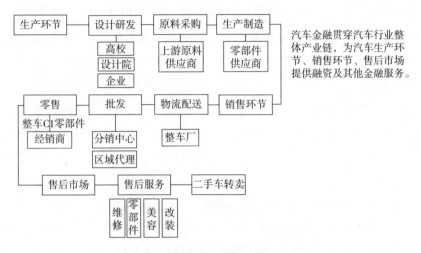

图 3-3　汽车金融服务汽车全产业链

汽车金融属于典型场景化金融，也是出现最早的消费金融业态。随着 80 后、90 后逐渐成为"有车一族"的主力人群，汽车服务从线下强调眼见为实的体验性，全面向高效、便捷、互联网化转变。不过，据媒体报道，互联网汽车金融的公众认知率只有 50%，四分之一的人对互联网汽车金融的安全性和风险管理还存在疑虑，此外市场还严重存在相关产品同质化问题。

目前，互联网汽车金融主要形态包括个人信贷、企业融资、汽车后市场金融服务、租车和专车等，并出现了两类典型模式。

一是依托汽车电商模式，如电商广告模式。汽车厂商在阿里巴巴、京东等电商平台开旗舰店，售卖小额代金券、优惠券将客户引流到 4S 店，平台按"广告费＋CPL 线索"（在大数据时代基于集客营销产生的成本衡量方法，即对每一条销售线索进行成本衡量）方式收费。

再如 O2O 或者 C2B 模式。用户在线上发布购车需求，支付少量订金来强化购车意向，随后平台将客户引向线下 4S 店交易，平台向 4S 店收取中介费。该模式优化了用户线下询价体验，但平台无法掌控车源、定价权以及用户线下体验，盈利模式并不清晰。

再如 B2C 模式。平台自己采购车源，控制定价权，用户在线上交少量订金锁定车源，去平台合作线下 4S 店渠道进行交车服务。

二是搭建互联网汽车金融平台模式，如阿里车秒贷。阿里汽车事业部和汽车厂商、金融公司合作，利用蚂蚁金服大数据评分系统提供风控能力。用户选定车型，在线申请贷款，获得审批结果短信，审批通过后拿着短信核销码到 4S 店买车。

需要强调的是，由于汽车金融单个用户涉及金额较大，与日常生活类消费金融追求小额、分散、规模效益不同，取胜的关键是如何经营车主品质生活消费资源，简单说就是批量获客，精准服务，交叉营销，最大化客户价值。当互联网汽车金融服务一定量级的车主之后，平台可以利用大数据对车主其他消费需求进行二次（或者多次）深度分析和挖掘，从而为车主提供一系列配套金融服务，如教育贷款、旅游分期、保险等。由此可见，互联网汽车金融也是一个车主及其家庭大额消费金融的优质入口。

目前汽车金融存在的主要问题是部分车主利用虚假身份、事故车、套牌车、租赁车、查封车等虚假信息骗贷。一些贷款机构在车辆安装对借款人实时监控的 GPS 定位器，也经常被借款人私自拆除。虽然贷款人实施了更加严格的审贷和催收机制，但是猫和老鼠的游戏还是给行业发展带来了负能量和高成本。①

区块链技术成为解决上述痛点的新解决方案。例如，VOSChain 正在搭建汽车行业公有链，将汽车业上游配件生产生成智能合约记录数据，在生产商、经销商等上游企业多方参与的节点设置预设规则，通过多个节点交互对汽车生产制造数据、行为、流程、费用标准等达成共识一致。每个汽车主体配件均被智能合约如实记录产销维保信息，将这些信息加密上链，以此搭建一个以汽车产业链为依托、面向个人和机构用户的信贷征信风控系统，并对贷后监管和贷后复查进行时间戳追溯、风险和造假方还原。不过，由于短期内上述数据很难确权和获利，上游企业可能会没有足够的激励而积极上链和参与记账，因而加入该公有链的主要是 VOSChain 开发商合作机构。

近年来，汽车贷款成为消费金融 ABS（资产证券化）的主要基础资产，但是车贷分散、资产信息披露不充分等特点也令投资人无法在项目存续期内实时监控资产变化情况。2017 年 8 月，由马达贷（汽车消费金融 P2P 网贷机构）担任原始权益人和资产服务机构、百度金融担任技术服务商和交易安排人、天风证券担任计划管理人的"百度 – 长安新生 – 天风"汽车金融 ABS 项目发售，该项目被称为国内首单运用区块链技术的交易所资产证券化产品，实现了底层资产（所有车贷信息）、存续期还款、逾期、交易等全流程数据实时上链，对借款人实时监控、数

---

① 韩忠楠, 郝文丽. 区块链赋予汽车金融诸多想象 [N]. 中国汽车报, 2018-4-11.

据追溯和不良精准预测,提高了 ABS 管理机构和投资人对基础资产全生命周期的管控能力。

三、区块链赋能 P2P 网贷

区块链技术在 P2P 网贷中的应用优势有三。

一是增加信任。区块链的不可篡改及可追溯性,提高了借款人、贷款人与 P2P 网贷平台之间的信任度,比如对在线签署的电子合同加密托管,降低造假可能性。

二是降低风险。借贷全流程行为数据共同储存在区块链账本,监管机构、P2P 网贷平台、贷款人、借款人、催收方等利益相关者能够基于权限,真实掌握、追溯每笔贷款的去向、还款情况和风控触发。监管部门、P2P 平台能够按照合规、监管要求对链上各种行为实时监控、穿透监管。

三是统一监管。有关机构(如核心企业、监管部门)可以搭建由 P2P 网贷平台、监管方、征信机构、律师事务所、会计师事务所等机构作为节点参与的联盟链,网贷平台把自己的业务数据上链,监管方基于权限可以在链上实时监管。

不过,由于近年来很多 P2P 网贷平台按照"掌柜–店小二"模式简单粗暴发展,不良率高,一些平台甚至出现暴雷、跑路、违法违规经营的情况,加之很多平台难以满足监管要求,社会舆情不佳,P2P 网贷机构要利用区块链技术实现优雅转身难度颇大。另外,由于信息造假、骗贷等信用风险是 P2P 网贷系列问题的根源,即使上马了区块链应用,如果链上成员缺乏对用户上传信用数据的交叉验证机制,难辨信息真假,信用风险将依然得不到解决。即使拥有完整用户信用数据的强力部门(如监管部门)参与,由于社会信用大环境尚未得到改善,P2P 网贷行业还是改变不了参与者鱼龙混杂的现状,那么区块链赋能也就无从读起。

四、区块链赋能消费信托

消费信托产业链结构,主要包括消费需求方、消费供给方及信托公司三类主体。信托公司在消费信托业务中主要扮演消费者权益保护及消费资金投资与收益分配等核心角色。目前市场上消费信托的模式多为单一事务管理类信托模式,主要目的是为投资人采购高性价比消费权益,部分产品也包含资金收益回报。

许多投资者谈到信托产品的第一反应就是投资回报率,尽管一些消费信托项目投资回报率在 15% 以上,远远超出传统信托 8%~12% 的收益率,但消费信托的核心是为了满足投资者的消费需求,而非获得现金回报,上述投资回报也更多地反馈到了消费中。

消费信托能实现较高投资回报的关键在于：一是投资者对信托公司充分信任，能够获得信托公司承诺的权益和回报；二是信托公司集中采购议价权，对消费场景的掌控力；三是投资者可从保证金累积的资金池获得收益，不过资金池运作目前处于严监管；四是直接从供应商处获得产品，省去了中间环节费用，获得团购优惠，因而相较于投资者去零售购买，产品价格更低。举例说明，图3-4所示为百发有戏消费信托项目结构图。

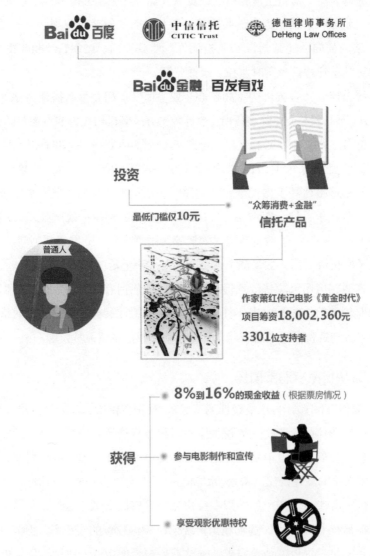

图3-4　百发有戏消费信托项目结构图

传统信托公司更多的是从生产商、融资方的需求出发，以惯有的提供融资服务的投行视角来设计产品，往往忽视投资者的消费需求，造成产品的消费属性不强，或者承诺的消费服务不能兑现，而导致违约。

前期中国信托业是为合格投资者及高端客户服务，业务管理系统相对个性化和小型化，不适用于大规模的普通用户市场。当消费信托向互联网化、零售化、大众化转型时，原有业务系统已很难满足需求。

信托公司可以搭建由投资者、消费场景供给方、监管部门等消费信托利益相关者参与的联盟链或者私有链，将投资者（消费者）招募、资金募集、征信、融资、消费服务等事务性管理上链，这样就在将过去碎片化、割裂的融资、投资、消费、回报等环节全部数据上链，技术上满足了消费信托小型化、模块化、互联网化、定制化的运营管理特点，充分保障了投资者的需求响应和权益。

通过智能合约，投资者和信托公司、投资者和消费场景供应商、信托公司和消费场景供应商达成契约、共识，将消费数据、消费体验、投资回报等复杂的履约、权益管理过程上链，记录在链上成员区块链账本，既保证公开透明，又利用数据不可篡改的特点保证了对产生争议可追溯查验，从而将信托公司单一控盘转化为全员共识的共同运营、共同维护、共同监管。

五、区块链赋能消费众筹

众筹肇始并兴盛于美国。2015年10月，美国证券交易委员会（SEC）通过鼓励创新融资的众筹股权投资法案，首次允许普通投资者通过股权投资创业公司，将此前股权投资被认为是风险投资家和少数高净值玩家的专属舞台变成全民皆可众筹股权的大众舞台。

众筹在中国经历了短暂的蜜月期，也遭遇了很多刚性约束。《中华人民共和国公司法》对股权众筹融资对象数量设定了上限，规定有限责任公司股东人数不得超过50人，非上市股份有限公司股东人数不得超过200人。向不特定对象及特定对象发行证券累计超过200人的行为属于公开发行证券，按照《中华人民共和国证券法》规定，必须通过中国证券监督管理委员会核准，由证券公司承销。有限合伙企业是介于合伙与有限责任公司之间的企业形式，由一名以上普通合伙人与一名以上有限合伙人组成，由两个以上50个以下合伙人设立。

在现行法律下，我国股权众筹困难重重，大量成功、合规的众筹项目聚焦在权益类项目，特别是带有"团购＋分红"功能的消费众筹最多，其中有影视、演唱会、旅游、咖啡馆、美食等。也有公益、娱乐、粉丝等情怀型消费众筹，如鹿晗的粉丝因为对"爱豆"的钟爱，对与鹿晗相关的影视众筹项目鼎力支持。

消费众筹是一种生产经营与消费的融合，可以提高企业经营效率，降低投资风险，在一定程度上避免了投资人血本无归情况的发生。因此，消费众筹的主要着眼点仍在消费，投资人并不是真实意义上的股东，投入资金买到的是商家未来的收益权益，而这种收益权多以消费金（券）形式兑现，其目的在于增进投资人消费，从而更好地支撑商家业务。消费众筹与股权众筹的区别见表3-2。

表3-2 消费众筹和股权众筹的区别

序号	指标	消费众筹	股权众筹
1	进入门槛	投资人就是消费者，涉及金额没有限制，进入门槛相对较低，也适用于初创企业对种子用户的导入	涉及股权转让、股权分配等系列复杂问题，门槛高，对发起机构、投资人的专业知识、行业经验、资金实力、运营能力有较高要求
2	风险	针对目标消费群体，有后续消费作为托底，降低了投资风险	面临较大的法律风险
3	投资者构成	目标消费者具有平民、草根、粉丝等特点	专业投资人（合格投资人）
4	投资性质	消费者购买相应商品服务的基础上，附带一定的投资性质，多享有收益分红权	获得投资企业的股权及未来分红、增值转让等收益
5	投资周期	投资周期较为灵活，多为到商品正式上市或者与企业约定的分红期	投资周期较长
6	投资回报	企业提供商品服务作为基础回报，附加一些约定的额外馈赠、收益分红等	投资回报更有吸引力，包括股权、利润、分红等，但也面临相应的投资损失风险。很多融资企业并不会承诺底线或者固定回报

从这个角度讲，一些ICO代币项目在现有技术框架下，对运作机制进行调整即可合规转型，从而避免借新还旧的庞氏骗局。ICO项目在遴选合格投资人时，要将项目未来产品的目标消费者作为重点募资对象。投资人持有ICO代币，将来在产品上市时可以优惠购买，降低了消费成本。在项目未来产生收益时，也可以按标准分红。投资人持有分布式账本，还可以根据权限实时查询、监控项目的运

作情况。消费众筹的主要特点如图 3-5 所示。

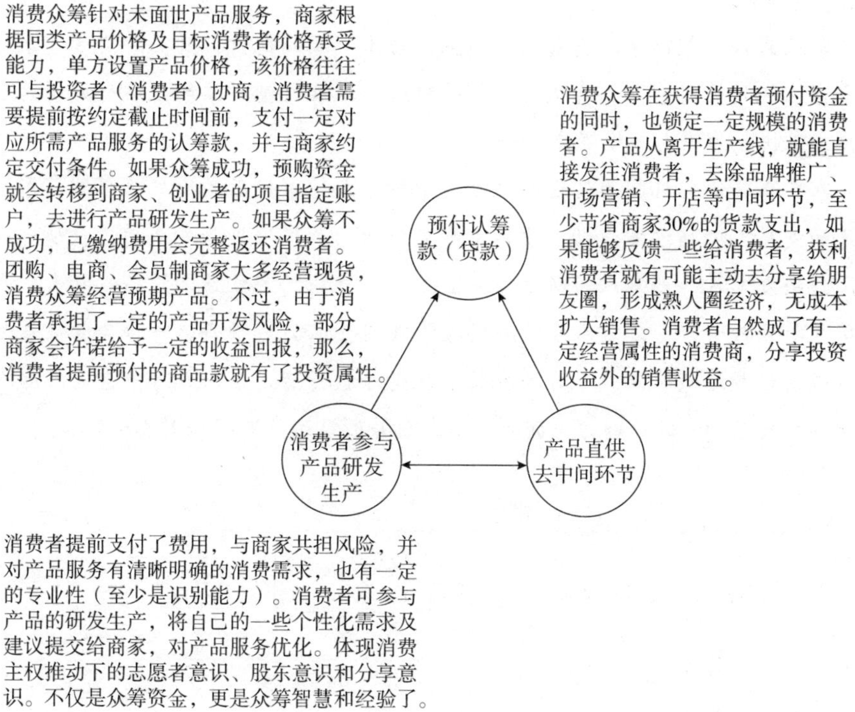

消费众筹针对未面世产品服务，商家根据同类产品价格及目标消费者价格承受能力，单方设置产品价格，该价格往往可与投资者（消费者）协商，消费者需要提前按约定截止时间前，支付一定对应所需产品服务的认筹款，并与商家约定交付条件。如果众筹成功，预购资金就会转移到商家、创业者的项目指定账户，去进行产品研发生产。如果众筹不成功，已缴纳费用会完整返还消费者。团购、电商、会员制商家大多经营现货，消费众筹经营预期产品。不过，由于消费者承担了一定的产品开发风险，部分商家会许诺给予一定的收益回报，那么，消费者提前预付的商品款就有了投资属性。

消费众筹在获得消费者预付资金的同时，也锁定一定规模的消费者。产品从离开生产线，就能直接发往消费者，去除品牌推广、市场营销、开店等中间环节，至少节省商家30%的货款支出，如果能够反馈一些给消费者，获利消费者就有可能主动去分享给朋友圈，形成熟人圈经济，无成本扩大销售。消费者自然成了有一定经营属性的消费商，分享投资收益外的销售收益。

```
        预付认筹
        款（贷款）
          ▲ ▲
         /   \
        /     \
   消费者参与 ←→ 产品直供
   产品研发      去中间环节
     生产
```

消费者提前支付了费用，与商家共担风险，并对产品服务有清晰明确的消费需求，也有一定的专业性（至少是识别能力）。消费者可参与产品的研发生产，将自己的一些个性化需求及建议提交给商家，对产品服务优化。体现消费主权推动下的志愿者意识、股东意识和分享意识。不仅是众筹资金，更是众筹智慧和经验了。

图 3-5　消费众筹的主要特点

案例／天水链苹：携手京东众筹，利用区块链技术拓展苹果消费众筹

甘肃天水秦安县是优质果品生产基地，当地农民大多以种植苹果为主要收入来源。但由于地理位置偏僻，加之农民不太懂使用现代化销售渠道，导致部分苹果滞销，果农收入微薄，严重影响当地农业的良性发展。

"天水链苹"是天水市林业局联合纸贵科技、京东众筹打造的区块链苹果消费众筹项目。果农利用区块链技术，给每颗苹果定制"身份证"，将苹果"出生地"（产地＋种植的果园）、生长、成熟、采摘、存储、安全检测证书、销售商等每个环节信息都记录在区块链，消费者和商家在链上可以清晰地看到苹果从生产到消费的全过程，实现苹果信息透明可追溯。在苹果的生长过程中，利用光合作用将溯源码晒在苹果上，一园一码，做到溯源信息双重保险，安全可信。

消费者只需拿手机轻轻一扫，就能查看苹果的"生平履历"，确定苹果的真实"身份"，做到放心食用。该众筹项目既给消费者送来了安全、美味的可溯源苹果，

还能通过众筹锁定优质苹果和获得团购优惠，也有利于秦安果农科学安排生产计划和增产增收。

京东商城长期以来以自营商品为主，打出"正品低价"的品牌口号。京东众筹平台依托用户对京东"真实可靠"的口碑，以及大量对品质生活有偏好的京东用户，很快成为国内一线消费众筹平台。

京东众筹运作机制为发起人向平台申请，通过审核后的项目将得到京东众筹团队的支持，包括方案设计、项目上线宣传等。如果项目众筹成功，款项一般分两次打给发起人。发起人按时按质完成项目，并将约定收益回馈给投资人，平台将尾款打给投资者。发起人没能按时按质或者无法完成项目，平台会督促发起人赔偿或者退款给投资者，平台也会将尾款退给投资者。京东众筹平台向发起人收取众筹总金额的一定比例作为佣金。京东众筹项目运作流程如图3-6所示。

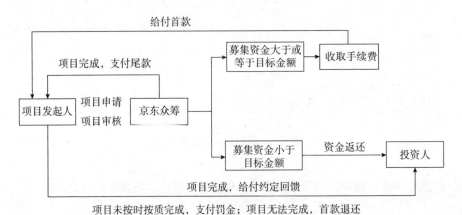

图3-6 京东众筹项目运作流程

第3节 消费积分"活起来""火起来"：区块链赋能消费积分为价值资产

消费者主权论（Consumer Paramountcy Theory）认为，消费者的消费行为在商品生产这一最基本的经济问题上起决定性作用。消费者用货币购买商品是向商品投"货币选票"，其投向和数量取决于消费者对不同商品的偏好程度，体现了消费者的经济利益和意愿。生产者（厂家）根据消费者的"货币选票"确定生产资料、产品产量、雇佣劳动，以及改进技术、降低成本、增加品种等，以满足消费者需要，获得最大利润。在此过程中，消费者具有决定企业生死存亡的作用。

在消费者主权论的影响下，加之市场竞争、产能过剩、高库存等因素，从促销、扩大销售规模和利润总额、提升品牌、维护用户忠诚度、打击竞争对手等利益考量，越来越多的企业采取消费返还的方式，让用户享有一定的消费资金返还。

消费积分是消费返还的一种主流形式。商家根据客户的消费情况，提供约定额度的消费积分。积分可获得商品折扣、兑换、换购以及提现等消费权益。例如，商场每年进行一次按会员积分量多少赠送礼品；航空、铁路按乘客累积消费积分（里程）赠送机（车）票；通信运营商按一定额度积分兑换相应的现金，充话费或流量费。

一、消费积分发展历程

消费积分这种商业模式起源于客户忠诚度计划（Customer Loyalty Program），这是最传统的市场营销策略，对此所有商科教育均有阐述。

在资本主义起步阶段，在交通、生产工具、市场半径等要素资源有限的情况下，当时市场主体主要是小商贩，所售卖商品呈现产量、质量和价格趋同特征，空间距离近、商品品种够用、价格实惠成为消费者购物的自然选择。在这样的小规模生产经济条件下，不太可能利用价格战扩大市场份额，小商贩承受不起赔本买卖，也没能力扩大生产。为了吸引消费者经常光临，就出现了客户忠诚度计划，这是消费积分模式的雏形。

18世纪末，美国商人设计了一个简单的消费奖励体系，消费者每次消费可以根据其消费额来获得一定数量的铜板，铜板是消费者获得额外奖励的凭证和依据，当铜板累积到一定数量之后，就可以在店内兑换礼品。这种做法简单有效，很快在一些小商贩中风靡起来。

而后，一些规模更大的企业开始向客户提供购物券，购物券赠送也是与消费者消费额对应，而持有的购物券可以与货币等值购买商品，这类购物券就成了具有一定价值的"代币"。"二战"后，超市、商场等零售业快速发展，这种赠券就发展成为会员卡。

值得关注的是，集换式赠券成为一种有效的营销手段，比如20世纪90年代，购买小浣熊干脆面，集齐水浒卡，可以兑换奖品或者收藏；这几年的春节期间，阿里巴巴推出支付宝集齐五福抽奖的活动。

独立消费积分计划诞生于 1981 年的"美利坚航空公司常客项目"。当时的背景是计算机进入 16 位微处理器时代，IBM 等厂商推出的计算机产品能够实现更复杂、大规模数据的存储和处理。该项目操作规程是按乘客飞行里程奖励里程积分，并将一定额度里程积分兑换为免费机票，以此作为培养顾客忠诚度的营销手段。而后，美利坚航空公司还进一步丰富了里程积分的用途，包括机票折扣、免费获赠商品和航空服务、抽取奖品等。

20 世纪末，随着计算机、数据库技术的日益成熟，互联网开始普及，消费积分在商场、超市、美容、餐饮等服务行业非常流行。例如，1986 年，喜来登饭店集团创立了全球第一家酒店业顾客忠诚计划——荣誉宾客奖励俱乐部；1994 年，中国国际航空公司推出了国内第一个常旅客计划；1997 年，中国建设银行上海分行发行的龙卡（借记卡）推出积分奖励活动；2002 年，中国移动推出积分计划……至今，消费积分已经在许多行业广泛普及，并成为企业营销竞争的利器。

案例 / 消费积分联盟、通用积分：
促进同业异业跨界合作，锁定和回馈共同用户

随着信息技术的发展，消费者收入水平、消费能力、消费偏好的差异化加大，由于不同类型的企业在服务同一类型甚至同一个用户，通过消费积分联盟来锁定消费者就逐渐有了现实操作性和利益驱动性。

1997 年，加拿大航空、德国汉莎航空、北欧航空、泰国国际航空、美国联合航空一起创建了星空联盟，核心是通过共享联盟内航空公司的航班代码，共同赋予积分价值，共同提供票价优惠、免费机票兑换、贵宾室兑换等服务，共同留住忠诚客户（常旅客）。

1978 年，万事达与美国大陆航空发行第一张联名信用卡，银行业与航空业实现异业联盟。1995 年，中国工商银行与上海航空发行牡丹上航联名信用卡。这类异业联盟的做法就是将航空公司里程积分、银行刷卡积分整合在一起，共同提供积分兑换优惠增值服务。

随着更多企业构建消费联盟，消费者在联盟内企业消费所获得的积分，就成为通用积分，可以在联盟内企业进行通兑，成为一种新型流通"代币"。

由此，国内外出现了一批消费联盟构建、管理、运维专业公司。消费联盟通过来自不同行业的企业共建共享、共处、共存，改变了企业单打独斗造成的营销环节独立支出过大，降低了营销成本，扩大了客户覆盖面，同时对忠诚客户赋予

更多、更灵活的积分兑换优惠。在互联网数字经济时代，这种模式以"多快好省"的优势迅速普及。

英国 Nectar 公司（通用积分平台）由巴克利银行、塞恩斯伯里超市、德伯纳姆百货公司、BP 加油站等联合推出，整合了线上线下上千家企业，会员在联盟商家消费均可获得消费积分，待消费积分累积到一定额度时，消费者可以用消费积分兑换礼品或获得现金返还。

二、消费积分有关法律问题

1. 消费积分应视为负债型积分

一些企业还没有对消费积分引起的收入与费用进行确认、计量、记录和报告，造成对消费积分的财务管理较为混乱。我们认为，消费积分应定位为负债型积分，对应企业的营销业务，对应货币折算，属于营销费用支出，只是在用户未发生积分兑换前，属于未支出状态，在财务上应划归为应付账款。既然是支出项，就属于债务，消费积分长期未兑换，就会沉淀为长期债务，并会随着时间的推移，造成越来越重的负担。

因此，负债型积分必须通过各种消费或提现来清存量，否则只能设定积分清零截止日期。另外，如果企业属于上市公司，发行消费积分的财务处理还要符合上市公司相关管理要求。

2. 消费积分法律性质

其一，QQ 游戏、王者荣耀、诛仙、捕鱼达人等网络游戏消费积分（虚拟币）由相关运营商负责销售、赠送和兑换，由文化、通信、互联网、网络安全等政府部门管理。

例如，2009 年 6 月，经中国人民银行会签同意，文化部、商务部联合印发了《文化部关于加强网络游戏虚拟货币管理工作的通知》，首次对网游虚拟货币作出如下界定："本通知所称的网络游戏虚拟货币，是指由网络游戏运营企业发行，游戏用户使用法定货币按一定比例直接或间接购买，存在于游戏程序之外，以电磁记录方式存储于网络游戏运营企业提供的服务器内，并以特定数字单位表现的一种虚拟兑换工具。网络游戏虚拟货币用于兑换发行企业所提供的指定范围、指定时间内的网络游戏服务，表现为网络游戏的预付充值卡、预付金额或点数等形式，但不包括游戏活动中获得的游戏道具。"

其二，如果消费积分拥有兑换、换购商品及交易、担保、抵押、提现等金融场景，具备了法定货币的支付、交易、增值等功能，则可以将消费积分视为可能对金融市场产生影响的虚拟货币（数字资产），增加"一委一行两会"、金融办、金融监管局等金融部门的管理，银行、支付、保险等金融企业也应起到相应的风控、监督等作用。

其三，网络虚拟财产保护写进《民法总则》，初步体现出用户对消费积分拥有所有权和处置权。过去，由于网络虚拟财产的法律处于空白，一些企业、电商等第三方平台对用户消费积分存在盗用、侵犯、欺诈、盈利等行为，损害了用户权益。例如，在网络游戏中，经常有用户的游戏币减少但是用户很难维权的情况，可能就是运营方在搞猫腻，或者是黑客攻击。

其四，非银机构的消费积分通兑通用涉及"网络代支付功能"，必须符合《中国人民银行关于加强银行卡收单业务外包管理的通知》《中国人民银行支付结算司关于开展违规"聚合支付"服务清理整治工作的通知》等政策法规。积分发行运营机构需要办理银行存管、第三方支付合作，以及 EDI（在线数据处理与交易处理业务）或者 ICP（综合提供互联网信息业务和增值业务）经营许可。

3. 消费积分兑换商品法律问题

因为消费积分属于消费者网络虚拟财产，具备相应的现金价值，因此，消费者用积分兑换、换购商品与现金购买并无本质区别。企业提供的消费积分兑换、换购商品必须满足《中华人民共和国消费者权益保护法》《中华人民共和国产品质量法》《产品标识标注规定》等法律法规要求。

根据《网络商品和服务集中促销活动管理暂行规定》《中华人民共和国消费者权益保护法实施条例（送审稿）》等规定，附赠商品也应当符合《中华人民共和国产品质量法》规定，不得附赠国家明令禁止销售的商品。

4. 利用消费积分抽奖的法律问题

一些企业采取消费积分抽奖方式来提高消费者对消费积分的黏度、使用度和体验性，如一元夺宝、一元购、××积分抽宝马等。公安、工商、文化、新闻出版、信息等部门出台《网络商品和服务集中促销活动管理暂行规定》等相关文件，要求不得虚构奖品数量和质量，不得进行虚假抽奖或者操纵抽奖；开设使用消费积分押输赢、竞猜等游戏的，要设置用户每局、每日游戏积分输赢数量最高限额；提供给用户抽奖、消耗积分的游戏若具有联网功能的，应当取得网络游戏上线运营许可（版号）及备案。

需要强调的是，利用消费积分抽奖有可能陷入"极个别购买者存在侥幸获取较大利益机会，绝大部分投资者都将承担损失全部本金风险"的陷阱，尽管用户没有抽中奖损失的是积分，但是也对应一定的现金损失。2017 年 7 月，国家互联网金融风险专项整治领导小组办公室发布文件，明确将网络"一元购"定性为变相赌博或诈骗，对其展开新一轮整顿清理工作。

"一元购"是指将一件商品平分成若干一元金额的"等份"，通过互联网平台出售，购买者可以购买其中一份或多份，当所有"等份"售出后，从购买者中抽出幸运者获得此商品，其他购买者认购资金不予退还的销售模式。网络"一元购"主要有两种表现形式：一是表面上是销售实物商品，实际上销售的是中奖机会，中奖结果由偶然性决定，是一种变相赌博行为；二是经营机构以网络"一元购"为名，采取抽奖造假、以次充好、不寄送奖品甚至卷款潜逃等方式，骗取参与人钱财，是典型的诈骗行为。

三、区块链技术应用到消费积分

人们在使用消费积分上主要面临的如下问题：一是消费积分具有零散、消费乏力、使用限制多、兑换烦琐、难以流通等问题；二是积分无法转让、赠送，导致积分发行商家品牌传播效果有限；三是传统型积分的使用往往有一定期限，过期自动清零。

例如，某个消费者在航空公司累积的消费积分可以兑换一张免费机票，如果他要去兑换这张机票，需要在指定机场、柜台、时间，持有效证件办理，兑换起来较为麻烦。如果他短期内没有出行计划，只能闲置、搁置该应得权益，甚至可能因为航空公司积分定期清零政策而造成损失。

人们对将区块链技术应用于消费积分已有一些探索，例如，中国银联推出基于区块链技术的跨行积分兑换系统，用户在一家银行积分可以兑换其他银行的积分奖励，用户就能用积分按需选择想要兑换的商品，而不用受到积分赠送银行的限制。

相比于传统中心化积分兑换、UGC 社群型积分联盟等管理系统，其优势在于以下几个方面。

其一，用户将自己不需要兑换的消费积分与区块链平台（第三方积分管理公司构建的联盟链）发行的通用积分通兑，持有通兑积分在链上购买需要的商品服务，或者将积分兑换信息上链，平台在链上匹配需要这个消费积分兑换权益的用户，点对点撮合双方交易（互换或者购买）。每笔消费积分通兑由平台及链上交易对手达成共识价格,该价格可能低于消费积分兑换消费权益的成本,但是对于消费积分原持有人而言,本来没有什么价值,到期还要清零,能够兑换自己需要的商品服务,并不吃亏。对于需求方而言,低价获得自己需要的商品服务,也是占了便宜。

其二,消费积分与通用积分等值兑换后,在链上后续流通、转赠、交换、交易等环节可以不依赖于发行方系统,由参与成员自行处置,通用积分流通由单中心控制变成社会化传播,实现联盟链核心企业(通用积分管理机构)、商家和用户的多赢。这里需要强调的是,商家发行消费积分的初衷是促销和保存忠诚用户,如果积分闲置,并没有完全发挥其价值,通过去中心化积分通兑,相当于无营销成本获得增量用户。

例如,阳光保险推出了区块链技术作为底层架构的阳光贝积分系统,用户可以进行阳光贝积分(阳光保险发行)赠送、兑换现金、兑换其他链上企业积分等操作。整个积分体系基于布比公司开发的区块链底层架构,数贝荷包(基于区块链技术数字资产平台)和阳光保险等企业组建联盟链。数贝荷包经阳光保险授权,通过微信等方式收集用户信息,向用户发放积分,同时将积分数据写入区块链,每个用户对应一个区块链上地址。用户通过数贝荷包接入联盟链,实现自己的积分管理。

再如,泰康保险打造了基于超级账本 Fabric 架构的企业级区块链积分管理平台,打通了人寿保险、资产管理、养老、健康管理、电商等泰康集团不同业务线消费积分,并与多个积分兑换平台对接,简化了业务流程,提升了用户体验,促进了各个业务之间的互联互通和用户之间的实时连接,有利于提供更加个性化的客户服务和产品定制。

需要说明的是,消费积分区块链平台建设的门槛很高。要实现大量商家之间消费积分的上传、流通、交易、兑换、清算,相当于开通了"银联"的跨银行间资金清算功能。以平安集团万里通公司积分云平台为例,光集聚 30 万家线上线下的商家,就投入了巨大的技术、人力和时间成本。

案例 / 价值消费区块链:
打造价值消费服务与数字资产融通的 O2O 开放式平台

价值消费区块链(Value Consumption Blockchain,VCB 链)是基于艺术品、珠宝玉石、非遗商品、绿色食品、康养、高端旅游、佛禅文化等价值消费、品质消费、体验消费的万亿市场需求、市场空间,利用共识信任、多中心化、哈希加密、智能合约、可溯源、数据无法篡改、P2P（点对点）交易等区块链先进技术和创新理念，以及智能硬件、大数据、云计算、人工智能、生物识别等智慧科技赋能，以"价值消费普惠公众、数字资产通用通兑、模式创新万亿蓝海"为独有商业模式，深度融合P2P、F2C、B2B、B2C、O2O等多种线上线下运营机制，开发价值消费产供销O2O平台、艺术品交易与艺术金融服务平台、不良数字资产处置盘活管理系统、联盟链社区激励系统等四大子系统，构筑"会员制＋社区激励＋链上资产融通"为基本规则的价值消费区块链联盟链（也可以开发为私有链、公有链），打造安全、合规、创新、高效的价值消费服务与数字资产融通的O2O开放式平台。目前，价值消费区块链商业模式已经在华彩街等多家企业探索实践。

1.VCB链商业逻辑

VCB链商业逻辑基本框架如图3-7所示。

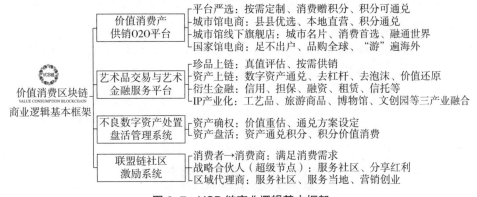

图3-7　VCB链商业逻辑基本框架

其一，核心企业和链上企业按照规则和分类将原产地、相对低成本的商品服务上链和直接供给用户，采取零售、团购、消费服务包、限时秒抢等多种销售方式满足不同会员、机构的需求，将去中间环节的商品利润进行积分通兑和社区激励，来吸引、汇聚更多用户。

其二，艺术品已从单一喜好型收藏向收藏、鉴赏、商务、金融、美饰等价值型资金和资本融通升级。可以说，在全民收藏时代，投资人、消费者更需要兼及多用途、普及型、普惠型、个性化的艺术品及系列金融、产业服务，这是一个公允度高、参与度高的万亿级蓝海市场。核心企业和链上专业公司可以遴选适应不同会员审美和消费偏好、流通变现性较强、增值空间较大、公允价值较高的艺术品上链，供会员洽购。VCB链艺术品与数字资产通兑商业逻辑如图3-8所示。

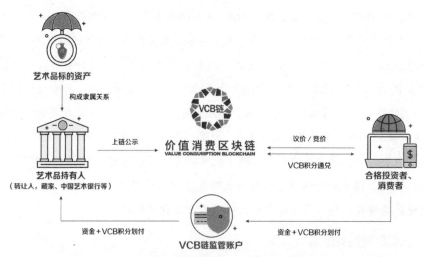

图 3-8　VCB 链艺术品与数字资产（VCB 通用积分等）通兑商业逻辑

其三，VCB 通用积分价值权益锚定艺术品。由于艺术品具有保值增值的属性，会员持有链上艺术品的消费价值和投资价值均有良好保障和增值空间。同时，VCB 积分与其他经过审核的数字资产可以进行通兑，以扩展更多用户的消费场景和数字资产应用场景。VCB 链数字资产通用通兑一体化服务商业逻辑如图 3-9 所示。

图 3-9　VCB 链数字资产通用通兑一体化服务商业逻辑

2. VCB 链技术逻辑

VCB 链将按照多中心化联盟链开发，由高信用背景、利益关联度最大的机构（VCB 链核心企业）发起并设立会员制、联盟型、开放式、包容性的区块链技术与商务平台，它通过搭建一个可信交易环境，使得成员间在彼此可以不用绝对信任的情况下，基于契约、规则的相对公平透明，通过分布式账本系统保证资金和信息安全，实现价值商品消费、数字资产交易等功能。链上会员共同维护联盟链，上链数据得到会员认可、不可篡改、能追溯、完整记录、信息共享，尤其是上链流转数字资产能够让所有会员可见，点对点直接交易，智能合约提高交易的灵活性，从而有效提高价值消费商品服务的销量，降低数字资产识别、确认、交易和清算成本。

联盟链发起方（VCB链核心企业）组建平台服务管理机构，设立基本运作参与规则（如会员门槛、交易规则等），负责会员邀请、识别、筛选、征信和参与方权限授予、数据维护。参与方以会员身份在链上发生基于数据加密的登录、查询、消费、交易、结算等业务。

3. 业务模块

VCB链客户端是基于商用分布式操作系统EOS开发的DAPP，兼容传统移动电商、资产交易等中心化系统。

在初期阶段，为了更好地保证真实、严选、价值资产上链，VCB链采用核心企业将已经掌握的价值商品服务和数字资产在内部审核后上链登记、发布这种稳健的形式确保高起点启动、市场深度和差异化调用。随着VCB链的不断发展，开放分布式数据上链的权限。VCB链底层平台框架如图3-10所示。

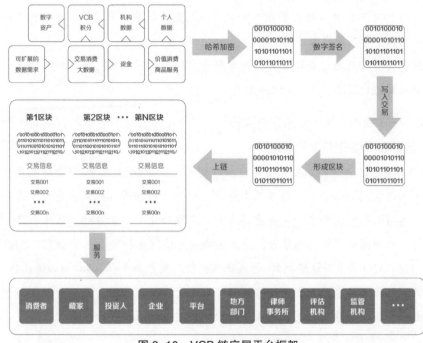

图3-10　VCB链底层平台框架

4. 权限管理核心

（1）实名制

实名制是国家的强制性要求，也是成熟企业、商业活动、社会组织、公民应尽的义务。仅有通过实名验证的会员（节点）才能发起和接受交易，没有通过实名验证的交易都会被自动屏蔽，这也会大大降低数字资产被盗的风险。任何非常规交易、风险交易、问题交易都可以实名追溯。

（2）隐私隔绝的双向验证

VCB 链设计开放接口（API），允许会员在已知交易对手身份信息、公开信息的前提下，确认交易地址和交易对手身份，实现交易行为数据的不可篡改和能够反向追溯。

（3）隐私保护

基于诚信原则和国家法律法规的要求，VCB 链对每一个链上交互环节设置严密的隐私保护手段。

（4）权限管理

核心企业保留"核心 ROOT 用户"权限，可以给其他用户（会员）授予或者取消某些权限，如实名认证、信息发布、交易等。并通过链上公示，展示给相关会员。对于链上部分重大决策，则由战略合伙人（超级节点）投票决定。

核心 ROOT 用户（核心企业）可以对链上交易行为实时监控，确保交易可追溯，保护链上会员数字资产的安全。

所有会员按照固定模板上传、发布信息。所有权限管理行为都将被翻译成用户能够理解的自然语言，避免技术鸿沟。

5. VCB 链商业模式应用探索实践——以华彩街社交电商＋产业电商＋产业金融 新零售 新金融共享平台为例

据公开资料，华彩街社交电商＋产业电商＋产业金融 新零售 新金融共享平台是朴为国际集团打造的以"经营消费资源、孵化强国品牌、构筑优质生活圈和价值链"为核心的"优购直营＋会员制消费＋品牌孵化＋产业分红＋数字资产＋产融运作"的新消费经济生态平台，应用区块链价值理念和技术，融合 F2C、B2B、B2C、B2F、O2O 等多种运营机制，打造优品优价社交电商平台、品牌商品促销神器、强国品牌孵化工具、产业电商增值工具、数字资产共赢平台、产业金融共创平台等六大业务板块和事业蓝图，形成了平台、战略合伙人、平台区县代理商、品牌

区县代理商、品牌企业、VIP会员、消费者等利益相关者均能持续共享共赢的高价值业务闭环。

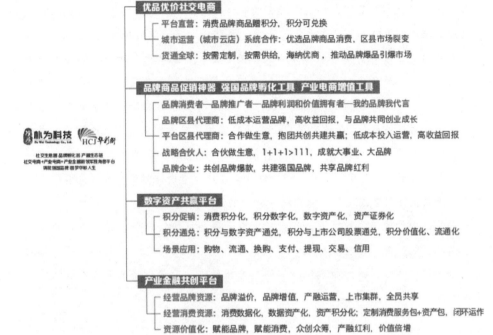

图3-11 华彩街平台应用价值消费区块链商业模式转化的业务系统[①]

值得关注的是以下几个方面。

其一，华彩街通过APP、微信小程序到DAPP分布式社交电商开发，技术构架迭代到让每一笔购买、消费、传播、交易、流通等会员行为数据上链，公开、可溯源和不可篡改，在会员客户端去中介化记账行为数据，实现消费者、商家、平台等链上利益相关者之间多向互动、合作、共创、共建、共享、共赢的利益共同体关系。

其二，华彩街平台将消费场景扩大到品质生活、珠宝玉石、文化艺术、医疗健康、养生养老、跨境电商、大宗商品、金融理财、文化旅游等九大价值消费场景，以分布式开放平台连接分布式社群、分布式场景和分布式商业组织，将社交电商由简单分销分润转而发力到品牌分红、产业分红。

---

① 参考文献：华彩街社交电商＋产业电商＋产业金融 新零售 新金融共享平台公开资料

其三，华彩街平台将去中心化、去中间渠道的品牌商品利润和品牌增值红利，进行科学量化，由平台利益相关者形成"按劳取酬、产业分红再分配和数字资产增值"的共识规则，在系统中执行规则，避免中心化人为干预，杜绝单边加杠杆来做大交易量和增加泡沫，让消费者占便宜得实惠，让企业增销量扩利润强品牌，让创业者增收入享红利，让平台经营消费＋品牌资源实现盈利和规模化效益。

由此可见，华彩街平台这种分布式社交电商＋产业电商＋产业金融模式在运作机制和技术路线图上对传统模式进行了改造和升级：一是改变了过去消费者只是消费产品，却难以获得品牌增值红利，消费者与企业长期处于低忠诚度、不信任甚至对立对抗关系；二是改变了中小企业只能为第三方销售平台低价供货，成就了第三方销售平台做大做强，自身却长期陷入产能过剩和高库存窘境，难以获得品牌和企业成长；三是有利于吸引创新创业者、消费者通过经营自身社交资源，分布式分享来获得消费以外的额外利润和营销创业收益。

当然，由于价值消费区块链本身是消费金融与区块链融合创新的庞大商业平台、技术系统，尚无完全成功案例可供借鉴。我们将继续观测、调研、解读华彩街平台等探索实践，总结推广经验，研判分析风险，为读者提供更多价值消费区块链的成功案例和操作路径。

第 4 章

CHAPTER 4

资产智能化：区块链推动资产管理改造升级

"券商中国"报道，我国资产管理业务规模高达人民币百万亿元，包括：银行表外理财产品资金余额为 22.2 万亿元、信托公司受托管理的资金信托余额为人民币 21.9 万亿元、公募基金人民币 11.6 万亿元、私募基金人民币 11.1 万亿元、证券公司资管计划人民币 16.8 万亿元、基金及其子公司资管计划人民币 13.9 万亿元、保险资管计划人民币 2.5 万亿元。

区块链技术可以在资产管理前台、中台和后台业务的环节中，大幅减少无效数据处理，提高数据实时流动性，淘汰冗余 IT 基础设施，降低投资摩擦成本，保障投资者权益和收益。

例如，资管团队可以向投资人提供实时分析报告并上链广播和共享，供有需求的投资者自行了解，而非阅读率低的传统群发信息（如邮件、短信）；资管团队根据市场变化交替改变交易策略，将所有投资行为上链且无法篡改，投资人实时全面监督；达成共识的链上各方（资管团队、投资人、中介机构等）之间共享数据，允许各方访问共同数据源，减少重复数据收集；资管团队可以在链上追溯其投资信息，投资人实时看到产品风险和业绩；利用分布式账本减少烦琐的资管中台、后台的数据基础设施和数据处理流程；各种资产也可以加密数字货币形式上链，使用加密数字货币（企业代币）进行资产间交易、清算、结算，省去了过去中心化机构的重复工作，降低了成本，提高了流动性；区块链成为新型资管平台，资管产品发行人、资管团队、投资者直接在链上进行合作与互动。[①]

第1节 传统模式面临转型十字路口：资产管理乱象与强监管双约束

一、资产管理乱象频出：图"资金"不"管理"

1. 传统业务生态瓶颈

随着资产证券化交易结构设计的复杂性不断提升，错综复杂的资产信息与交易链条对业务整体化形成冲击，将交易各方、各环节隔离。一是入池资产多，穿透性差，投资者对资产证券化产品预期收益、回款周期及安全性评估过度依赖于信用评级机构的投后基础资产跟踪与监督，无法直接监测入池基础资产；二是融资流程复杂冗长，效率低下，真实资产状况掌握在项目发起方手中，信息不对称导致信任成本高企；三是关键数据缺失，征信评级定价困难，特别是资产动态入池提高了信息披露难度，风险定价准确性低，投资者信心不足。

2. 监整套利

过去一段时间，不同监管部门对实质相同或一致的业务，在合格投资者人数、投资门槛、募集方式、风险资本、投资范围等方面标准不一、约束不同，导致市场参与者广泛借道监管偏松的机构或设计多层嵌套产品实现跨部门、跨市场、跨机构套利。

3. 推高融资成本

融资难、融资贵导致一些通过正规渠道难以获得低成本资金的中小民营企业，铤而走险利用资产管理市场融资，由于基础资产质量差，导致资产管理市场的通道业务和嵌套业务出现混乱。

---

① 唐加文.从边缘走向核心应用的时机到来 资产管理公司不应忽视区块链[N].中国保险报,2018-5-14.

4. 一批非持牌机构搞资管业务

非持牌就意味着缺乏金融监管部门的有效约束，没有运作机构摘牌、管理层担责的行业刚性约束，资管机构就可能成为脱缰的野马，为己趋利，不去考虑投资者利益和社会影响。

5. 一些资管机构承诺高风险回报，高负债高危运作

一些资管业务的产品形象、商业模式呈现多样化、复杂化，甚至让人眼花缭乱，难以及时监管态势。持牌机构尽管也出现资管产品资金募集和投资去向打擦边球的情况，如万科和宝能股权争夺战期间，就有不少人士质疑宝能资管计划投融两条线的合规问题，不过持牌机构毕竟属于公众公司，相对能够实现针对性监管，有明文规定保障投资者利益。但是一些非持牌互联网资管业务各种包装和口若悬河的销售宣传，使投资者利益的保障难度更大。

我们建议，对投资者而言，凡是承诺高回报的各种投资理财项目，至多是一场"王者荣耀游戏"，其本质是游戏，投资者就不能倾家荡产、借高利贷去投入这类项目，否则后果只能自担。

6. 挂羊头卖狗肉，蹭热度忽悠

类资管业务也要引起重视。比如，一些所谓的消费投资项目，运作机构将部分消费资金收储，向消费者高息返利、超高息返利。一旦将消费资金用于增值回报，事实上就有了投资属性，就是金融业务，机构非持牌危险极大，对其强监管势在必行。

二、监管杀威棒

显而易见，资管业务是持牌金融机构接受客户委托，帮助客户进行稳定（并非绝对高收益）收益、稳妥增值的金融服务。不过随着支付、销售、服务等资管业务流程互联网化的普及，大量非持牌机构打着资管业务名义进行高风险运作。对此，监管层已经若干次预警、干预和管控。

例如，2018年3月，互联网金融风险专项整治工作领导小组下发了《关于加大通过互联网开展资产管理业务整治力度及开展验收工作的通知》。通知强调，依托互联网公开发行、销售资产管理产品，须取得中央金融管理部门（"一委一行两会"）颁发的资管业务牌照或资管产品代销牌照。未经许可，依托互联网发行各种资管产品（包括但不限于"定向委托计划""定向融资计划""理财计划""资管计

划""收益权转让")等方式公开募集资金的行为,应当明确定性为非法金融活动,具体可能构成非法集资、非法吸收公众存款、非法发行证券等违法行为。

通知提及的资产管理业务是指证券、期货、基金等持牌金融机构作为资产管理人根据资产管理合同约定的方式、条件、要求及限制,对客户资产进行经营运作。在国外成熟的金融市场,投资者大都愿意委托专业人士管理自己的财产,以取得稳定收益。投资者将自己的资金交给训练有素的专业人员管理,避免了因专业知识和投资经验不足可能引起的不必要风险,对整个金融市场的发展也有稳定作用。

通知要求,未经许可依托互联网发行或销售资管产品的,须立即停止。对于存量业务未化解至零的机构,纳入取缔类予以处置,包括注销电信经营许可、封闭网站、下架APP、吊销营业执照等。

案例 / 返还型万能险等资管产品:高风险运作难以成为"避险资产"

万能险作为既能享受人身保险、又能保障本金和一定利息、还可能获得额外投资收益的保险产品,对老百姓来说是不错的"避险资产",综合效能优于储蓄和理财产品。

在专项监管未出台前,一些保险公司争先恐后地发售万能险等投资理财型保险产品,主要保费资金多投向股票二级市场。由于购买保险的资金属于"避险资金",经不起大风大浪,但保险公司用"避险资金"去配置股票这类"高风险资产",明显是错配。一旦股市地动山摇,熊市漫漫,保险公司和投保人将遭遇巨大损失。

即使像宝能利用万能险资金成为万科的大股东,万科股票也被其多次高位拉抬,所持有股票浮盈几十亿,甚至上百亿。不过动用上百亿资金,承担高额资金使用的成本压力,只能赌股票持续上扬,一旦万科股票下跌,或者成为"庄股",丧失流动性,就会被套牢。仅仅依靠万科每年的股东分红,根本无法兑付与投保人约定的收益返还,以及保障支付保险理赔。

另外,一些保险公司还利用万能险保费资金野蛮收购,从上海家化、万科、南玻案例来看,这些保险公司成为大股东后,和管理层发生不可调和的矛盾,高管集体辞职、股价震荡,股东、企业、消费者、政府部门均遭遇损失。2016年12月,中国证券监督管理委员会负责人痛批野蛮收购:用来路不当的钱从事杠杆收购,行为上从门口的陌生人变成野蛮人,最后变成了行业的强盗,这是不可以的。中国保险监督管理委员会负责人指出:保险公司绕开监管套利的行为,严格意义上就是犯罪。格力电器董事长董明珠表示,投资者应该通过实体经济发展获益,而非低买高卖。

成熟资本市场对野蛮人收购并无道德标准，只要公司业绩没搞好或存在失误，股价下滑，就会有人收购，这是资本制衡机制，对经营团队形成风险压力，促使其经营好企业，为野蛮人敲门提升门槛。股神巴菲特对所投资公司采取放权不放任，不插手公司具体事务，也不轻易更换创业团队，只是聘请行业专家对公司提档升级。只有在重大决策时，他才参与，促成股东和管理层的共赢。

对野蛮人收购的监管重点应该是资金的合法来源与合规使用，促进市场价值投资。一旦监管缺位，将导致出现初期"撑死胆大的，饿死胆小的"，而后胆小的又会入局，逐步推高资产泡沫，最终扭曲定价机制。

第2节　区块链赋能资产证券化云端创新：穿透信息透明化和风险隔离

"如果有一个稳定的现金流，就将它证券化。"这句华尔街名言鞭辟入里地诠释了资产证券化的重要性。尤其是在经济下行的巨大压力下，资金荒、资产荒问题越来越严重，各传统和新兴金融机构、企业、投资者纷纷在寻求破解之道。

资产证券化（Asset-backed Securities，ABS）指将流动性较差、但具有稳定现金流的资产，如贷款或其他债权性资产等进行一系列组合、打包，以该组资产预期现金流、收益权为基础，进行证券化交易的技术和过程。资产证券化运作流程如图4-1所示。

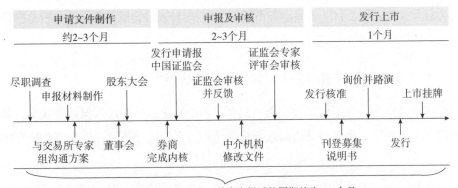

图 4-1　资产证券化运作流程

近年来，我国资产证券化项目陆续出现了物业费、学费贷款、消费贷款、保理资产、购房贷款、两融（融资融券）债权、信托受益权等新型基础资产。其中消费贷款占比快速增加，具有笔数多、小额、分散、总规模较大等特点，不容易爆发集中违约事件。很多消费贷款 ABS 产品底层资产池的信贷笔数在 10 万~30 万笔，在沪深交易所挂牌的消费金融 ABS 产品规模超过 1000 亿元，其中阿里巴巴、京东等电商系 ABS 产品规模占据半壁江山。

资产证券化底层资产更加小额分散、中心化校验和监控透明性难度大、资产质量难以评估，这些都为区块链赋能提供了融合创新空间。

一、资产证券化云端创新

近年来，随着大数据、云计算等金融科技的迅速发展，资产评估、模型研发、信用评级、风险定价、信息披露、产品交易、存续管理等资产证券化的全业务、全流程都可以在云服务器在线实现，从而大大提高了运营效率效益。

针对资产证券化市场面临的征信不完善、精细化风险管理不足、资产评估非标准和缺乏完善定价机制、市场流动性不足、不能反映真实资产状况、不良资产难以有效处置等问题，第三方资产证券化云服务商将在发行、定价、交易等各个环节发挥重要作用。

以京东数科推出的第三方平台（资产证券化云平台）为例，其包括三大业务：资产证券化服务商基础设施服务、资产云工厂资本中介和夹层基金投资。为此京东数科提供了两套支持系统，一是为资产证券化产品发行方提供本地部署的全流程智能系统，包含资产池统计、切割、结构化设计、存续期管理等功能，增强发行方承接新业务及现有存续业务管理能力；二是为发行方、投资人、评级机构等参与方提供在线互动平台（云端服务系统），各机构可通过云端服务系统进行高阶高速运算。[1]

二、区块链提升资产证券化风控和合规效益[2]

区块链作为一种不可篡改、透明安全、多中心化、分布式数据储存技术，兼有海量数据处理、溯源、灵活高效分析等优势，天然适合打造一体化资产证券化

---

[1] 京东数科发布"ABS 云平台"定位资产证券化服务商＋资本中介 [EB/OL].[2016-09-06].http://finance.cnr.cn/gundong/20160906/t20160906_523117265.shtml.

[2] 杨望. 区块链在资产证券化中的应用 [J]. 中国金融,2018(21).

产品交易体系。其分布式账本能重新设计底层系统，给参与各方提供资产质量、交易信息等共同记录，实时更新各参与机构资金交易信息，摒弃过去耗费多余资源的清算环节。

例如，交通银行2018年12月上线依托区块链技术打造的ABS系统——链交融，将原始权益人、信托、券商、投资人、评级、会计、律师、监管等参与方组成联盟链，有效连接资金端与资产端，实现ABS业务体系信用穿透和项目运作全过程信息上链。

再如，百度ABS联盟链通过区块链技术将参与方信息实时上链，各参与方通过分布式账本实现信息共享，且信息无法被篡改，从而实现对底层资产信息全生命周期监控，产品定价更精准，解决了资产证券化信息不透明、披露不充分的问题。同时，联盟链核心企业百度公司在互联网运营中积累了大数据处理、反欺诈、网络安全等软硬件条件和技术能力，赋能到该联盟链，以提高交易效率，降低交易成本。

对中介机构而言，资产证券化产品尽职调查的可信度明显提升，尽调效率得到提高。对投资者而言，所投资产透明度显著增强，二级交易估值和定价也有据可依。对监管机构而言，满足其穿透式审核和监管要求。

目前，百度完成AaaS系统、BaaS系统两个区块链开放平台搭建，AaaS系统实现对所有PRE-ABS、ABS项目创建区块链通用功能，BaaS系统完成区块链开放平台BaaS、客户端DAPP、区块链功能集群搭建。百度资产证券化联盟链业务模式如图4-2所示。

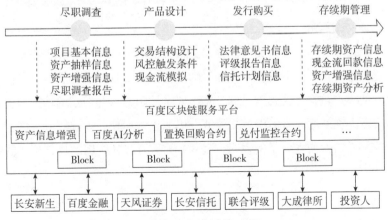

图4-2　百度资产证券化联盟链业务模式

区块链赋能资产证券化将有望改善传统模式若干瓶颈具体如下。

1. 资产穿透

将资产信息、现金流信息、业务流信息实时上链，项目参与各方可以共享链上数据。利用区块链数据库（分布式账本）翔实记录的数据，直接按指标生成客观的信用评价，有助于改善传统评级机构的主观性偏颇。

从风控角度，在智能合约编入预警参数与相应违规处置、合约终止等止损操作设置，设置业务时间、资金阈值，触发条件后自动执行投资或担保措施，可从根源上预防 SPV 管理人等拥有信息不对称优势参与方的违约行为，保障投资人利益。由于采取分布式账本（数据结构），监管机构只需加入成为其中一个节点，便可实时监管，对违规操作追溯，从而防范系统性风险。

2. 提升效率

传统资产证券化业务交易链条长，资产信息与资金需层层流转，效率较低。区块链技术可自动根据资产数据与产品特征进行匹配，高效筛选出符合特定投资者的标准底层资产，缩短 Pre-ABS 准备时间。智能合约可以实现资产证券化产品发行方与投资者直接签约、自动执行，在交易过程中减少操作成本。

3. 提高市场活跃度

传统模式造成资产证券化在二级市场流动性不足，大多投资者更倾向于将资产证券化产品持有到期。区块链技术解决了信息不对称不透明、定价可信度低等影响二级市场交易的关键问题，可以帮助二级市场投资者更好地完成质优价低资产的发现，提升投资者信心，可以促进资产证券化产品在二级市场的流动。

4. 改善网络安全

区块链技术有助于提升资产证券化交易系统的安全弹性。过去需要投入大量资源来提升中心化服务器的安全性能，随着分布式数据库的部署，黑客需要破坏 51% 以上的节点数据才能达到目的，系统安全性随着参与节点的增加而提升。即使部分节点出现问题或者瘫痪，其他节点仍能正常运作，为问题节点恢复提供了时间，系统容错性增强。举例说明，表 4-1 所示为部分应用区块链技术的资产证券化项目。

表4-1　部分应用区块链技术的资产证券化项目

产品名称	发行时间	发行规模	基础资产	区块链技术应用
佰仟-百度-华能信托ABS	2017.5	4.24亿元	汽车融资租赁债权	对基础资产的形成、交易、存续期管理、现金流归集等全流程全环节实时监督
百度-长安新生-天风ABS	2017.9	4亿元	车贷债权	联盟链底层数据存储和验证技术，各机构行为信息实时上链和共同维护分布式账本数据
德邦证券浙商银行池融2号ABS	2017.12	—	贸易融资	浙商银行池化融资服务，追踪企业贸易流程、匹配发票和采购订单来核对交易、信息向链上机构开放共享、反欺诈
京东数科-华泰资管19号京东白条应收账款债权资产支持专项计划	2018.6	—	京东白条消费贷款债权	京东ABS云平台将区块链作为底层技术，建立多方部署的联盟链，实现基础资产数据保真、防篡改、校验和业务流程自动化
博时资本-第一车贷汽车金融资产支持专项计划	2018.7	2亿元	汽车供应链金融	将存续期内不断变化的底层资产信息实时上链，存储在分布式账本，保证资产池数据的完整和可追溯

案例 / 厦门国金ABS云平台：探索区块链赋能ABS业务一体化运作

厦门国金ABS云平台是利用区块链等金融科技打造的集ABS工厂、ABS数据库和ABS研究院为一体的联盟链，通过实现ABS产品全生命周期管理和信息化标准业务流程，覆盖保理、租赁、房地产、住房、小贷、医药、汽车等行业，入池资产包括信贷资产、应收账款、购房尾款、抵押贷款、消费贷款等。

厦门国金ABS云平台运营方与任何参与方不存在利益冲突，只是负责将各种ABS产品和利益相关者上链，提升上链信息真实度验证，以实现业务匹配和项目管理，过程类似于打造ABS项目超市。

厦门国金ABS云平台底层架构设计引入分链、多通道和共识节点技术，保证系统处理并发数据的能力。管理平台贯穿资产登记、数据清洗、资产组合构建、风险评级、产品设计、现金流管理及交易转让等业务环节，使上链信息可以跨机构、跨层级高效流转。

联盟链将各参与方纳入节点，赋予相应链上操作权限，在链上构筑生态体系，将资产证券化业务从线下迁移到线上。分布式数据库覆盖资产证券化全流程，链上用户可对前期资产池、风险评级及交易结构、产品设计发行、投资人注册登记、基础资产变化等 ABS 产品全生命周期实时动态监控和历史信息溯源。厦门国金 ABS 云平台技术解决方案如图 4-3 所示。

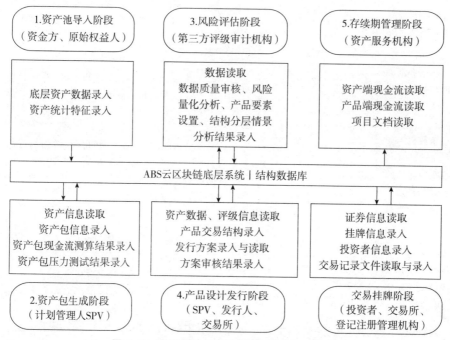

图 4-3 厦门国金 ABS 云平台技术解决方案

案例 / 邮政储蓄银行：区块链提升资产交易和托管效能[①]

1.U 链信用证

福费廷业务是银行根据客户或其他金融机构要求，在开证行、包买行或其他指定银行对信用证项下款项做出付款承诺后，对应收款进行无追索权融资。近年来，我国银行业大力发展贸易金融，福费廷业务凭借独特优势得到银行青睐，迅速取代了传统出口押汇、国内信用证卖方押汇/议付等传统贸易的金融市场地位。

在福费廷业务中，卖方银行通常在信用证项下买断受益人对开证行的债权，自行持有或在二级市场转卖。因为有开证行的承兑或承付，所以对买入福费廷的

---

① 张伟斌. 区块链助力资产交易和托管 [J]. 金融 & 贸易, 2018(1).

银行来说属于低风险业务。但近年来企业伪造虚假贸易背景的手段越来越隐蔽，部分企业假借贸易融资之名，骗取银行融资。特别是近年来部分大宗商品价格剧烈波动，经济下行压力加大，贸易背景真实性常常受到金融机构质疑，导致很多外贸企业融资困难，资金链紧绷甚至断裂。在此背景下，福费廷融资的风险转移功能难以完全发挥。

中国邮政储蓄银行U链福费廷业务系统应用了基于超级账本（Hyperledger）的区块链技术，结合J2EE应用框架，打通信用证的一级市场与二级市场，实现信用证从开具到承兑全流程信息共享和链上跟踪。

该系统建立了"福费廷区块链系统交易市场"，具备收证意向发布查询、福费廷查询及摘牌等功能，交易双方无须线下协调，可在线上交易市场发布收证意向及包买意向，高效撮合交易。同时，该系统建立了基于区块链的让渡报文通知模式，与SWIFT让渡报文模式并行。

该系统在处理福费廷业务时，受益人（企业、债权持有行）可以将债权直接转卖，与信用证开证行、包买银行达成三方共识，完成债权让渡。在债权让渡、单据凭证等智能合约的帮助下，该系统支持三方实现数据一致性理解、对业务资料在线审批，降低业务风险，避免重复审单，提高业务处理效率。此外，二级市场通过该系统能够获取一级市场数据、历史包买银行业务审查背书，使得债权让渡能够快速衔接一级市场。中国邮政储蓄银行U链信用证系统框架如图4-4所示。

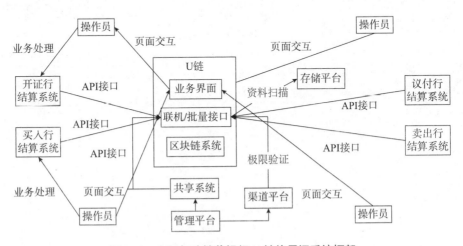

图4-4 中国邮政储蓄银行U链信用证系统框架

2.U 链资产托管

商业银行资产托管业务是指托管银行基于法律规定和合同约定，履行资产保管职责，办理资金清算及其他约定服务（如会计核算与估值、投资监督、绩效评估、投资管理综合金融服务）。2016 年 10 月，邮储银行基于 Fabric0.6 区块链架构的托管系统上线，它具有如下特点。

一是实现投资交易明细和底层资产信息多方（包括资产委托方、资产管理方、资产托管方、投资顾问）实时、快速的共享，免去重复校验、反复确权的冗余过程，能缩短 60%~80% 业务环节。

二是实现指令全流程自动化流转，将投资方向判断规则封装到智能合约，并给出风险提示，提高业务效率的同时，实现穿透在线监管。

三是通过密钥验证机制实现参与方身份认证，保证账本信息和流程事件在权限内的可见性及交易的可验证性。

四是将投资计划合规校验要求放在区块链，确保每笔交易都在形成共识的基础上完成，其过程信息一旦上链即无法被篡改。

五是将过去多方参与者之间的电话、传真、邮件等联系方式改为链上完成，实现在线高效沟通。

第 5 章

"无现金社会"背景下的支付结算:区块链助力低成本高效率

支付结算有广义和狭义之分。狭义支付结算指单位、个人在社会经济活动中使用现金、票据、银行卡、汇兑、托收承付、委托收款等结算方式进行货币给付及资金清算的行为,主要功能是完成资金从一方当事人向另一方当事人的转移。广义支付结算包括现金结算和银行转账结算。

近年来,移动支付以其便捷性、高效性、广覆盖、场景化等优势,迅速在中国普及,成为"新四大发明"(高铁、移动支付、共享单车、网购)之一。

据中国人民银行统计数据,2017 年,银行业金融机构共处理电子支付业务 1525.8 亿笔,总金额人民币 2419.2 万亿元;非银行支付机构发生网络支付业务 2867.47 亿笔,总金额人民币 143.26 万亿元。非银行支付机构网上业务支付数已经远远超过了银行业金融机构,只不过二者支付总金额还不在同一个数量级。传统银行的核心竞争力在于其掌握用户基础账户,任何第三方支付、理财机构的业务都要依托基础账户。

根据调研机构益普索发布的 2018 上半年《第三方移动支付用户研究报告》显示,第三方移动支付在网民中的渗透率超 92%,移动支付用户规模约为 8.9 亿。在人们的日常开销中,由第三方支付完成的比例达 48%,用户人均每天移动支付约3笔，移动支付已普遍走入寻常百姓家。目前，支付宝拥有消费场景、消费量优势，财付通（微信支付）拥有社交场景、社交用户优势，二者在第三方支付的市场份额遥遥领先。2018年我国第三方支付市场份额分布如图5-1所示。

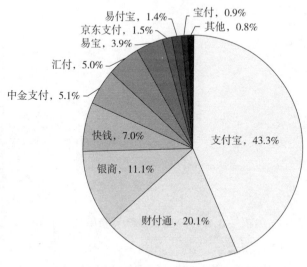

图5-1　2018年我国第三方支付市场份额分布

第1节　支付结算"吹毛求疵"：移动互联网时代市场繁荣背后的痛点

一、第三方支付野蛮生长

据中国人民银行数据显示，截至2018年，持牌第三方支付机构只有238家，比峰值期减少33家，[①]这意味着支付宝、微信支付双寡头垄断市场60%以上的状况，市场在短期内难以改变，其他支付机构生存空间不断被压缩，第三方的支付牌照的价值不断攀升。

在支付宝、微信支付尚未大规模崛起前，第三方支付相较于银行卡支付市场规模小、使用人数不多，监管存在盲区和缺位，导致一些第三方支付机构存在超范围经营跨境支付业务、虚假交易、未按规定审核接入商户背景和客户身份信息、

---

① 李湛.寡头垄断！乱象丛生！第三方支付出路在哪里？[EB/OL].[2018-07-29].http://www.chinacef.cn/index.php/index/article/article_id/5016.

超交易限额办理跨境支付、未按规定采集业务订单信息和报送异常情况报告、挪用备付金、通过扩大备付金规模赚取利息收入、二清或多清、洗钱等违法违规行为，以及由技术漏洞导致的套码（违规套用低费率行业商户类别码）、切机（把其他收单机构的商户变更为自己的商户）、诈骗等网络安全风险。

由于第三方支付涉及面广，包括银行等重要性金融机构、清算结算机构、大量企事业单位和普通公众等，支付金额庞大，支付机构发生风险具有传导性、叠加性和强破坏性，一旦发生，极有可能导致系统性金融风险。

因此，第三方支付机构纳入近年来各级政府的互联网金融专项整治，政府收紧牌照发放，并出台系列监管政策，支付产业链及监管重点如图 5-2 所示。近年来有关第三方支付的监管政策见表 5-1。例如，2018 年第三方支付机构收到中国人民银行罚单 127 张，累计违规罚金及罚没总额超过人民币 2 亿元，是 2017 年罚金的近 7 倍。

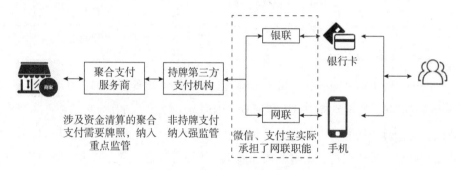

图 5-2　支付产业链及监管重点

表 5-1　近年来有关第三方支付的监管政策

序号	时间	监管政策	主要内容
1	2010.6	《非金融机构支付服务管理办法》	支付机构需持牌经营
2	2013.6	《支付机构客户备付金存管办法》	支付机构应当按季计提风险准备金，按照所有备付金银行账户利息总额一定比例计提
3	2015.12	《非银行支付机构网络支付业务管理办法》	要求账户实名制，划分三类账户并设定交易限额
4	2016.4	《非银行支付机构风险专项整治工作实施方案》	要求银行卡清算需持牌经营；建立支付机构客户备付金集中存管制度，逐步取消对支付机构客户备付金的利息支出，降低客户备付金账户的资金沉淀

续表

序号	时间	监管政策	主要内容
5	2017.1	《中国人民银行办公厅关于实施支付机构客户备付金集中存管有关事项的通知》	支付机构应将客户备付金按照一定比例交存至指定机构专用存款账户,视业务类型、支付机构评级而有所不同
6	2017.8	《中国人民银行支付结算司关于将非银行支付机构网络支付业务由直连模式迁移至网联平台处理的通知》	自2018年6月30日起,支付机构受理的涉及银行账户的网络支付业务须全部通过网联平台处理
7	2017.12	《中国人民银行关于规范支付创新业务的通知》	提供支付创新产品或者服务需提前30日书面报告
8	2017.12	《条码支付业务规范（试行）》	强调业务资质要求,重申清算管理要求,规范条码生成和受理
9	2017.12	《中国人民银行调整支付机构客户备付金集中交存比例的通知》	2018年2—4月按每月10%逐月提高集中交存比例,从二季度起,按新的集中交存比例交存客户备付金

二、资金清算滞后

由于金融机构之间、支付机构与银行之间是中心化处置数据,互联互通必须基于特定时间、特定流程进行支付清算,因而资金处置、清算与交易并不能同步。我国支付清算系统总体架构如图5-3所示。例如,跨境支付在商品交易后,资金并没有同步,源于银行、支付机构、商家、买家等利益关联方资金清算滞后。如果是一笔小额跨境支付,这个滞后性和中心化产生的清算成本就显得不那么划算。

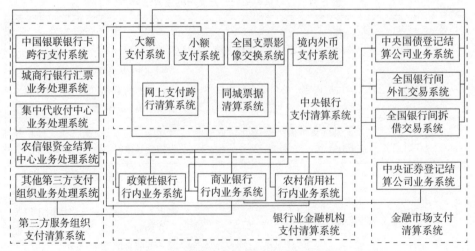

图5-3 我国支付清算系统总体架构图

第2节 高效+低成本：区块链技术推动跨境支付结算生态化升级

支付结算是交易最核心的环节，创新目标在于提升效率，并通过优化交易结构和方式，使得交易更加安全有效。支付宝、微信支付也是基于此，才实现了业务量、影响力、生态体系的迅速膨胀。

支付结算的核心要素包括三个方面（也是创新落脚点）：一是安全认证，线上收付款人的名称与实际收付款人的形式、实质要一致；二是信息传递准确，即"谁给谁多少钱"；三是资金清算、结转和交割，计算收付款金额及手续费、结算周期，最终将资金从付款方账户转移至收款方账户。

目前很多国家和地区的支付结算系统采用"实时全额支付系统（RTGS）"，以连续、逐笔的方式，进行跨行资金结算。这是由于RTGS系统业务处理规模极为庞大，与其他金融市场基础设施关联度高，多以中心化技术架构为基础，强调足够的稳定性和安全性。

2016年12月，美联储在发布首份分布式账本白皮书指出："区块链主要在支付和交易结算领域应用，具有推动改变金融市场结构的潜力。"事实上比特币、以太币等加密数字货币之所以能够快速膨胀，原因之一就是其在支付结算上相较于中心化货币有效率优势。

当前，不少国家和地区都在积极开展本地支付结算系统的升级优化，以提高系统的稳健性和支付结算效率。区块链的分布式账本技术成为系统改造升级的备选替代技术方案。

英国央行在对新一代支付结算系统的调研报告中，提出了分布式账本技术可能的三个应用场景：一是作为结算业务的底层技术；二是作为使用法币进行证券结算和外汇结算的平台；三是与支付结算系统实现互联互通的加密数字货币平台。

案例 澳大利亚联邦银行和美国富国银行：
利用区块链技术提升跨境支付效率和信度

2016年10月，Brighann公司要将一批棉花从美国德克萨斯州销售至青岛市，该公司在美国和澳大利亚的办事处分别通过美国富国银行和澳大利亚联邦银行完成了应用区块链、物联网等技术的跨境支付。

本次跨境支付使用了私有链分布式记账系统Brackets，交易信息通过智能合约实时储存在分布式账本，且不可篡改，这大大降低了欺诈风险。而跨境贸易过程中运用 GPS 物联网设备,能够实时跟踪货物在运输全过程的地理位置。

与传统货物运输和信用证等贸易金融工具相比,这种交易方式更加可信,效率也更高。而传统贸易服务工具由于无法实时掌握数据和各种文件的完整性、准确性,会导致跨境支付消耗时间长,出错可能性较大。

本次跨境支付尝试的价值在于以下几个方面。

其一,将智能合约等区块链技术与支付结算、物联网等技术和工具有机结合。区块链技术的分布式账本、可跟踪、不可篡改、可追溯、去中介化等特点解决了传统跨境支付的效率和安全问题。

其二,区块链技术可以构筑跨境贸易、跨境支付的去中介化信用体系,减少银行、担保、保理等金融机构作为第三方中心化信用机构的介入,使得付款方与收款方在无须信任的情况下基于技术逻辑建立信任关系,有效解决了跨境支付结算存在的时间长、中间环节多、中间费用高等问题。

其三,由于各国法律法规尚存在一些不对接、不匹配的情况,给跨境贸易、跨境支付带来国际法律风险。利用区块链技术实现点对点跨境支付,减少不同国家金融机构等中间环节,可以带来全天候便捷支付、实时到账、提现简便、消除隐形成本等价值。

一、区块链技术对银行传统支付结算业务和模式带来挑战

目前,全球银行业总资产规模超过 130 万亿美元,银行在支付、结算、清算、信贷等金融服务方面成为不可缺少的媒介。区块链技术可以提供安全加密方式保证数字资产流通,并且不需要可信第三方(如银行)的参与,这种去中介化的支付结算方式对银行的传统业务模式带来挑战。

1. 降低用户跨境支付成本,提升跨境支付效率

中国银行 2017 年度《人民币国际化白皮书》显示,2017 年,全国经常项目和直接投资跨境人民币结算量近 6 万亿元,超过 25 万家企业和 245 家银行开展了跨境人民币业务,和中国发生人民币跨境收付的国家和地区达到了 195 个。

发达的跨境人员、货物、贸易交流带来了频繁的货币跨境汇兑业务,不过由于跨境汇款涉及境内外多家银行和支付机构、跨境法律法规、汇率波动等诸多复杂问题,传统跨境汇款业务存在如下痛点:中间环节多、流程复杂、耗时长、到账时间不确定,到账通常要 10 分钟到几天不等,晚 7 点后汇款最早次日到账;去柜

台办理还需留意银行网点下班时间；中间出现状况退钱要等更久，还可能转丢；手续费不透明，资金无法追踪；跨境汇兑人工损耗大、效率低；小额高频的换汇和汇款成本高企。

据统计，每年都有高达万亿美元的费用因为烦琐缓慢的银行支付系统而耗费。一些国家每笔跨境转账交易的平均成本高达转账金额的 7.68%，主要包括与支付相关的服务费和汇率损失。银行从中赚得盆满钵满，成了大赢家。例如，据媒体报道，西班牙桑坦德银行有 10% 的收入来自国际转账。

基于区块链技术去中心化、可溯源等特性，尤其在跨境支付清算领域的实用性和适配度上，这种去中心化的支付结算方式被誉为"最完美的跨境支付解决方案"，其清算流程安全、高效、快速，可以大幅提升客户体验。

例如，比特币、以太币等加密数字货币建立在分布式账本上，技术上用户能够使用加密数字货币跨境支付，并通过加密数字货币交易所、点对点交易等方式实现法币兑换，全过程无须依靠传统的银行等第三方。

需要指出的是，由于一些国家地区对加密数字货币监管力度的加强，将加密数字货币作为媒介直接跨境支付结算，可能会遭遇外汇、反洗钱等严格监管。加密数字货币价格波动大，如果短时间用户不能进行法币兑换，也可能会遭遇加密数字货币贬值损失。由于不少用户并非长期持有相关加密数字货币，在采用加密数字货币进行跨境支付时，如果要求对加密数字货币的价值进行担保来避免贬值损失，则需要承担较高交易费（相当于承担了租金）租赁一定额度的加密数字货币用于支付结算。

案例 / 支付宝应用区块链技术跨境汇款：完善 C 端支付 + 生态体系[①]

2018 年 6 月，蚂蚁金服宣布，旗下港币版支付宝 AlipayHK 联合菲律宾电子钱包运营商 GCash，运用区块链技术提供中国香港与菲律宾之间实时汇款服务，实现跨境汇款实时到账、全天候、低成本、优惠汇率、安全透明等功能。菲律宾 Gcash 用户在资金到账后，能即刻消费或者提现。这些优势适用于小额、分散、高频跨境汇款，菲律宾在中国香港务工人员较多，该业务具备形成规模效益的潜力，成为支付宝的一大商机。

---

① 支付宝推区块链境外汇款 中国香港、菲律宾可实时跨境转账 [EB/OL].[2018-06-25].http://finance.caixin.com/2018-06-25/101284200.html.

同理，流向巴基斯坦的国际汇款平均每年高达 200 亿美元，约占巴基斯坦 GDP 的 7%，而马来西亚是其主要汇款来源地之一。2019 年 1 月，支付宝作为技术服务商，帮助在马来西亚工作的巴基斯坦人通过汇款服务商 Valyou 将资金汇至巴基斯坦支付宝 Easypaisa 电子钱包。

AlipayHK 是香港 2017 年上线的电子钱包，由蚂蚁金服与长江和记实业合资成立，拥有过百万香港用户，有港版支付宝之称。菲律宾电子钱包 GCash 属于菲律宾数字金融公司 Mynt，该公司在 2017 年 2 月与蚂蚁金服达成战略合作。

支付宝与中国银行、招商银行等银行应用区块链的跨境汇款业务相比，二者技术路径颇为相似，不同之处在于银行是清算行，实现的是母行与分支行之间的跨境清算，而支付宝是技术提供方，为第三方支付机构提供区块链跨境汇款和清算等技术服务。

蚂蚁金服利用区块链分布式账本技术实现 AlipayHK、渣打银行和菲律宾钱包 GCash 跨机构协同。分布式账本为所有参与方提供统一的业务账本和视图，将原来像接力赛一样逐个节点确认传递的汇款模式，改变为业务节点实时同步并行确认，提升了效率。在汇出端电子钱包发起汇款的同时，所有参与方同时收到该信息，交易信息实时共享，合规审核后，在链上协同各方同时完成这一笔汇款交易。如果转账过程出现问题（如违规、撤回汇款），会将信息实时反馈汇款者。

此外，分布式账本、智能合约拥有的等技术特点，使得跨境汇款参与方有了实时、可信的信息验证溯源渠道，汇款有迹可循，更加安全。以蚂蚁金服为核心企业的联盟链设置隐私保护模型，用户信息也能得到保障。同时，区块链跨境汇款也实现了监管透明和有效风控，相关国家和地区的监管部门均可以对跨境汇款链路进行实时、全程监测和监管。

区块链跨境汇款与传统跨境汇款业务流程如图 5-4 所示，两者优势比较见表 5-2。

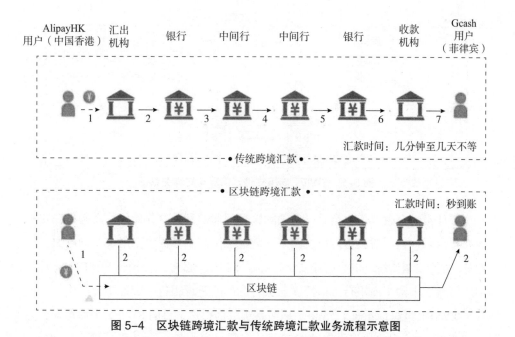

图 5-4　区块链跨境汇款与传统跨境汇款业务流程示意图

表 5-2　区块链技术跨境汇款与传统跨境汇款优势比较

序号	指标	传统跨境汇款	应用区块链技术跨境汇款
1	时间	几分钟至几天	几秒至几分钟实时到账
2	便捷性	银行下班时间无法到网点办理跨境汇款业务	全天候在互联网环境下办理跨境汇款
3	成本	汇款手续费和汇率较高	手续费更低,部分场景能享受汇率优惠
4	安全性	非透明环境下可能遭遇汇款丢失	跨境汇款全流程、全环节的有关信息在链上可追溯、可监测
5	透明性	有关参与方很难获得全过程信息,交易不透明	全过程透明化,并根据权限向有关参与方公开

2. 优化传统跨境支付清算结算体系

传统跨境支付参与方、中介方数量多、流程多、程序烦琐。如果付款方银行与收款方银行没有建立业务关系,跨境支付和汇款就会涉及新的关键中介方——环球银行金融电信协会(Society for Worldwide Interbank Financial Telecomm-unications,SWIFT)。两家银行需要在 SWIFT 网络找到可以提供跨境服务的交易通信节点行来完成支付和汇款的清算结算。SWIFT 跨境支付、清算与结算关系如图 5-5 所示。

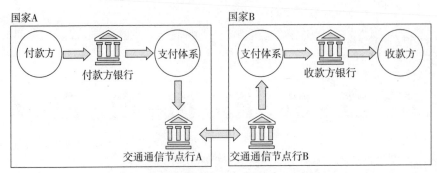

图 5-5 SWIFT 跨境支付、清算与结算关系图

环球银行金融电信协会是一个国际银行间非盈利性合作组织,总部设在比利时布鲁塞尔,运营跨国金融电文网络,为金融机构结算提供金融交易的电文交换业务,并提供规则统一的金融业安全报文服务和接口服务。中国是 SWIFT 会员国,中国银行、中国工商银行、中国农业银行、中国建设银行、交通银行等银行均加入了 SWIFT 组织,开通了 SWIFT 网络系统。据报道,目前 SWIFT 平均每天要为1 万家以上的金融机构提供超过 2400 万次交易信息服务。

由于彼此之间系统不相通,直接结算成本高昂,同时跨境支付业务占比低,以及对手方存在不确定性,跨境金融机构间很难构建直接合作关系。跨境支付的成本构成如图 5-6 所示。加之存在代理行参与、协议沟通、交易信息反复确认等因素,这使得跨境支付结算周期平均需要 3~5 天,其中通过 SWIFT 进行交易确认往往需要 1~2 天。

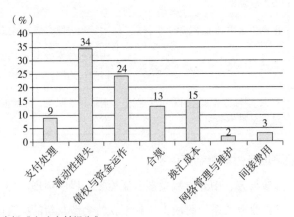

资料来源:麦肯锡《全球支付报告》

图 5-6 跨境支付的成本构成

跨境支付应用区块链技术相当于创建了一个跨国金融机构间的点对点网络,汇出行和汇入行的交易需求可以直接得到匹配,从而大大降低了 SWIFT 体系的流

动性损失、资金运作和换汇成本。

案例 / 瑞波（Ripple）：从加密数字货币转攻高效低成本跨境汇款[①]

瑞波（Ripple）公司为金融机构提供跨境汇款企业级软件——xCurrent 结算系统，系统采用联合共识机制并由金融机构扮演市商，亦即在银行间交易支付信息被上传到节点服务器后，经过链上节点投票确认即可完成交易，从而节约了银行通过 SWIFT 对账和交易信息确认的时间，将原本 1~3 天的交易确认时间缩短到几秒，跨境汇款总体时间缩短到 1~2 天。根据 Ripple 估算，银行间每笔交易的成本降低 60%，以 2016 年通过 SWIFT 完成的 30 多亿次支付类报文数量计算，当年可以节约 100 亿美元左右。

瑞波公司正式成立于 2012 年，以加密数字货币瑞波币（XPR）而为人所知，主要的开源技术是瑞波币分布式账本（XRP Leger）。2013 年，瑞波公司运作中心与银行等金融机构合作，将瑞波协议融入金融 IT 系统，实现高效低成本跨境汇款。

采用瑞波 xCurrent 系统进行跨境汇款需要经过以下五个流程：发起支付（Payment initiation）、交易前验证（Pre-transaction Validation）、用加密技术搁置资金（Cryptographic Hold of Fund）、结算（Settlement）和确认（Confirmation）。

银行部署瑞波 xCurrent 软件后，跨境汇款流程如图 5-7 所示，总体分两个阶段：双方通过信使（Messenger）进行信息交换；双方经由瑞波 xCurrent 系统的 ILP 分类账、外汇行情、验证器，进行账本处理，完成资金在区块链的账本结算。

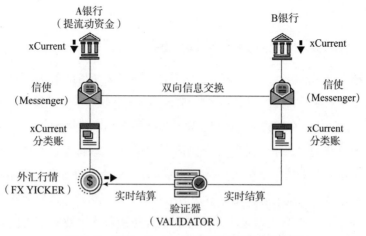

图 5-7　瑞波 xCurrent 软件跨境汇款业务逻辑

[①] 连一席.区块链研究报告：从信任机器到产业浪潮还有多远 [J].发展研究，2018（8）.

不过，如果收款银行和付款银行之间没有往来账户关系，仍然需要多个银行参与来完成资金结算。

需要注意的是，在银行部署瑞波 xCurrent 软件进行跨境转账时，使用了分布式账本等区块链技术，但并没有使用瑞波币作为跨境汇款工具。

目前，跨境汇款市场已有区块链技术公司采用加密数字货币作为跨境支付工具。例如，区块链技术公司 OKlink 提供的跨境支付服务流程如下：一是 OKlink 在银行开设信托账户，汇款机构需要在 OKlink 信托账户预存不低于 1 万美元，以获得 OKlink 提供的加密数字货币 OKD（OKD 和美元 1:1 锚定）；二是汇款人发出汇款指令，汇款机构（如合作银行、第三方支付机构）将汇款人所用法币按照其与美元的实时汇率折算成 OKD；三是收款机构（如合作银行、第三方支付机构）收到 OKD 后，按照美元与收款人所用法币的实时汇率折算，然后支付给收款人 OKD；四是收款机构将 OKlink 信托账户等额 OKD 转换成美元，结算给收款人。

3. 为客户身份识别验证提供新思路

根据反洗钱相关法律、法规要求，各国金融机构需在交易过程中严格执行客户身份识别流程，履行"了解你的客户（KYC）"义务。传统业务模式中，金融机构对客户提交的身份证明材料的控制力有限，在核实身份真实性的过程中，面临耗时长、成本高等问题。而利用区块链技术建立信任机制，存储客户身份的电子档案不可篡改、可追溯，可实现客户身份信息的安全管理，满足反洗钱的监管要求。

二、区块链技术在银行支付结算的主要应用领域

区块链可以降低银行有关多方合作的整体成本，尤其是信用成本和交易成本。但是这些成本的降低，往往需要先增加 IT 成本作为代价，决策缓慢的传统银行对区块链的大范围应用总体较少，应用主要集中于银行非核心业务的方面。

能给公有链的"去中心化""去信用"市场带来巨大价值，不过这种价值更适合于缺少信用背书的中小机构，而且这种信用可能以牺牲效率、增加大量冗余等为代价来获取。传统金融机构并不缺信用背书，在竞争压力还没有压垮自己的情况下，对于是否应当大幅投入区块链和放弃传统技术、业务结构，往往犹豫不决。

例如，银行在跨境交易中能够收取可观的交易费用和佣金，并且交易时点由

银行决定，但区块链提供近乎瞬时的点对点的交易机会，而且降低了信用风险，优化了外汇交易效率和流动性，银行跨境交易的中间业务收入当然会受到明显冲击。

鱼与熊掌不可兼得，银行不能因为区块链赋能对传统营收造成冲击便踟蹰不前，要清晰地认识到区块链赋能给银行带来以用户为中心的技术、运营、管理等整体提升，以及主动适应中心化系统（银行拥有信息不对称优势）演变为共识化区块链系统（交易各方都可以实时看到同样数据，且数据不可篡改）带来的业务流程、监管体系的改变。如果继续抱残守缺，新兴金融科技公司、其他竞争对手就会抢跑先赢，构筑区块链金融生态体系，从而获得更大利益空间。

尽管受到分布式账本数据结构和数据容量的限制，在清算高吞吐量上的技术难度较大，但是区块链在支付高效低延迟方面则优势明显。例如，欧洲央行、日本央行平均1秒完成支付在20笔以下，加拿大央行低至1笔左右，支付高效、清算量不大，区块链技术就能满足。

总体来看，银行支付结算业务应用区块链的主要领域如下。

1. 提高支付结算安全性与效率

例如，中国人民银行运用区块链核心技术分布式架构建设运行支付机构网络支付清算平台（网联），为支付机构提供统一、公共的资金清算服务，提高清算效率，降低支付机构运营成本。

2016年，瑞士银行、德意志银行、桑坦德银行、纽约梅隆银行宣布联合开发加密数字资产，作为统一支付结算工具，并力推成为全球银行业通用标准，极大提升了跨国家、跨银行、跨时区、跨语种清算效率。

案例 / 中国银行：区块链技术赋能跨境汇款

中国银行探索区块链应用的业务场景较多，包括电子钱包、贸易融资、房屋租赁、公益扶贫、跨境汇款和数字票据。例如，中国银行上线区块链电子钱包APP，推出"公益中行"区块链精准扶贫平台，与汇丰银行合作开发区块链抵押贷款估值共享系统，中行雄安分行与蚂蚁金服合作应用区块链技术在雄安开展住房租赁金融服务。

中国银行搭建了专门应用区块链技术的BBP-BIIP平台（中银区块链互联平台），和银联共同组建基于fabric区块链协议的联盟链，在跨境汇款交易中各参与金融机构通过区块链实现了即时同步交易。各方通过 APP 等方式提供银联全球速汇业务实时查询接口，支持节点（接入银行）向汇款人提供银联跨境汇款状态实时查询服务，用户可以在手机银行等渠道查询汇款业务流程信息。

中国银行在手机银行"跨境金融"专区的"跨境收款"功能增加了"银联全球速汇查询"模块。客户可实时查看自己中国银行银联卡的跨境汇入交易进度状态，以及金额、时间、附言、国家、代理机构等交易信息。

相较于传统模式，该方案的优势在于：为跨境汇款有关各方提供了可靠建立信任的互联网工具，全流程可查询、可追溯、可监管，解决了传统跨境汇款中间成本高、查询不便、体验差等问题。

值得关注的是，BBP-BIIP 平台作为所有系统和区块链底层的协同中枢，隔离了业务和区块链技术的耦合性，使得各传统系统能够通过区块链与其他机构协同工作。区块链技术在跨机构分布式架构上技术优势明显，平台应用"业务协同"工作模式恰能最大化地突出分布式高可用、开放式可扩展、数据安全保护等区块链技术优势，同时还可兼顾现有业务系统接入区块链网络改造的难度，使得平台架构兼容性和扩展能力较强。

BBP-BIIP 平台具有五大特点：一是支持多种区块链底层互联协议，能有效兼容区块链技术变化；二是提供配套的链上信息、智能合约定制、分布式数据库部署的应用开发工具，方便快速应用；三是服务接口格式丰富，使得传统金融应用能与区块链较容易实现对接和集成；四是提供便捷、可靠、高效的隐私保护方案，所有签名、加密算法均可升级为支持国密算法，以满足国内金融监管要求；五是提供监控端、问题跟踪工具和维护工具，便于后续维护。

需要注意的是，相较于其他国家，我国对密码技术管理有独特的制度体系。《中华人民共和国电子签名法》《商用密码管理条例》等政策法规要求使用密码技术开展商业服务的单位应采用符合国家商用密码标准的密码产品。国家商用密码标准是一个完善的标准体系。

2. 创新支付结算工具

例如，2016 年，英国巴克莱银行完成区块链贸易结算，不到 4 小时完成交易，取代了通常需要 7~10 天的信用证结算方法。

2016 年浙商银行推出基于区块链技术的移动数字汇票平台，为客户提供汇票签发、转让、买卖、兑付等支付结算功能。

案例　招商银行：应用区块链技术改进跨境直联清算①

目前招商银行在区块链的应用已有三个领域。

一是建立跨境直联清算业务区块链平台，总行、境外子行/分行作为参与者介入，相互间可直接收发报文，提升信息传递效率。

二是同业数字签约应用区块链技术，支持高效和安全实现两方、三方或多方业务签约。

三是应用区块链技术搭建客户信息共享平台，客户不需要重复签单，在客户授权情况下，招商银行可采纳其他机构提供的已证实客户信息，降低核验成本和欺诈风险。

另外，结合自身聚合支付能力和运用区块链技术，招商银行为中小商户提供了"线上收单＋线上开票"一体化支付解决方案，实现了"支付凭证与发票一体化"。招商银行目前正在规划打通区块链电子发票的线上流转、报销环节，解决一票多报、虚报虚抵、发票真假难验等痛点，实现"一键报销、实时到账"。

招商银行 2015 年首批加入人民币跨境支付系统 CIPS，跨境人民币同业代理清算客户数超过 200 户，清算业务量每年超过万亿元。传统跨境清算涉及多个参与环节，并根据排队理论（Queuing Theory）办理业务，上一家没完成，下一家就无法进行。一旦出现汇款信息修改、查询需求，前后信息传递将带来大量沟通成本，给清算效率带来严重影响。

招商银行研发了可编辑区块链平台（联盟链）、基于零知识证明隐私保护、互联网合约验证、联盟成员识别验证、可干预实时监管等区块链应用，形成自主可控的通用化区块链多方协作解决方案。应用区块链技术的银行信息系统应用架构如图 5-8 所示。例如，2017 年 12 月，招商银行作为代理清算行，完成从香港永隆银行向永隆银行深圳分行的人民币头寸调拨业务。三方在该月又完成以招商海通贸易公司为汇款人、海通（深圳）贸易公司为收款人的跨境人民币汇款业务。截至 2018 年 10 月，招商银行应用区块链开展跨境直联清算交易笔数超过 7 万，总金额超过 80 亿港币。

---

① 周天虹. 招商银行：如何基于区块链改进跨境清算？[J].ICT 新视界,2017(2).

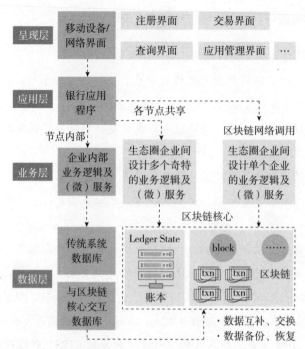

图 5-8 应用区块链技术的银行信息系统应用架构

招商银行将信息高效安全传递作为突破口，与传统跨境支付方式互为补充，利用区块链"分布式记账"的特点，资金清算信息在链上同步抵达、全体共享、实时更新，大幅提升清算效率，同时避免了直接采用加密数字货币作为跨境支付媒介的监管问题。

据招商银行负责人介绍，未来要将招行所有海外机构都纳入全球区块链跨境清算项目，邀请其他金融机构参与，共建覆盖面更广的跨行区块链清算平台。

3. 加密数字货币的探索应用

随着金融市场和金融科技的不断发展，金融脱媒成为必然趋势。所谓金融脱媒是指在金融监管下，资金供给方和融资方绕开商业银行体系，完成资金体外循环，因此又被称为"金融非中介化"。

应对金融脱媒挑战，银行可以在支付结算环节探索加密数字货币（如稳定币、流通代币）的应用。需要注意的是，市场上不少去中心化加密数字货币并没有实际价值，区块链网络还存在性能、安全等问题，加密数字货币还不能完全取代传统的转账结算和法定货币，使用多局限于小众。

例如，中国人民银行成立数字货币研究所，并已完成数字票据平台、数字货币系统模拟运行环境的上线部署。未来的中国版加密数字货币可能是人民币的数字化、国际化，并且可能是应用了加密算法、密码技术、区块链等金融科技的复杂系统，它将改变货币的供给、管理和使用。

花旗银行曾经发布报告，认为资产数字化能够方便日常支付、交易，使之更加快捷，但是多数加密数字货币由去中心化区块链协议和私人企业发行，可信度低，普及率差，如果由高信用银行发行加密数字货币，这些问题将迎刃而解。有鉴于此，花旗银行积极部署分布式总账技术，其加密数字货币（花旗币）测试平台运行迄今已超过三年，其商用系统也即将上线。

案例 ／ 摩根大通银行：将发行稳定币用于即时结算客户间支付交易

与很多传统金融机构一样，美国最大金融机构摩根大通对加密数字货币的前景持审慎态度，其负责人曾多次抨击比特币，认为比特币是一种欺诈行为，不会为投资者带来收益。不过，随着区块链等金融科技的发展，摩根银行对区块链的态度转向积极，"目前，世界上存在的任何东西都可以转移到区块链，任何拥有分布式账本的技术机构都可以使用区块链支付交易方式"。

2019年2月，摩根大通银行宣布将推出加密数字货币摩根币（JPM Coin），以用于即时结算客户间支付交易。这是全球第一个银行发行的加密数字货币，进一步体现出银行积极拥抱区块链的态势，具有划时代意义。

摩根币是一种稳定币、流通代币，1个摩根币价值相当于1美元。当一个客户通过区块链向另一个客户支付资金时，将存款存入摩根大通指定账户，并收到等值摩根币。客户用摩根币和摩根大通其他客户交易（如跨境支付、证券交易支付），摩根币持有者在摩根大通将其兑换成美元。摩根币的工作流程如图5-9所示。

图5-9 摩根币的工作流程示意图

USDT、GUSD 等一般抵押型稳定币面向所有人，区块链账本公开、可查询，抵押法币和资产可存放在任意金融机构，透明度也各不相同。摩根币是摩根大通银行发行的专属稳定币，保障性相对更高，但是摩根币系在摩根大通银行 Quorum 平台（基于以太坊改造的私有链）发行，并非用于公开交易，只有取得摩根大通银行许可的机构客户才能使用。

三、区块链赋能跨境支付结算面临的主要风险

目前我国跨境支付结算主要有以下两种方式。①

一是人民币跨境支付系统（Cross-border Interbank Payment System，CIPS）。为满足人民币跨境使用需求，中国人民银行整合现有人民币跨境支付结算渠道和资源，建设独立的人民币跨境支付系统、全球清算服务体系。到 2018 年上半年底，该系统已在 23 个国家和地区设立和授权人民币清算银行，开立账户 1126 家，清算量超过人民币 285.6 万亿元。

二是第三方跨境支付机构。随着我国内地居民境外旅游增多以及跨境电商的迅猛发展，第三方跨境支付业务量逐年上升。中国支付清算协会公布的数据显示，2017 年第三方支付机构跨境互联网交易总金额约人民币 3200 亿元，达 12.56 亿笔，比 2016 年增长 114.7%。

当然，应用区块链技术跨境支付结算也会面临系统风险，而更多风险防控需要监管机制完善、支付结算机构合规经营等整体优化，而非单一靠区块链等金融科技赋能。

1. 支付机构运作风险

一是交易真实性审核风险。一些支付机构出于拓展市场的目的，存在对交易数据审核不严，甚至自行编制、篡改交易数据的现象。许多交易由第三方机构代理，银行无法对境内外交易双方进行真实性审核。在私有链和联盟链部署下，因为权限约束，监管机构难以实时穿透监管，往往只有在风险爆发或者专项监管时，才能进行事后干预。

二是超范围经营风险。部分支付机构盲目发展境外商户，违规办理超过业务范围的跨境支付。

三是本外币监管套利风险。一些支付机构为规避外汇收支交易真实性的审查，

---

① 胡滨，范云朋. 跨境支付监管的四大挑战与五项对策 [J]. 当代金融家, 2018(4).

采用跨境人民币渠道开展跨境支付业务，进行监管套利。

2. 监管机制不健全

我国针对支付结算组织机构的法律法规尚不健全，对其组织形式、准入退出标准、风控机制、所承担义务责任等均需进一步清晰界定。跨境支付涉及环节、环境较为复杂，已出台的监管制度有效落地存在一定困难。另外，对跨境支付结算应用区块链的专项监管还处于盲区。

3. 跨境支付系统建设仍存薄弱环节

CIPS（一期）实现了跨境支付结算的基础功能，在结算方式、处理模式、报文标准、运行时间等方面取得较大提高。但是对如何将 CIPS 系统与原有的人民币代理行、清算行模式、人民币 NRA 账户（境内银行为境外机构开立的境内外汇账户）兼容，如何划分业务定位、统一监管，还需要进一步论证确定。加上 SWIFT 国际标准也在不断更新，给我国系统对标国际、减少跨境操作风险与外汇风险也带来了挑战。另外，随着区块链与跨境金融创新融合发展，支付结算机构系统建设薄弱环节也可能为市场带来监管空白和监管套利。

4. 跨境资金流动监测困难，存在洗钱风险

国际金融形势纷繁复杂，大量国际资本以各种方式进出，使得"热钱流入"与"资金外流"交替存在，一些居心不良的人可能会通过虚假货物交易、借助便利服贸政策、外商投资、地下钱庄等方式导致跨境资金异常流动，给支付结算带来系统性风险。而一些监管部门的统计体系缺少针对上述情况的全方位、综合性监测预警功能，可能会导致前瞻性预判不足，可能在部门之间充分实现信息的对接、共享和协同。

第6章 CHAPTER 6

数字票据：以类数字货币操作破解票据市场乱象

票据市场是改革开放以来较早发展的专项金融市场。根据《中华人民共和国票据法》，票据分为汇票、本票、支票三种，其中汇票又可分为银行汇票和商业汇票，商业汇票又可分为银行承兑汇票和商业承兑汇票。上海票据交易所数据显示，2018年1—7月，我国票据交易发生额为24.87万亿元，同比下降20.11%；商业汇票贴现发生额为5.09万亿元，同比增长31.02%；商业汇票承兑累计发生额为9.71万亿元，同比增长31.39%。尽管票据市场存在波动性，但是在企业购销环节和现金流、资金需求不匹配的情况下，票据还可以充当企业的支付和融资工具，是企业常见、易操作的金融工具。其主要功能如图6-1所示。

图6-1 票据的主要功能

第1节 风险频发与业务膨胀交织：票据市场发展历程和主要问题

一、票据融资缓解中小企业融资难问题

除了股权融资、银行贷款融资和债券融资外，我国的中小企业还采取以商业汇票为载体的票据融资方式。票据融资具有操作简单、灵活便利等优势。传统票据业务流程如图 6-2 所示。

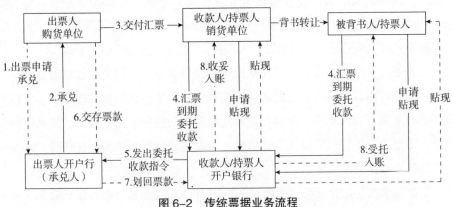

图 6-2 传统票据业务流程

1. 票据融资简便快捷

从企业收到票据至票据到期兑现之日，这段时间往往少则几十天，多则一年，资金在此期间相当于处在闲置状态，票据融资有利于企业的这部分资金流通。

票据融资简便灵活，中小企业可以不受企业规模限制筹措资金。持有未到期银行承兑汇票的中小企业若急需资金，可到银行办理贴现，利用贴现所得资金扩大再生产，创造高于贴现利息的资金使用效益。

2. 票据贴现利率要比贷款利率低

由于开票人对票据有兑付义务，票据属于优质抵押资产，票据融资利率要低于中小企业贷款利率。例如，一些银行对商业票据贴现最长 6 个月、利率 5% 左右，而同期的银行贷款利率可能为 7%~8%。

二、票据市场乱象

随着票据市场的快速膨胀，票据助力实体经济、提高企业资金融通能力和经

营绩效的本义被异化，社会上开始出现脱离实体经济交易、投资、投机等空转、爆雷乱象，部分银行借助资管、信托、代持等激进操作做大票据业务，吹大票据泡沫，一些空壳公司进行虚假开票骗贷、胡乱包装、自开自贴自融、票据掉包等票据中介套利。上述问题的根源在于传统票据运作方式存在造假套利空间，从业者合规意识淡薄，风险管理失控。

一笔没有真实贸易的票据业务多是套利操作。例如，企业需要 1000 万元资金，编造一个 1000 万元标的的贸易往来业务，这是第一轮造假。银行给企业签发 2000 万元承兑汇票，要求企业缴纳 50% 保证金，企业获得 1000 万融资，银行增加 1000 万存款，这是第二轮造假。企业拿着 2000 万元承兑汇票到其他银行贴现，以存款形式转入承兑银行，再继续开出票据。其余多轮造假以此类推。

对企业而言，可以多次加杠杆从银行拿到更多资金，债务失控风险当然急剧增加。对银行而言，银行承兑汇票属于表外业务，不占用信贷额度指标，可以利用票据业务调剂贷款规模、赚取利差和交易差、获得中间业务收入、推动银行间融资，不过影子银行风险也在急速增大。当面临金融强监管和去杠杆时，票据业务自然成为监管重灾区。

票据乱象成为监管整治的重点。例如，《中国银行业监督管理委员会关于进一步深化整治银行业市场乱象的通知》将"违规开展票据业务"纳入 2018 年整治银行业市场乱象工作要点之一，包括：违规办理无真实贸易背景银行承兑汇票业务；滚动循环签发银行承兑汇票，以票吸存，虚增资产负债规模；违规办理不与交易对手面签、不见票据、不出资金、不背书的票据转贴现"清单交易"业务；违规通过"即期卖断＋买入返售＋远期买断"、假买断或卖断、附回购承诺、逆程序操作等方式，规避监管要求；违规办理商业票据业务；违规将票据资产转为资管计划，以投资代替贴现，减少资本计提；违规与票据中介、资金掮客合作开展票据业务或票据交易等。

据《中国经营报》报道，2018 年 1—5 月，监管部门对银行业金融机构票据业务违规处罚共 135 笔，罚没金额总计超 7 亿元。例如，厦门银行因转让接受远期回购协议、同业投资接受第三方金融机构信用担保及票据转贴现业务未按规定面签、用印等被罚款 2450 万元，南京银行镇江分行违规办理票据业务被罚款 3230 万元，河北银行违规办理票据业务被罚款 1080 万元，绍兴银行因票据资产非真实转让、未按规定落实票据业务内控管理要求等被罚款 3650 万元。

三、票据电子化探索

2016年12月,上海票据交易所挂牌成立,实现了出票、流转、兑付、托管等过程的电子化、交易信息透明化、全流程留痕,减少了假票、变造票、掉包等风险。上海票据交易所对电子票据市场主体扩容,允许证券、保险、基金等从事票据交易,新增票据质押、托管业务,为票据作为"标准化产品"交易流通提供了便利。

不过,上海票据交易所的优势主要集中在扩大票据交易量,并没有改变传统票据业务风险传导机制。例如,由于对票据持有人信用风险识别、计量、监测、评估和风控并不能通过交易电子化完全实现,票据质押环节有可能被一些互联网金融、保理等机构利用套利。

第2节 数字票据:借助区块链提升电子票据效率和安全性

根据《中华人民共和国票据法》等政策法规,票据一经开立,其票面金额、日期等重要信息便不可更改。票据具备流通属性,在其特定生命周期内可被用来进行承兑、背书、贴现、转贴现、托收等交易,而交易行为一旦完成,交易就不可被撤销。

票据在流通上有两个特点:一是票据流通主要发生在银行承兑汇票,而商业承兑汇票的数量和流通量都较少;二是由各银行独立对票据业务进行授信和风控,某个银行的风控结果可能会影响到票据交易链条的其他参与者,造成"误伤"。[①]

票据特点决定了票面信息和交易信息必须具备完整性和不可篡改性。与一般金融交易相比,票据金额一般较大,对安全性的要求更高。区块链通过密码学提供的安全性、完整性和不可篡改性等特性,可在一定程度上满足票据交易上述需求,有助于在技术层面上防控票据业务风险。

在隐私保护上,传统票据市场各金融机构间通过信息隔离保护参与者隐私,区块链技术则是通过算法保护参与者隐私,提供了隐私保护技术操作新思路。纸质票据、电子票据、数字票据三种票据的主要区别如表6-1所示。

---

① 王琳等. 以京东数科为例解析区块链数字票据 [J]. 当代金融家, 2016(12).

表6-1 纸质票据、电子票据、数字票据的主要区别

类别	纸质票据	电子票据	数字票据
定义	由收款人、存款人、承兑申请人签发，承兑人承兑，于到期日向收款人支付款项的票据	出票人依托电子商业汇票系统（ECDS），以数据报文形式制作，委托付款人在指定日期无条件支付确定金额给收款人或者持票人的票据	利用区块链技术，结合法定票据业务属性、市场规则、合规要求，将电子票据升级为数字票据，拥有电子票据全部功能，从技术架构上解决（电子）票据造假、违规交易、信用风险、信息安全、操作烦琐低效等问题
流通形式	必须在票据上加盖有效印章才能流通	依托中国人民银行ECDS系统，需要接入银行才能办理相关业务	构建联盟链，基于不可篡改时间戳、联盟链信息公开、分布式共享账本、多中心化共识、智能合约实现数据真实完整透明、点对点、去中介化、全流程审计风控、可视化背书等特性

中国人民银行央行有关人员撰文认为："借助区块链构建数字票据本质上是替代现有电子票据的构建方式，实现价值的点对点传递。而如果能在联盟链中使用数字货币，就可实现链上直接清算，参与方就可通过向交易对手发送中国人民银行数字货币的方式来完成支付操作。"区块链技术与票据融合性分析如图6-3所示。

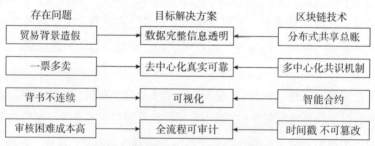

图6-3 区块链技术与票据融合性分析

区块链数字票据基本框架如图6-4所示。

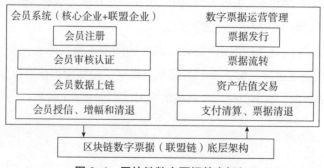

图6-4 区块链数字票据基本框架

1. 建立联盟链

联盟链是由高信用背景、利益关联度最大的机构发起并设立的会员制、联盟型区块链技术平台（数字票据交易所）。与传统中心化机制（电子商业汇票系统，Electronic Commercial Draft System，ECDS）不同的是，联盟链通过搭建可信交易环境，在联盟链成员间（如交易所、银行、企业、保险等）彼此可以不用绝对信任的情况下，实现基于契约、规则的相对公平透明，并能通过分布式账本系统保证资金和信息的安全。

由联盟链链上各节点（会员）共同维护，上链数据得到所有节点认可并完整记录且不可篡改、能够追溯，节点按照权限能实时看到上链流转资产及变化情况，点对点能直接交易，并通过智能合约提高交易灵活性，从而有效降低了资产识别、确认、交易和清算成本。

联盟链发起方组建平台管理机构，设立基本运作参与规则（如会员门槛、交易规则等），负责会员（节点）邀请、识别、征信和参与方权限授予、数据维护。参与方以会员（节点）身份在联盟链发生基于数据加密的登录、查询、交易、支付、结算等票据金融业务。

例如，京东数科区块链数字票据系统基于 Hyperledger fabric 开源代码开发，共部署了4个验证节点，并分别定义为核心企业、财务公司、银行和上游供应商，4个节点在一个相对小的商业闭环内形成联盟链，完成票据发行、兑付等环节。目前看来，如果监管放开，京东数科可能在供应链上做足数字票据文章。京东数科数字票据 Fabric 账本结构如图 6-5 所示。

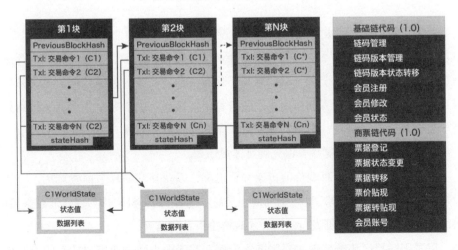

图 6-5 京东数科数字票据 Fabric 账本结构

注：①C1、C2……Cn 表示发布在区块链网络的链代码（智能合约），对于区块链账本来说，每页账本只记录链代码操作命令；②链代码可以由任何验证节点发布，可执行代码自动同步给网络所有节点；③业务运行逻辑处理依赖每个链代码对应、相互隔离、WorldState（存在 RocksDB 里的键值对）动态维护的数据；④账本同步共识时校验 WorldState 的 Hash 值并记录在账本，保障所有节点的 WorldState 值一致。

2. 票据融通

通过建立分布式总账，区块链数字票据实现数据分布式记录，而不是将数据统一存储在某一个中心服务器，所有数据均被按照时间先后顺序记录，且不可篡改，从而有效保证了链上数据的真实性和透明性。即便部分节点受到攻击或者损坏，也不会影响整个数据库的完整性和信息更新。区块链数字票据联盟链分层架构如图 6-6 所示。

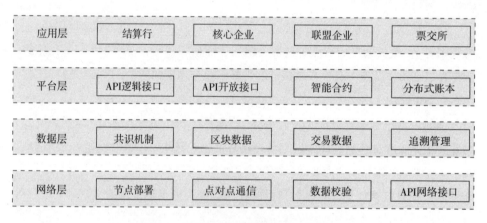

图 6-6　区块链数字票据联盟链分层架构

需要关注的是，商业承兑汇票具有自偿性，一般以核心企业自身信用做担保。区块链则不需要中心化系统或强信用中介做信息交互和认证，而是通过共识算法解决信任问题，保证每个参与者信息扁平化和互信。完备的数字票据历史交易记录可以被用来评估参与者的信用水平，进行增信操作。由于数字票据从发行到兑付全生命周期路径清晰，融通资金锁定在票据持有人自有账户，一旦任何环节出现纠纷都能够按原路径复盘，追究到具体责任人。

智能合约可实现端对端价值传递和可追溯，以及在交易环节前置调用，一旦发现交易对手的信用风险，即可提前终止交易。同时，监管机构作为独立节点参与，可以全过程监控数字票据发行流通，实现链上审计和监管。

以贵阳银行区块链票链（联盟链）为例，基于中小微企业客户持有的银行承兑汇票，贵阳银行为持票人提供不限金额、不限期限、快速安全融资服务的新型互联网票据融资产品，资金最迟 T+1 日到账，交易信息不可篡改，全程可追溯，并负责验票保管和严控操作风险。企业票据通过节点银行进入平台票据池并被写入区块链，所有加入联盟链的机构（节点）都可以共享该票据信息。任何对该票据融资需求感兴趣的机构都可以在区块链公开交易，贵阳银行由此打造了涵盖中小企业、银行、通道机构（基金和券商）、交易场所、投资人的场外票据市场。

另外，数字票据除了能解决当前纸票、电票的瓶颈问题和提质增效外，在跨境支付、权益（如消费积分）通兑通用等领域也大有可为。特别是企业与企业之间、企业与个人之间发行的 P2P 专属数字票据，具有类数字货币（流通代币）功能，可对标有实际价值的资产和权益，减少炒作、空转套利。

案例／上海票据交易所：区块链赋能电子票据业务[①]

2016 年，上海票据交易所会同中国人民银行数字货币研究所，组织中钞信用卡公司和试点商业银行进行了基于区块链的数字票据全生命周期登记流转专题研究，并于当年末实现原型系统在模拟运行环境试运行成功。2018 年 1 月，上海票据交易所上线并试运行数字票据交易平台（联盟链），中国工商银行、中国银行、浦发银行和杭州银行率先在数字票据交易平台完成基于区块链技术的数字票据签发、承兑、贴现和转贴现业务。

数字票据交易平台实验性生产系统使用数金链（Smart Draft Chain，SDC）区块链技术，借助同态加密、零知识证明等密码学算法进行隐私保护，通过实用拜占庭容错协议（PBFT）达成共识，采用"看穿机制"提供数据监测。

实验性生产系统包含上海票据交易所、银行、企业和监控 4 个子系统：上海票据交易所子系统负责管理联盟链和监测数字票据业务；银行子系统拥有数字票据承兑签收、贴现签收、转贴现、托收清偿等业务功能；企业子系统拥有数字票据出票、承兑、背书、贴现、提示付款等业务功能；监控子系统可实时监控联盟链状态和业务发生情况。数字票据交易平台实验性生产系统架构如图 6-7 所示。

---

① 宋汉光. 区块链在数字票据中的应用 [J]. 中国金融, 2018(10).

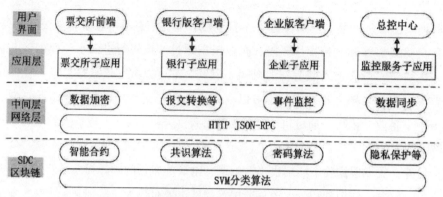

图 6-7　数字票据交易平台实验性生产系统架构

案例／海航海票惠：区块链撮合系统提升票据流转效率和安全性

2017年1月，海航物流集团旗下供应链金融服务平台（海平线）上线基于区块链撮合系统的票据服务应用——海票惠（联盟链），融信息撮合、信用评级、分布式监管、数据存证、智能交易等功能于一体，将电子票据、合同、交易等信息和涉及商业隐私的数据保存在区块链，通过把节点分布在平台、银行、企业等多方，保证链上累积的企业信用不可篡改，提高了"海平线"票据流转效率和安全性。另外，该案例表明中心化系统改造为区块链系统在技术上是可行的。

"海票惠"还可以升级为票据交易系统，为用户提供票据融资、票据交易、债权转让等服务，利用区块链技术来缓解票据交易的信用缺失问题。

"海票惠"区块链票据平台的功能主要有以下几点。

一是分布式部署多个同步节点和时间戳，历史信息无法篡改，有效抵御黑客攻击及内部人员造假。

二是分布式共识服务器抗攻击性强、稳定性高，维护成本低，系统设备升级维护可分批进行，服务不中断，中心化系统和区块链系统能够并行运作。

三是用户信息由公钥加密保存，链上用户获得授权查看，并能验证真假，用户登录和交易需私钥签名，以及第三方电子签名机构认证。

四是建立用户权限额度管理、市场准入制、权限有效期、白名单制、黑名单制等管理机制，实现了交易系统高并发、低延时、透明化和可追踪、可追溯。

五是实现对不同票据、不同市场、不同用户在链上实时分类监控、预警、增信、处罚。

第 7 章

助力『中国制造 2025』：区块链提升供应链金融活力和效能

我国的全球供应链绩效指数（LPI）排名第 26 位（2018 年排名），这与我国世界第二大经济体的地位极不相称。LPI 是世界银行每两年发布一次的国际性指数，以衡量一个国家或地区物流水平与参与全球供应链能力佐证其供应链管理水平。

供应链是指围绕核心企业，融合原料商、供应商、厂家、物流商、分销商、商家、用户，构筑的产供销功能网链。供应链管理要求将链上所有成员、所有商业活动有效整合、无缝连接一体化。

供应链经济活动是一个愈加复杂的体系，类似于食物链"植物 – 羊 – 狼 – 狮子"，每个环节缺一不可，如果狮子灭绝，狼就会疯长，很快把羊吃光，最后植物疯长，狼也会饿死。所以供应链上企业无论大小、强弱，都应有平权、平等、契约的合作与利润分享，否则这条食物链一旦失去平衡，所有企业都将遭殃。

近几年在工业 4.0 浪潮推动下，制造业迎来了新发展契机——智能制造，这是新一轮工业革命的核心，是制造业创新驱动、转型升级的制高点、突破口和主攻方向,目标是实现整个制造业价值链的创新和智能化。

从供应链层面来看,处于供应链中上游的供应商对核心企业依赖性强,议价地位较弱,为获取核心企业长期业务合作,往往采用赊销交易的方式。通过赊销交易,核心企业得以进行应付款账期管理和理财,提高现金流动性,但供应商会因大量应收账款而承受越来越大的现金流压力。

对核心企业来说,尽管制造和分销环节外包需求增加,但是供应商和分销商的融资瓶颈明显、财务成本上升、毛利下降导致其与核心企业合作的积极性减弱。同时核心企业也会面临推动销售增加信用敞口影响应收款财务报表、大供应商挤出小供应商导致核心企业谈判地位恶化等问题,发展供应链金融可以培育整个产业链的良性发展,实现供应链上下游资源的优化配置。

第1节 久悬未决的瓶颈:传统供应链金融主要问题

一、供应链愈加复杂,传统供应链管理遭遇困境

1. 缺乏供应链管理战略意识和信任机制

一些中小企业对供应链管理认识不足,习惯各自为战,过于强化自身局部利益,供应链管理活动大多局限在内部,供应链成员之间难以形成价值链,合作多为松散联系,缺乏有效协同和约束机制。

尽管供应链管理需要链上企业广泛合作,不过由于社会诚信体系建设尚不健全,链上企业间信任机制脆弱,只能依靠核心企业的权威进行强制管控,反过来造成链上中小企业权益和自主权受限,抑制中小企业发展。另外,中小企业自身经营规模和能力有限,可信度较低,也增加了链上企业诚信管理的难度。

2. 中小企业信息资源整合利用能力低,信息共享协作滞后

供应链运作过程是物流、商流和信息流的统一,涉及若干生产、运输、销售等企业及广大用户,具有跨地域、跨时空协作的特点,对信息共享依赖程度高,需要运用现代信息技术对供应链整合,但是中小企业普遍信息化建设较为落后,互联互通性差,难以有效实现信息交流共享和保障供应链系统流畅运作。

3. 企业规模、多元化、市场覆盖扩大，造成供应链管理难度同步增加

如果供应链上下游跨度大（像美的这样的巨无霸涉及的上下游企业可能有几万家之多）核心企业对供应链整体管控的难度就会相应加大，进而造成效率下降和管理成本飙升。互联网时代催生了全球分工细化，产品生产供应周期呈现复杂化、碎片化、定制化、分散化的特点，供应链不断延长，链上企业不断增加，信息不对称就会导致无效成本和寻租投机乱象，传统供应链管理技术难以实现实时、高效和穿透。

4. 信息追溯能力不足，虚假套利信息链上飞

由于供应链上企业属于独立市场主体，企业之间只是发生买卖关系、利益关系，容易存在难以验证真伪的信息不对称，出现原料、零配件等供应品和终端产品价格失真，导致假冒伪劣商品冒头，甚至洗钱等非法活动。

5. 链上实时、完整、有效、真实的数据获取和处理难度大

由于供应链上企业只是基于某个原料、某个零配件、某个服务等发生业务关系，企业之间信息系统彼此独立、分散，甚至可能因为商业机密的缘故导致系统之间不能互联互通，对原料、采购、生产、物流、销售等各种信息无法共享和统一处置，造成信息失真，大数据、长数据价值被闲置、搁置，交易、支付和审计成本增加。举例说明，图 7-1 所示为上海科箭软件公司开发的一体化供应链管理解决方案。

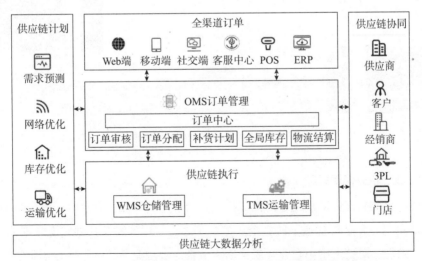

图 7-1 上海科箭软件公司开发的一体化供应链管理解决方案

二、传统供应链金融面临主要挑战[①]

《关于积极推进供应链创新与应用的指导意见》提出要积极稳妥地发展供应链金融,推动供应链金融服务实体经济,鼓励商业银行、供应链核心企业等建立供应链金融服务平台,为供应链上下游中小微企业提供高效、便捷的融资渠道。

供应链核心企业往往采用票据等方式向链上其他企业赊账,票据无法拆分流通,给链上中小企业带来很大的资金压力。供应链金融的实质是为处在核心企业上下游的中小微企业提供融资渠道。通过对核心企业信用背书和上下游交易真实性查验,金融机构能够有效控制风险,为供应链上中小企业提供金融服务(买方融资、卖方融资和物流融资)。供应链金融主要融资模式如图7-2所示。

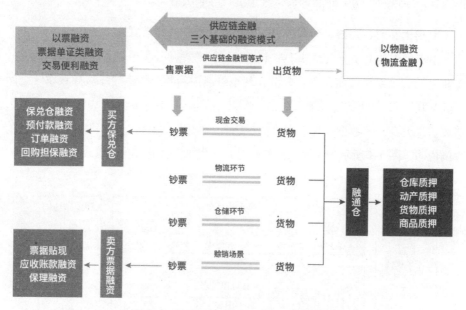

图7-2 供应链金融主要融资模式

1. 核心企业信用风险

核心企业掌握供应链核心价值,担当整合供应链物流、信息流、资金流的权威关键角色。金融机构基于核心企业综合实力、信用等级及其供应链管理能力、程度和效能,对链上中小企业开展授信、信贷等金融业务。一旦核心企业信用出

---

① 陈才东. 供应链金融业务风险的防范 [J]. 银行家, 2012(10).

现问题，必然会扩散到链上其他企业，影响供应链金融的整体安全。

其一，核心企业的真实实力如果不能承担对整个供应链金融的担保作用，核心企业可能因信用捆绑累积负债超过承受极限，使供应链出现整体兑付危机。

其二，当核心企业遭遇市场不利情况，可能会变相隐瞒自身及链上各方经营信息，甚至出现串通造假融资，利用强势地位要求和组织链上企业向金融机构融资授信，再将融资款用于体外循环，导致金融机构面临恶意贷款和不良风险。

其三，由于核心企业上下游账期错配，使现金回收周期拉长，导致上游供应商应收账款账期较长，面临流动性压力。对于二三级等多层级供应商而言，需要通过金融机构贷款缓解资金压力，但金融机构对此类中小供应商授信评级审慎，造成中小供应商融资难、融资贵，并将压力传导到供应链。

2. 上下游企业信用风险

尽管有核心企业担保及多重征信支持技术来降低不良风险，但是供应链金融的融资方多为中小企业，其管理不健全、资产规模小、经营不规范不透明、生产经营不稳定、抗风险能力弱、守信约束力不强等问题依然存在。

同时，融资方还受到供应链整体运营绩效和信用质量、上下游企业合作状况、业务交易情况等多种因素综合影响，任何一种因素都有可能导致企业出现信用风险。

3. 贸易背景真实性风险

在供应链融资中，金融机构以供应链各参与方的真实交易关系为基础，利用交易过程产生的应收账款、预付账款、存货为质押/抵押，为供应链上下游企业提供融资服务。真实交易背后的存货、应收账款、核心企业补足担保等是授信融资实现自偿[①]的根本保证。

一旦出现伪造贸易合同、融资对应的应收账款存在性/合法性有问题、质押物权属/质量有瑕疵、买卖双方虚构交易等情况，授信的金融机构，就会面临巨大风险。

4. 业务操作风险

供应链金融通过设计自偿性交易结构、引入独立第三方监管、实时监控供应链运作等方式降低不良风险和构筑稳定还款来源，对业务操作的严谨性、完善性、规范性提出高要求。

---

① 自偿：这里指供应链金融自偿性，即通过操作模式设计，将授信企业的销售收入自动导回授信金融机构的特定账户中，进而归还授信或作为归还授信的保证。

5. 物流监管方风险

为发挥监管方在物流领域的专业优势，降低质押贷款成本，金融机构一般将质押物监管外包给物流企业，由其代为实施质押物监督。但此项业务外包后，金融机构可能就会减少对质押物所有权信息、质量信息、交易信息动态的了解。

由于信息不对称，物流监管方可能也会出于自身利益更大化而做出损害金融机构利益的行为，或者由于自身经营不当、不尽责等致使质押物损失。

例如，一些企业串通物流仓储公司工作人员出具无实物仓单或入库凭证进行骗贷；一些企业伪造质押物出入库登记单，在未经金融机构同意的情况下，擅自提取处置质押物；物流监管方没有尽职履行监管职责，导致质押物质量不符或货值缺失。

6. 抵质押资产风险

抵质押资产是借款人出现违约时金融机构弥补损失的重要保证，也是不良贷款发生时的第一还款源，其资产状况直接影响信贷回收成本和借款人的还款意愿。如果抵质押资产实际价值低于还款额度，借款人违约的动机就可能增大。

抵质押资产主要分为两类：应收账款类和存货融资类。应收账款类抵质押资产风险主要在于应收账款交易对手的信用状况、应收账款账龄和退款可能性等。存货类融资主要风险在于质押物是否缺失、价格是否波动较大、质量是否容易变异、是否易于变现等。

三、金融科技赋能供应链金融

传统供应链金融基本靠线下和人工，包括核实贸易背景、企业征信、确认应收账款等，运行效率低，成本非常之高。引入互联网和金融科技，能大幅提升效率和降低成本，有效防范风险。

以腾讯发布的区块链+供应链金融解决方案为例，利用区块链连通供应链各参与方，完整真实的记录基于核心企业应付账款的发行、流通、拆分、兑付可实现信用穿透，降低链上企业融资成本，提升供应链金融全流程的安全性。①

按照腾讯的解决方案，假设将某个核心企业的某笔应付账款设置为一个债务凭证，利用区块链技术将这个债务凭证数字化，分布式账本记录其流转情况且不可篡改。只要核心企业承诺付款，债权人（上游企业）便可以把该债务凭证切分，流转给债权人的供应商等其他渠道，依此类推直至该债务凭证切分完。显而易见，

---

① 金融科技如何赋能供应链金融？ [EB/OL].[2019-04-02].http://www.sohu.com/a/305465458_232938.

这种债务份额融资方式更高效且覆盖面更广。

再如，福田汽车与平安银行合作推出了区块链供应链金融平台"福金 All-Link 系统"。福田汽车拥有零部件 1500 的多家供应商、2000 多家经销商、1000 多家服务配件商、200 多家广告和物流商，供应链企业数量较多。福金 All-Link 系统以节点可控方式建立开放、透明、高效的分布式网络，涵盖供应链核心企业（福田汽车）、供应商、银行等融资参与主体，将商流、现金流、物流、信息流零时差整合，以提高供应链金融效率，增加链上企业与核心企业黏度。供应链金融主要发展阶段如图 7-3 所示。

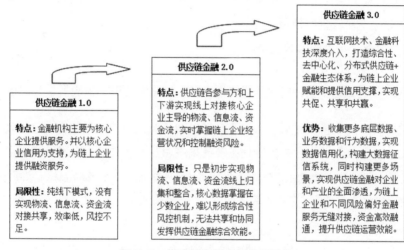

图 7-3　供应链金融主要发展阶段

1. 通过机器视觉、OCR、自然语言处理等技术解决证明类文件真实性

在票据、仓单、订单等证明类文件没有完全电子化的情况下，验证其真实性十分重要，验证工作可以通过接入层技术和算法层技术联合解决，减少人工参与。机器视觉技术可自动识别不同证件和票据，自然语言处理可进行智能化分档归类，OCR 光学字符识别技术可提取证明类文件结构化信息。

2. 爬虫、自然语言处理、语音识别、流媒体等技术解决交易真实性

如果仅仅依靠交易流水、财务报表等数据查验，并不足以证明供应链交易真实存在。例如，在外贸领域，买卖双方邮件沟通协商可能比交易流水更可信。

爬虫技术可从多种渠道获取交易信息，并结合自然语言处理和规则引擎综合判断，降低欺诈风险。机器视觉和语音识别技术在贷前放款审核环节可有效降低欺诈风险，在面签环节可通过对双录文件的分析，结合算法从借款人表情、声音

变化等特征判断真实贷款和还款意愿。风控模型可结合规则引擎,从多种数据源汇集不同维度数据,从而判别交易是否存在异常行为。

3. 物联网、流媒体、区块链等技术解决货物真实性

以物融资需要对质押物确权、价值评估和有效监控。物联网传感器、机器视觉从感知层面监控货物实时状态,通过智能算法对货物形态、移动、轨迹、位置等维度预判和预警,使得贷款人能够全天候监控质押物所在的仓储物流。

4. 区块链等技术解决事件可溯源防篡改

区块链作为去中心化的传输和账本记录机制,在供应链金融应用中,还可起到记录交易流程、监控预警等作用,为多方参与的复杂交易流程提供了防篡改、可溯源、具有公信力的客观记录。

> **案例** / 蚂蚁金服区块链赋能供应链金融:优化消费链、供应链生态体系[①]
>
> 近年来,新零售在阿里巴巴起着提纲挈领的关键作用,阿里巴巴几乎把所有资源统一到新零售战略,而供应链是其关键一招。阿里巴巴的优势在于掌握大量网商交易数据、行为数据,了解其交易习惯、经营情况、资金流动等核心信用信息,提前预判客户资金需求,有效开展征信,提供针对性融资产品。更为重要的是,物流、信息流、资金流等供应链有助于阿里巴巴优化整个消费链、供应链生态圈,提升用户黏度和平台竞争力。举例说明,图7-4所示为蚂蚁金服农业供应链金融模式。

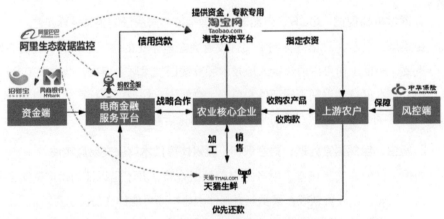

图7-4 蚂蚁金服农业供应链金融模式

---

① 10000亿估值!六步解开蚂蚁金服如何布局供应链金融的谜团[EB/OL].[2018-06-25].https://www.sohu.com/a/237622364_470085.

2019年1月，蚂蚁金服供应链金融平台"双链通"（企业级联盟链）上线，以核心企业应付账款为依托，以供应链各参与方真实贸易为背景，让核心企业信用在区块链逐级流转，将商流、物流、资金流、数据流、信用流"五流合一"，解决"中小微企业除了'应收账款'，没有其他抵质押资产，传统金融机构服务难以触及"的难题，促使很多中小微企业获得平等高效的普惠金融服务。

传统模式至多为供应链15%的中小企业提供服务，而从蚂蚁金服应用区块链实践看，85%的中小企业能享受到融资便利。按照公开数据，蚂蚁金服开放式信用流转网络（双链通测试版）试点阶段实现借款人1秒钟获得了2万元贷款，源于借款人通过层层流转拿到素未谋面的"甲方的甲方的甲方"的付款承诺，蚂蚁金服依据这个付款承诺征信和发放贷款。

阿里巴巴在区块链赋能供应链还有不少布局。例如，2018年11月，阿里巴巴宣布将外贸综合服务平台一达通升级为应用区块链技术的跨境供应链平台，为中小企业跨境业务提供支付结算、供应链金融、贸易金融、流通供应链、生产供应链等服务。

在传统模式中，中小外贸企业需要从各种平台寻找买家，通过代理公司处理通关、报汇、退税手续。此外，运输、海外清关等环节还要寻找不同服务商，流程烦琐，价格不透明，给其外贸经营带来巨大挑战和高企的成本。

阿里巴巴跨境供应链服务将中小企业找订单、支付结算、货物出口、验货、运输、海外清关各环节都集中在统一平台，过程信息利用分布式账本记录，根据其上的数据各参与方可为企业拟订生产计划和定制产品开发提供决策支持，从而降低了企业运营成本，而监管部门也能实时掌握企业外贸信息，防范和打击骗税风险，保障外贸数据的真实性，为宏观经济政策的制定及调整提供依据。

第2节 联盟链+私有链：打通供应链金融第一公里

供应链是较早应用区块链技术的领域，成熟度、集中度较高。区块链技术应用到供应链的主要优势主要优势见表7-1。例如，集装箱海运巨头丹麦马士基集团打造了海运保险区块链平台，沃尔玛利用区块链技术追踪猪肉产销全过程，美国UPS快递集团搭建了区块链货运联盟，海航物流集团打造了智能集装箱数字化平台。

再如，2018年12月，IEEE和蚂蚁金服等合作启动编制《供应链金融中的区块链标准》。这是 IEEE 首个金融业区块链标准，定义了基于区块链的供应链金融通用框架、角色模型、典型业务流程、技术要求、安全要求等。IEEE 全称为"电气和电子工程师协会"，是目前全球最大的非营利性专业技术学会，其学术和国际标准板块在全球具有公认权威性。

表 7-1 区块链技术应用到供应链的主要优势

序号	类别	传统供应链管理	应用区块链技术的供应链管理
1	数据追溯审核	难以实时、准确监测和审核供应链上的有关数据和事件	区块链技术可创建不可篡改、可追溯、永久存储的供应链过程记录，支持完整穿透数据追溯和审计
2	数据真实	难以获取和处理标准化、合规化的真实数据，并对造假信息及时发现处置，信息不对称严重	应用时间戳、联盟链、公钥、私钥等区块链技术可以确保信息不被篡改，实现链上信息完整、准确，按需调用，按权限应用
3	快速反应	面对突发事件和复杂化运营环境无法快速反应，增加成本	区块链技术可以实时连续跟踪数据的发生和流转，在线、智能处理各种常态和突发业务
4	链上成员管理	成员之间各自为政，信用成本高，难以高效沟通和管理	区块链供应链是可信共识价值网络，点对点在线对接交互，降低信任成本和风险

此外，国家宏观政策也比较支持，例如，《国务院办公厅关于积极推进供应链创新与应用的指导意见》提出，研究利用区块链、人工智能等新兴技术，建立基于供应链的信用评价机制。

一、区块链技术赋能供应链管理的概念性方案

利用区块链技术，可以针对一个复杂供应链搭建涵盖上下游原料商、供应商、厂家、物流商、分销商、商家、用户等所有利益相关者的会员制联盟链，构筑共识机制，核心企业作为平台主要建设者，负责基础架构搭建、成员（会员）筛选和管理，拥有链上信息穿透查询监管权限。

链上企业以会员形式开展活动，实时、动态将有关业务活动数据上链，按权限分类储存在分布式数据库（账本），保证数据在链上无损流动，避免数据造假、失真，帮助链上企业间快速建立信任和契约，会员之间可以实现点对点交易。这种规则分摊了核心企业在传统模式下承担的绝大部分风险。

核心企业可以实时动态了解链上各项业务活动，如原料供应、零配件配送、

商品物流、支付清算等，并对有关事项、突发事件及时处置，对链上企业的经营行为进行信用评估，做链上增信和奖惩，实现对供应链的高效、透明、穿透掌控。核心企业还可以发行链上流通代币，用于区块链网络内支付结算，减少银行结算环节和汇兑资金损失。

由于信息公开透明和相对平权，中间环节减少和点对点交易，联盟链成员企业被鼓励在阳光下开展业务和获取利润，减少投机行为，增加诚信共赢驱动力。

基于区块链的供应链管理技术特点如图7-5所示。

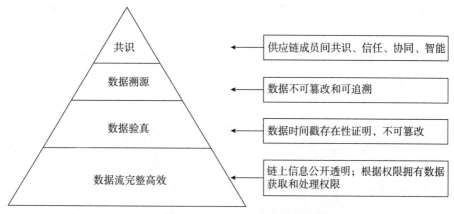

图7-5 基于区块链的供应链管理技术特点

在数据防篡改方面，区块链技术特点优势明显。传统中心化的数据管理，多由核心企业记录供应链有关数据，储存在己方信息系统，属于典型的中心化账本，只要对己方（核心企业及其有关人员）不利，就可能采取从信息录入、储存、应用各个环节的篡改和删除的行为。

而区块链技术通过分布式账本、链上数据加盖时间戳、行为信息留痕不可篡改等手段，保证数据的真实性，减少数据丢失、黑客攻击等风险，企业间信任成本大幅降低。

二、区块链技术赋能区块链金融

根据麦肯锡测算，从全球范围看，区块链在供应链金融的应用可帮助银行和贸易融资企业大幅降低成本：银行运营成本一年缩减135亿~150亿美元、风险成本缩减11亿~16亿美元；供应链上企业一年可降低资金成本11亿~13亿美元及运营成本16亿~21亿美元。此外，由于交易效率提升，整体贸易融资渠道更畅通，交易双方的收入也可获提升。

> **案例** / 钱香金融：探索打造应用区块链技术的珠宝供应链金融平台[①]

珠宝业属于资金密集型产业，在传统营销模式下，由于下游零售商流动资金不足或者支付能力弱，造成上游生产企业资金回笼慢，直接影响上游企业的生产安排和经营状况，进而将资金压力和损失传导到消费端，造成珠宝价格虚高。

钱香金融宣称，应用区块链技术，打通核心企业进销存环节，建立区块链数据档案和信用商圈。同时，以真实贸易为基础，钱香金融参与建设了B2B平台，利用资金优势从工厂集中采购珠宝。核心企业（珠宝商）有融资需求，资金去向是从珠宝工厂采购，钱香金融提供授信，B2B平台提供所需要的珠宝产品。其商业模式如图7-6所示。

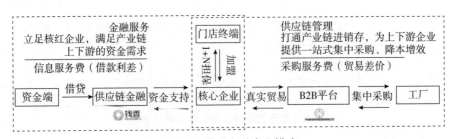

图7-6　钱香金融商业模式

其一，金融机构提供供应链金融服务，其初衷是资金安全和盈利，但对于供应链及相关产业来说并非控局者。钱香金融采取分布式账本技术建立私有链，以技术和资金来确保供应链的金融主导权和风险可控。核心企业（珠宝商）难以按照利益最大化操控信用数据、经营数据、债权债务数据，实现"端到端"透明化直接交易，因此链上企业具备较强信任关系，也能纵向横向发生业务联系合作。

其二，钱香金融主导建立透明化供应链金融体系，利用分布式数据库实时记录、保存完整数据。钱香金融掌握区块链账本的完整数据，链上各参与者基于权限使用来源一致的数据，确保信息可追溯、可审计、可跟踪，在提高供应链效率的同时，对链上企业的经营行为形成强约束机制。钱香金融区块链+供应链金融总体架构如图7-7所示。

[①] 中国信通院：2018区块链与供应链金融白皮书[EB/OL].[2018-11-07].http://www.199it.com/archives/792649.html.

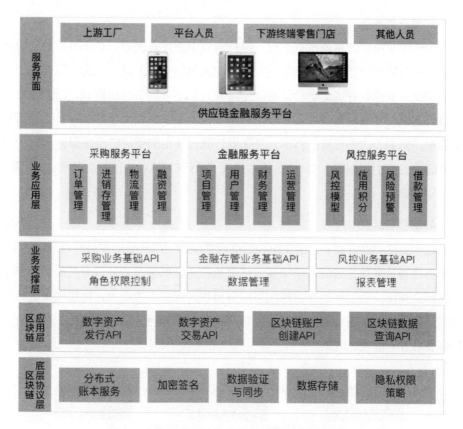

图 7-7　钱香金融区块链 + 供应链金融总体架构

总体来看，区块链在供应链金融有如下价值。

1. 多主体合作

区块链作为一种分布式账本，为各参与方提供了平等协作平台，降低了机构间信用协作的风险和成本。链上信息可追踪且不可篡改，多个机构之间可实时同步数据，实时对账。

2. 多层级信用传递

供应链往往有多层供应、销售关系，但在供应链金融中，核心企业的信用往往只能覆盖到直接与其有贸易往来的一级供应商和一级经销商，无法传递到与核心企业没有直接合作关系、更需要金融服务的上下游中小企业。区块链能够穿透打通各层之间的贸易、交易关系，构建扁平化点对点信用网络，实现核心企业向没有直接交易的远端企业的信用传递，将其纳入供应链金融服务范畴。

3. 资产数字化

传统贸易融资的商业承兑汇票、银行承兑汇票流转困难，且不可拆分，应收账款、预付账款、存货等更是如此。通过在区块链平台上登记，此类资产便可实现数字化，获得更好的流动性，而且还可通过数字资产份额化拆分，以便企业根据自身需求转让或抵押份额资产以获得现金流支持，从而大幅降低链上企业带息负债率。例如，广东有贝、腾讯、华夏银行联合推出的供应链金融服务平台——星贝云链，通过腾讯提供的区块链技术实现了资产的确权、切分、交易确认、记账、对账和清算。

4. 流程智能化

在传统供应链模式下，供应商与供应商之间约定结算只能在纸质合同中约定，没有办法通过系统化方式自动完成，结果造成金融机构在多环节参与的供应链中缺乏回款保障。通过智能合约控制供应链流程，减少人为干预，则能确保金融机构和借款人信用关系的强连接以及金融机构对借款人行为的实时监控。区块链供应链金融业务模式如图 7-8 所示，其主要优势见表 7-2。

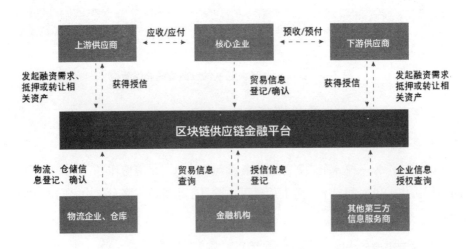

图 7-8　区块链供应链金融业务模式

表 7-2　区块链供应链金融的主要优势

序号	类别	传统供应链金融	应用区块链技术的供应链金融
1	融资审批时间	金融机构对供应链上中小企业的经营状况不掌握，融资审批时间长	金融机构实时穿透掌握借款人真实情况，利用信用流转等方式，大幅缩短融资审批时间

续表

序号	类别	传统供应链金融	应用区块链技术的供应链金融
2	融资成本	融资手续费高	高效审批，降低手续成本
3	工作效率	需借款人提供各类单证和资信材料，金融机构离线逐笔审核	全线上实时操作，自动简便
4	信息验证	人工验证，表单烦琐	区块链保存各层交易过程
5	交易透明化	交易信息不透明，容易产生信用风险	数据上链后无法篡改，真实性验证可追溯
6	风险	资产难确权，信用风险高	依靠和有效利用核心企业资信，风险降低

案例 / 点融网：P2P 网贷机构转型区块链供应链金融平台经济[①]

近年来，P2P 网贷遭遇寒冬，根源之一在于其缺乏场景化贷款，导致恶意贷款和老赖横行。点融网将供应链金融作为转型场景，2017 年与富士康旗下金融平台富金通合作推出企业级私有链——Chained Finance，将核心企业供应链上的供应商纳入借贷范围，供应商可以在平台随时融资、即刻交易、T+1 日到账。Chained Finance 系统的一体化服务免费，收益主要是贷款利息。点融网原来的 P2P 网贷运作模式并没有被颠覆性改变，只是实现了模式平移和技术升级。

Chained Finance 主要功能如下。

一是资产上链。将核心企业应付账款转化为区块链数字资产（TAP），并允许该 TAP 可以被拆分、流转、贴现，从而为持有者向金融机构融资提供了不可篡改的交易事实依据。

二是应付账款支付流转。当核心企业与直接供应商形成应付账款并将之写入区块链后，该账款在链上体现为数字资产，供应商可以任意分拆持有的数字资产以支付自己的供应商。数字资产从而成为核心企业供应链自由交易和流转的支付工具。

三是应付账款贴现。任何链上资产持有者如在该笔资产（应付账款）到期前有资金需求，可随时通过平台对接其他投资者，将链上资产套现。

在向区块链平台服务转型中，点融网宣称面向市场提供公有链商业服务（区块链企业级云服务平台、区块链应用开发、区块链专家咨询），并力图打造 P2P 网

[①] 刘辉. 深度解析点融区块链云服务 [EB/OL]. [2018-06-21]. http://www.sohu.com/a/237043253_575744.

贷+区块链生态体系。例如，云服务平台提供可视化区块链在线管理功能，结合管理用户私钥证书的点融区块链客户端，用户可以在平台创建管理联盟链、账本和智能合约。点融区块链云服务平台架构如图7-9所示。

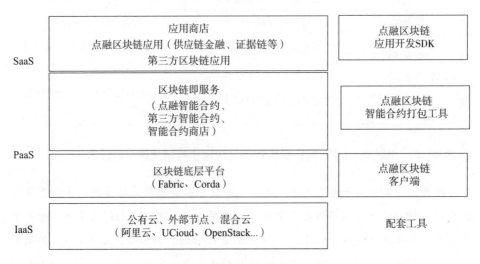

图 7-9　点融区块链云服务平台架构

注：①底层是IaaS层，提供组成区块链的硬件资源，支持公有云、外部节点、混合云；②在IaaS之上是PaaS层，在这层构建不同类型区块链（子链），支持Hyperledger Fabric区块链、Corda区块链开源版本。点融提供一些通用场景智能合约（如数字积分、证据链等），并鼓励第三方开发者贡献智能合约。用户可以在"智能合约商店"购买需要的合约；③在PaaS层之上是SaaS层，包含应用商店、点融为一些通用场景实现的区块链应用、第三方开发者贡献的区块链应用。

案例／易见区块：供应链管理公司打造许可区块链平台

易见供应链管理股份公司是一家供应链管理公司，携手IBM中国研究院联合发布了区块链供应链金融服务系统——易见区块。该系统是基于超级账本Fabric的许可区块链平台，核心企业首先在平台发起自身和供应商的融资需求，金融机构进行响应，在供应链上有关企业确认后，易见区块提供平台服务，金融机构为核心企业提供融资服务，通过这种方式逐步将供应链服务从线下向线上迁移，并积极推动金融机构进行线上投放信贷资金。

易见区块的主要特点有以下几个方面。

一是贸易刻画，平台采用区块链作为底层技术，真实记录贸易双方交易全流程且不可篡改。

二是交易可视，用户根据需求选择对外公开已刻画的贸易背景，使其允许的第三方对已发生交易可视。

三是银企直联，金融机构对已刻画的贸易背景竞价投放，融资款直达企业专户，应收账款直接回款至金融机构。

四是信用机器，通过按照时间轴刻画贸易背景（真实不可篡改），来建立无须第三方担保（去中介化）的自信任机制，以共信力代替公信力。

易见区块的服务有以下两种。

其一，供应链线上投放业务模式。真实刻画贸易双方交易背景，为金融机构贷前预审及贷后管理提供决策支持。该模式扩大了金融机构低风险资金投放，提升了供应商资金周转率，降低了融资成本，优化了核心企业采购环境。易见区块供应链线上投放业务模式如图7-10所示。

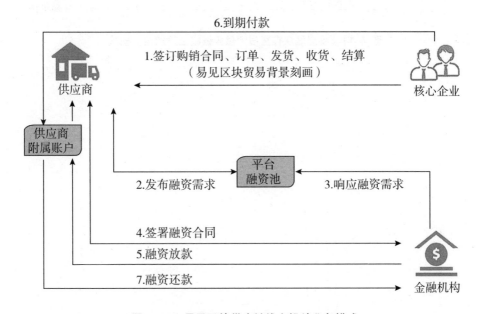

图7-10　易见区块供应链线上投放业务模式

其二，存货质押线上投放业务模式。真实刻画现货状态，利用物联网技术增强货物管控。该模式提升了核心企业存货周转率，降低了融资成本，为金融机构提供优质资产识别和资金投放过程的管控工具。易见区块存货质押供应链线上投放业务模式如图7-11所示。

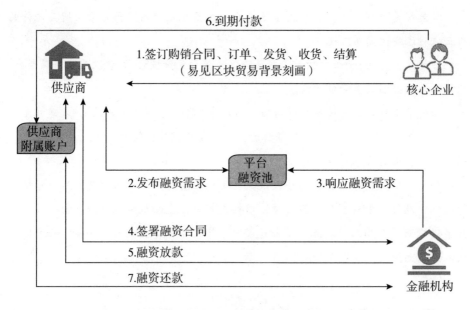

图 7-11　易见区块存货质押供应链线上投放业务模式

第 8 章

智能证券：大熊市背景下区块链激活和再造证券业

2018 年，资本市场哀鸿一片，上证指数全年下跌 24.59%，深证指数全年下跌 34.42%，创业板全年下跌 28.65%。从技术上说，一个国家股指跌了 20% 以上，就意味着资本市场步入熊市。不仅是中国，在全球经济不景气的背景下，发达国家的资本市场也普遍遭遇熊市。

长期以来，我国的资本市场尚未形成市场化定价和市场信用博弈体系，中短期投机和"羊群效应"显著，资金快进快出，中小投资者的权益难以得到保障，大量中小企业、创新型企业无法获得直接融资支持，上市公司治理机制不健全，功能监管、行为监管、专业监管不足。上述原因也是导致本轮熊市的关键因素。

另外，我国股民数量庞大，分布广泛，根据中国证券登记结算有限公司发布的数据显示，截至 2018 年 12 月 21 日，我国股民人数超过 1.46 亿。同时，证券市场也是互联网、信息化程度最深的行业之一，具备利用区块链技术改造证券行业的用户基础和技术条件。

传统证券市场体系的最大特点是有中心化第三方信用或信息中介机构（如证券交易所、银行、券商）的担保，帮助投资者完成证券交易和价值交换。区块链以其独有优势,有可能取代证券传统发行方式和交易模式,建立全新的区块链证券市场网络,完成认证、确权、发行、交易、追溯等工作,也有助于消除造假、违约等行为,实现实时穿透监管。两者的比较如图 8-1 所示。

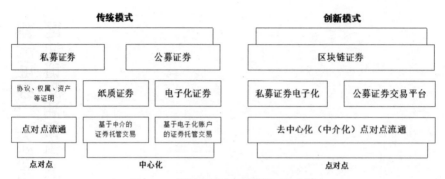

图 8-1 传统证券与区块链证券比较

例如,证券化代币(STO)就是在监管框架下,进行合法合规的证券型通证(Token)公开发行。证券型 Token 持有者享有传统证券性质权益(如股权、债权、收益权、投票权等)。

再如,区块链可提高企业 IPO(首次公开募股)透明度,降低信息不对称性风险。我国 IPO 采用核准制,一家券商往往同时兼任保荐人与承销人。保荐人的责任在于规范股票发行,保证信息真实性,而承销人则以获取股票买卖的佣金为目的,两种身份的交织为 IPO 上市欺诈创造了寻租空间。通过区块链将 IPO 相关信息透明化、公开化,就可使得投资者有迹可循,增加其造假成本。[①]

本书第 4 章对区块链赋能资产证券化作了论述。分布式账本能重新设计底层系统,给参与各方提供资产质量、交易信息等共同记录。分布式数据库能实时更新各参与机构资金交易信息,摒弃过去耗费多余资源的清算环节。对于中介机构而言,资产证券化产品尽职调查可信度和效率明显提升。对于投资者而言,所投资产透明度显著增强,二级市场交易的估值和定价也有据可依。对于监管机构而言,其穿透式审核和监管要求得以满足。

---

① 李思瑶. 基于证券投资领域的区块链应用分析 [J]. 经贸实践, 2017(22).

第1节 点对点流通：区块链重新设计和优化私募证券流通

在健全的证券（资本）募集制度下，设立股份公司、私募证券发行、公开发行股票、股权挂牌上市，是企业在不同发展阶段采取的不同融资方式。其中私募发行又称不公开发行或内部发行，是指面向少数特定投资人发行证券的方式。私募发行对象有两类，一类是个人投资者，如公司股东、员工；另一类是机构投资者，如金融机构、与发行人有密切业务关系的企事业单位等。相较于IPO，私募发行有确定的投资人，发行手续相对简单，可以节省发行时间和费用，不足之处是投资者数量有限，流通性较差。①

一、私募发行主体

1. 私募资金需求者

在私募市场，私募资金需求者是各类企业和金融机构。我国中小企业和部分高新技术企业由于信用、风险等原因在公募渠道融资难度大，因而很多企业选择私募融资。一些金融机构出于资本金扩张的需要也会选择私募融资，如一些银行、证券公司增资扩股都是选择私募形式。

2. 私募市场中介机构

私募市场相对于公募市场来说，没有正式的交易组织和具体的场所，业务大多经过券商、信托公司等中介机构完成。

3. 私募发行对象

私募发行对象是自然人、法人、其他组织等特定人。很多国家和地区对特定人的资格进行了限定。

我国对私募发行对象有严格限定，《中华人民共和国证券法》第十条规定：公开发行证券，必须符合法律、行政法规规定的条件，并依法报经国务院证券监督管理机构或者国务院授权的部门核准；未经依法核准，任何单位和个人不得公开发行证券。有下列情形之一的，为公开发行：（一）向不特定对象发行证券的；（二）向特定对象发行证券累计超过二百人的；（三）法律、行政法规规定的其他发行行为。非公开发行证券，不得采用广告、公开劝诱和变相公开方式。

---

① 中商产业研究院. 区块链在证券领域应用场情况分析[EB/OL].[2018-08-04].http://www.askci.com/news/chanye/20180804/1438321127778.shtml.

二、区块链技术提升私募证券流通效率效能

证券登记是证券发行人建立维护证券持有人名册的行为,具有确定或变更证券持有人及其权利的法律效力,是保障投资者合法权益的重要环节,也是规范证券发行和交易过户的关键。

过去未上市公司股权融资和转手交易缺乏中介机构(如交易所)对股权交易的注册登记,需要人工处理纸质股票凭证、期权发放和可换票据,需要律师亲自验证电子表格等,期间可能造成若干人为错误,又难以留下审计痕迹,同时由于股权变更、持有人信息等还不能完全通过权威、简洁的股权电子凭证方式记录,一次交易需要很长时间来回溯文件数据的有效性和真实性。

另外,在私募股权投资或交易中,由于企业股权信息不透明,每轮融资往往伴随对赌条款(如估值调整机制)等,而这些条款往往被严格保密,很容易导致信息不对称,滋生欺诈行为,而投资者并不完全掌握风险情况,难以做到合理估值定价。如果企业后续 IPO 上市,尽职调查和资料审核需要过往所有股权事务的历史记录,传统方式显然延长了审计机构查询、核验的时间,也可能会对 IPO 进度造成影响。未上市公司股权流通痛点如图 8-2 所示。

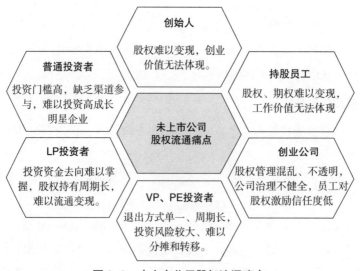

图 8-2 未上市公司股权流通痛点

信任是股权交易的基础。区块链让股权交易参与者在无须建立信任的前提下,建立统一分布式账本系统来开展股权发行、管理和交易。利用区块链账本安全透明、不可篡改、可追溯、可跟踪等特点,进行全流程电子化存证设计,记录完备信息(如

公司股东名册、股权私募、股权众筹、员工持股等多种股权关系，公司股权及变更历史），并把参与者前后所有操作加盖时间戳同步到分布式账本，形成动态完整的操作过程存证，使股权登记证明更可信。

区块链赋能私募证券登记管理，减少对第三方公信机构的依赖，由发行人和投资人 P2P 直接交易、记账，共同维护一套分布式账本系统，确保关键信息公开、透明，从而可提升交易的真实性，减少信息不对称带来的交易争议。证券（股权）所有者凭借私钥可证明对该股权的所有权，股权转让是通过区块链系统转让给其他投资人，产权明晰、记录明确，整个过程无须第三方中介机构参与。

另外，基于智能合约编译对赌条款，可以促进对赌条款顺利进行。在区块链系统，当私募发行人（如初创企业）满足融资附加条件，智能合约自动将投资者账户中的追加投资额划入私募发行人账户。如果私募发行人未能满足融资附加条件，智能合约会自动将私募发行人的违约补偿（如追加股份）转让给投资者。

以纳斯达克 Linq 区块链私募证券交易平台为例，该交易平台为发行人提供了估值管理仪表盘、权益变化时间轴图、投资者股权证明等功能。出售私有股权的初创公司可以在系统上查看股份证书向投资者的发放、证书的有效性，以及资产编号、每股价格等信息，还可以互动模式搜寻证书、查看最近证书，查看哪些投资者持有企业股份及数量等。使用区块链技术，可以提高交易结算的效率和透明度，实现私募股权交易后立即结算，提升一级市场活跃度和流动性。

再如，SHAREX 是一家股权登记及转让交易联盟链平台，将创业公司、持股员工、股权投资人、上市公司等参与方上链，通过降低投资门槛、提供可信股权资源库和交易所环境，提升股权流通效率。SHAREX 区块链股权登记及转让交易平台运作机制如图 8-3 所示。

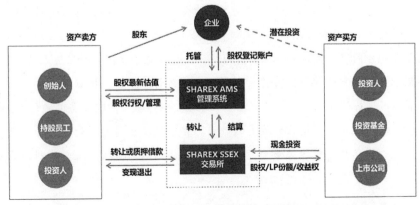

图 8-3　SHAREX 区块链股权登记及转让交易平台运作机制

需要注意的是，私募发行应用区块链技术需要监管部门、法律机构对证券所有权电子凭证进行许可和认可。现阶段可以采取多中心化方式推动监管机构及审计、法律、会计、公证等第三方中介机构上链，进行实时监管和穿透监管。例如，美国北方信托银行和IBM通过使用超级账本（Hyperledger）的Fabric代码库，共同开发了私募股权区块链平台，为监管节点（监管机构）提供了用户账本数据广泛访问权。

案例 / 中证私募基金电子签约系统：利用区块链技术保护数据[①]

近年来，监管部门将推动私募基金行业电子签约方式列为重点工作。中证私募基金电子签约平台是中证机构间报价系统股份有限公司建设运营的电子合同签约及管理平台，用可靠的电子合同替代传统纸质合同，用可靠的电子签名替代传统手写签章，满足私募基金全生命周期签约需求，通过提供适当性管理、在线录音录像、电子合同在线签署及管理等全流程功能支持，以适配多方签约场景，便利私募基金合同备案。

中证私募基金电子签约平台依照金融级安全架构规范，采用中国金融认证中心（CFCA）权威证书，通过RSA/国密等高安全性算法，利用区块链加密留痕技术，保护数据的完整性和真实性，以防止"阴阳合同""萝卜章"等乱象，确保电子签约的法律效力，降低合同管理成本，提高合同签约效率。

关于治理私募基金合同乱象的问题，中国证券投资基金业协会等监管部门不断加大力度治理，如要求上传"双录"（录音、录像）视频，即私募工作人员读一份双录的风险知情给投资者听，投资者根据情况回答，直至投资者签风险揭示书和合同内容，从而把整个过程录制下来，上传协会，以保护投资者权益。

不过，由于投资者需要签署的合同太多，很可能并不清楚其中是否夹杂"抽屉"合同，私募基金工作人员可能私下向投资者保证一定收益率，这种情况难以通过传统方式监管。《中华人民共和国民事诉讼法》和《中华人民共和国合同法》都规定电子签约合同可以作为电子证据使用，因此使用电子合同，并在链上留有痕迹，与扫描上传的纸质合同相比，监管部门更容易统计、分析、提取关键数据和对合同签署情况进行调查取证，一旦出现私募基金公司违规，能较容易追溯和查出。

对各参与方而言，该系统最大的吸引力在于提高合同签约效率。传统纸质合同多方流转签约需要耗费若干天，电子合同签约则不需要投资人亲自到私募基金

[①] 何思. 私募基金产品进入电子签约时代[N]. 国际金融报, 2018-8-20.

公司签约，只要参加几十分钟视频会议就可以投资决策，节省了投资人和私募基金公司的时间。私募基金公司不用再把 100 多页纸质合同扫描上传，签完电子合同即可上传。

另外，节省成本也比较显著。传统纸质合同按规定要保留 20 年，私募基金公司需准备特定房间留存这些纸质资料，而电子合同存储空间大大减小。同时，私募基金公司不用再支付零碎庞杂的印刷、多方流转等费用，累积下来节省的成本也很可观。

第 2 节　效率 + 智能：区块链为公募证券提供清算结算新方案

公募证券是指上市公司通过中介机构（资本市场）面向社会不特定多数投资者公开发行证券。公募证券涉及众多投资者，要比私募证券受到更多限制，具备更高条件，例如，必须向主管部门（如中国证券监督管理委员会）提交证券发行注册申报书，公开内部财务信息和有关资料，接受评级机构资信评定和社会监督等。

公募证券的优点是：能提高上市公司知名度，扩大社会影响，分散债务；能通过众多投资者的市场选择，达到上市公司对社会资金的合理流动和合理配置，降低融资成本；易于进入证券流通市场（如沪深两市）买卖转让，具有较高流动性。

传统证券登记结算系统是典型的中心化系统，提供证券发行、证券清算、证券过户、资金清算、资金交收等服务，核心是以证券为单位的持有人名册、以账户为单位的证券持有和资金，需要确保准确性和安全性。由于每只证券涉及多个账户，每个账户也涉及多只证券，但资金又统一归集使用，证券参与方在清结算环节存在多方对账的效率问题。

而区块链分布式账本技术提供了新的解决方案，有利于更好地发挥资本市场价格和价值发现、融资、资源配置三大基础功能，提升上市公司治理水平，成为证券交易所提升竞争力的关键点。

其一，降低货银对付[①]违约风险。证券交割和资金交收被包含在一个不可分割

[①] 货银对付（Delivery Versus Payment，DVP）：将证券交收和资金交收联系起来的机制，通俗地说就是"一手交钱，一手交货"，是全球证券结算系统普遍采用的重要原则。在此机制下，一旦结算参与人发生资金或证券交收违约，证券登记结算机构可以暂不向违约参与人交付其买入的证券或应收的资金，从而防范本金损失风险。在股票等主要交易品种的交收上，证券在交易日（T 日）日终完成交收，而资金则在 T+1 日日终完成交收，尚未完全实现货银对付。虽然登记结算机构实行了结算备付金制度，一定程度上减少了结算参与人资金交收违约的可能，但从根本上看，证券登记结算机构仍面临本金风险。

的操作指令中,交易同时成功或同时失败,以此实现货银对付并降低因一方违约另一方受损的风险。

其二,分布式账本保障系统安全。证券结算不再完全依赖登记结算机构,每个结算参与人都有一份完整的账本,任何交易都可在短时间内广播和传送全网,分布式账本可保证系统数据的安全性,降低登记结算机构网络安全风险。

其三,减少中介过多参与,简化结算流程,实现"交易即结算"。传统证券冗长的结算流程导致更久的资金占用和更多的风险敞口,基于区块链的分布式登记结算系统可提高结算效率。例如,美国跨境电商公司 Overstock 在区块链平台发行股票 12 万多股,募集资金 190 万美元。该公司在区块链平台交易股票的优势是实时结算,而选择传统交易所的投资者则需要等待三天才能将股票卖出变现。

最后,智能合约将传统证券转变为智能资产,实现了股票分红派息、股东投票、股票禁售限制等操作的程序化、在线化,提高股东履责效率。

案例 / 纳斯达克证券交易所:试验区块链股东投票系统保障股东利益

股东大会是公司治理的重要一环,参加股东大会并进行投票是股东行使权利的重要手段。但在一些上市公司股东大会的投票中,广大小股东的表决权得不到有效保护,投票的效率、参与度、公正性、透明性得不到保证。

纳斯达克证券交易所宣称使用区块链来管理上市公司代理投票系统,在不可更变的总账系统上,所有股东可以用手机参与上市公司重大决策的投票,而无须出席会议,投票被完整且不可篡改地记录在区块链上。

传统股东代理投票机制由一套繁杂程序构成,资产管理人向代理投票经纪人发出投票指令,指令随后被传递给投票分配者,再由投票分配者将指令传递给托管人和子托管人。托管人请求公证人对投票指令公证,然后向登记方申请并完成登记,最后投票信息被汇总到上市公司董事会专门机构,传统上市公司多方参与的股东投票流程如图 8-4 所示。这是一个复杂且非标准化流程,投票信息存在被不正确传递或丢失的风险。此外,由于托管人和子托管人使用不同的传输系统和字符识别系统,可能导致难以对投票进行追溯和确认。

纳斯达克证券交易所开发了应用区块链的投票软件,资产管理人只需下载投票软件,提交身份信息并完成注册,即可直接提交投票。投票结果一旦被成功提交至分布式投票登记系统,记录在分布式账本上,将不能被撤销。同时由于区块链数据的同步性,资产管理人可以很快查询到投票结果,基于区块链的上市公司股东投票模型如图8-5所示。这一投票流程较传统模式可节省大量时间、资金成本，且更安全、透明、高效、便捷。

图 8-4　传统上市公司多方参与的股东投票流程

图 8-5　基于区块链的上市公司股东投票模型

案例／境内外证券交易所：试水区块链改善底层信息化基础设施[①]

1. 纳斯达克证券交易所

2015年10月，纳斯达克证券交易所推出基于区块链技术的私募股权交易平台——Linq，主要提供Pre-IPO股票的发行服务。

2015年11月，纳斯达克证券交易所在爱沙尼亚试点运用区块链技术进行委托代理投票权管理。

2016年5月，纳斯达克证券交易所推出联盟链（Nasdaq Financial Framework），向全球100家多家资本市场运营者提供区块链服务，允许交易所、经纪商、清算机构、托管机构在统一联盟链平台与纳斯达克进行协作。

2017年，纳斯达克证券交易所创建基于区块链技术的股东投票系统，链上所有成员都可以通过网络前端获得上市公司会议或投票活动的必要信息，提高年度会议和股东投票流程效率，解决传统投票模式数据量庞杂和安全的问题。

2017年8月，纳斯达克证券交易所与瑞士交易所合作开发基于分布式账本技术的场外交易（OTC）产品。

2018年6月，纳斯达克证券交易所成功测试基于区块链的全天候证券抵押解决方案，旨在解决中央交易对手（CCPs）在证券交易所交易时间结束后进行保证

---

① 刘斌. 全球前十大证券交易所在区块链领域的探索和布局 [EB/OL]. [2018-11-13]. https://cloud.tencent.com/developer/article/1371994.

金追踪所面临的挑战。

中央交易对手是介于买卖双方中间的独立法律主体，一旦买卖双方达成交易，交易信息将由中央交易对手登记注册和集中清算，买卖双方的原始合约将由交易方与中央交易对手分别签订的两份新合同所替代。目前，衍生品清算和结算存在两套平行体系，即双边清算体系和中央交易对手体系。通常大部分场外衍生品交易采用双边清算体系，而大部分在交易所买卖的衍生品和部分场外衍生品的清算则通过中央交易对手系统。

2018年7月，纳斯达克证券交易所与印度国家证券交易所（NSE）就引入纳斯达克证券交易所的区块链清算和结算技术签署协议。

2. 伦敦证券交易所

2015年11月，伦敦证券交易所、伦敦清算所、法国兴业银行、芝加哥商品交易所、瑞银集团、欧洲清算中心联合成立分布式总账工作组，探索将区块链技术用于证券交易后的清算、结算等流程。

2017年7月，隶属于伦敦证券交易所集团的意大利证券交易所和IBM宣布正在合作构建区块链解决方案，通过创建包含所有股东交易记录的分布式共享注册表，来简化对股权信息的跟踪和管理。

2018年7月，伦敦证券交易所测试用于发行证券类代币的去中心化平台，入驻英国金融监管局监管沙盒。该平台可以让公司更高效、更简化地发行证券募集资金。

3. 东京证券交易所

2015年，东京证券交易所母公司日本交易所集团成立分布式账本技术研究工作组。

2016年12月，日本交易所集团发起设立区块链实验金融机构联盟，成员包括东京证券交易所、大阪证券交易所、日本证券结算公司等，并与IBM合作进行超级账本技术支持的开源分布式分类平台测试。到2017年9月，有33家金融机构参与论证和共享信息。

4. 上海证券交易所

2017年3月，上海证券交易所发布公告，联合杭州趣链科技公司共同研发高性能联盟区块链技术，并在去中心化主板进行证券竞价试验和验证。

2017年8月，上海证券交易所发行首单运用区块链技术的交易所资产证券化产品，即"百度－长安新生－天风2017年第一期资产支持专项计划"。

2018 年 7 月，上海证券交易所发布《区块链技术在证券领域的应用与监管研究》报告，提出区块链技术在证券发行和交易、清算和结算，以及客户管理方面都有适用的可能性，并且在降低成本、提高效率方面具有显著优势。

2018 年 8 月，上海证券交易所和中国保险资产管理协会、长江养老保险公司、东京海洋阳光保险公司等机构合作，推动"通过区块链技术创造高效率、低成本和更安全的保险业"。

需要关注的是，沪深交易所核心交易系统均采用了分布式系统架构，多主机并行撮合，利用内存数据库，通过优先队列原理进行交易匹配。目前，上海证券交易所采用基于 OpenVMS 和惠普安腾的小型机分布式架构，业务处理能力为 10 万笔/秒；深圳证券交易所采用基于 Linux 和 X86 服务器的交易系统，业务处理能力为 30 万笔/秒。

5. 深圳证券交易所

2017 年 11 月，深圳证券交易所区块链研究和四板技术支持联合工作组发布《区域性股权市场信息披露业务系统建设白皮书》，并联合中关村股权交易服务集团等 5 家股权交易中心共同发布区域性股权市场中介机构征信链，利用区块链技术分布式可信共享的特性，在股权交易中心之间共享中介机构的执业信息，制定了中介机构征信的数据结构和权限隔离标准。

2018 年 5 月，深圳证券交易所、微众银行、深圳证券通信有限公司、深圳市互联网金融协会、深圳市标准技术研究院、深圳前海联易融金融服务公司联合起草《金融行业区块链平台技术规范（征求意见稿）》。2018 年 10 月，深圳市金融办发布征求意见稿，提出了金融行业区块链技术平台的功能组件、分层框架及技术规范。

2018 年 8 月，深圳证券交易所发布公告，联合杭州趣链科技公司共同开展区块链应用安全管理与技术研究，解决区块链技术在证券期货行业应用面临的数据安全、隐私保护、智能合约等技术难点。在证券发行、证券交易和资金结算等方面，深圳证券交易所将打造区块链应用平台。

6. 香港证券交易所

2017 年 8 月，香港证券交易所宣布将推出名为 HKEX Private Market 的共享服务平台，使用区块链技术为早期创业公司及其投资者提供股票登记、转让和信息披露服务。

2018 年 3 月，香港证券交易所负责人提到，正借鉴澳大利亚交易所经验，将开发区块链平台以低于传统方式的成本来进行股票交易和结算。

2018年10月，香港证券交易所首席中国经济学家办公室和创新实验室发布研究报告《金融科技的运用和监管框架》，描述了区块链应用于证券交易结算流程的主要优势。

7. 多伦多证券交易所

2017年7月，多伦多证券交易所运营商TMX集团宣布开发基于区块链的股东电子投票原型，埃森哲提供相关咨询服务。

2018年5月，加拿大银行、多伦多证券交易所运营商TMX集团、非营利组织Payments Canada合作开展测试，将最初用于比特币等加密数字货币的区块链底层技术部署在实时证券结算，实现现金和资产"标记化"，以用于支付网络实时交易。

8. 德意志证券交易所

2016年11月，德国央行联合德意志证券交易所共同开发的区块链原型产品，以超级账本代码为基础，可用于转移电子证券和加密数字货币，并具有债券支付和到期证券的赎回功能。

2018年3月，德意志证券交易所宣布研发用于证券借贷的证券结算系统，计划投资2.7亿欧元用于区块链相关领域的开发。

第 9 章

智能保险：区块链赋能保险创新"最后一公里"

移动互联背景下超大规模、超多渠道、超高并发、超多金融业务融汇交叉的处理需求，对保险业的科技能力带来巨大挑战，传统保险业无法通过简单的系统升级满足现实需求，亟需系统性思维的变革和创新。以众安保险为例，作为新型互联网保险公司，2017年"双十一"众安保险的保单处理速度达到3.2万笔/秒，相当于"10毫秒响应，1秒内反馈"，并能做到无保单丢失，当日完成对账，这都是传统保险公司运营模式所无法企及的。

区块链与保险具有广泛协作的基础，源于二者均有显著的涉众性和社会性。保险作为社会化互助制度安排，核心是处理个体与集体之间的关系，即解决"一人为大家，大家为一人"的再分配关系。区块链的最大亮点在于能够更加公平、透明、高效地处理个体与集体的关系。

现代保险是建立在信用基础上的，但传统的信用建立维护成本较高，同时保险业还存在消费陷阱多、行业透明度低、险金支付手续烦琐、理赔慢等问题。区块链为保险业信用重构提供了技术路径，一是对传统保险的再造，即针对传统保险的难点和痛点（如隐私保护、信息安全等），提出基于区块链的全新解决方案；二是利用区块链技术，开展保险业务业态创新（如相互保险）。近年来保险业区块链应用情况见表 9-1。

表 9-1　近年来保险业区块链应用情况

序号	公司名称	公司类型	区块链应用
1	中国人寿	国有金融保险集团	与蚂蚁金服公益保险平台合作应用区块链技术
2	中国人保	综合性保险集团	基于区块链技术的养殖保险服务平台
3	阳光保险	综合性保险集团	"阳光贝"积分
4	平安集团	综合性金融集团	平安 BaaS 平台
5	泰康保险	股份制保险集团	积分管理平台
6	安华农业保险	综合性保险公司	航空延误险
7	宜信	互联网金融公司	基于以太坊的保险私有链 Blockworm
8	众安保险	互联网保险公司	基于人工智能、区块链的生态云服务平台 OUR PRODUCTS（安链云） 公益保障平台"相互邦"
9	易安保险	互联网保险公司	成立区块链实验室
10	信美人寿	相互人寿保险公司	应用蚂蚁金服区块链技术
11	上海保交所	保险交易所	区块链保险业务平台"保交链"

第 1 节　从营销驱动到技术驱动：区块链改造传统保险业务环节和产品服务

一、金融科技重塑保险业[①]

近年来，保险科技借助区块链、大数据、人工智能等金融科技介入保险核心业务流程，从产品设计到售前（咨询、推荐、关怀），到承保（认证、核保、定价），再到理赔（反欺诈、核损、赔付）以及售后服务（客服、日常分析、CRM），优化保险服务链，保险业五大环节（产品设计、定价承保、分销渠道、理赔服务以及技术系统）都发生了显著变化。

---

① 冯键. 区块链的颠覆性价值将重塑保险新业态 [J]. 清华金融评论, 2017(12).

值得关注的是，保险传统业态主要由投保人、保险经纪（直保、再保）、保险公司、再保公司构成，核保、核损、产品定价、风险管理是保险公司的核心能力。然而，随着保险公司数字化转型发展，保险公司传统核心能力正在逐步外化，保险公司将进一步加大与越来越多的非保险机构（如数据公司、研究机构、创新技术公司、提供保险产品解决方案公司、物联网公司）的业务交互、服务交互、数据交互。

例如，核保通过大数据公司、人工智能公司、再保服务化平台完成，定损通过照片人工智能识别，政府背景的第三方机构出具损失评估报告。云保险、网络安全保险等创新保险产品，这些被保标的物的损失评估已超出传统保险公司的能力，保险产品定价需要大数据分析实现个性化，需要保险公司与第三方数据公司、技术创新公司合作完成。金融科技赋能保险关键业务环节如图9-1所示。

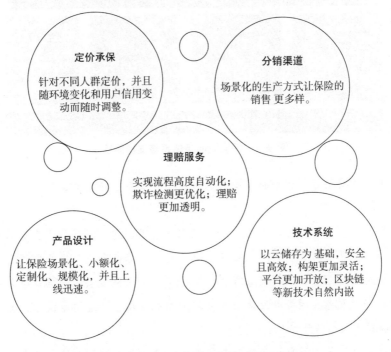

图9-1　金融科技赋能保险关键业务环节

案例 / 保交链：保险交易、结算、反欺诈、监管的区块链底层技术平台

2017年9月，上海保险交易所上线区块链底层技术平台"保交链"（公有链），该平台可以被运用在保险交易、结算、反欺诈、监管等方面，支持每秒5万笔的

数字保单存证数据上链和高并发处理。

保交链有四大服务体系,其身份认证服务体系可实现用户身份证书认证、审核、颁发、管理等功能;其共识服务体系可确保分布式数据的一致性;其智能合约服务体系可实现智能合约安装、签约、管理、升级等功能;其平台服务体系可实现动态组网、同一底层平台下多条区块链配置管理和访问策略管理等功能。保交链服务体系与支持体系如图9-2所示。

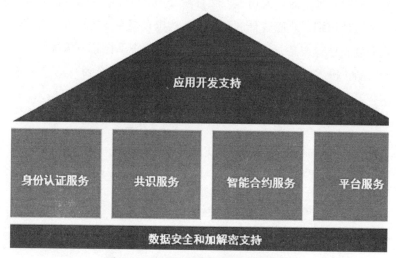

图9-2 保交链服务体系与支持体系

同时,保交链也提供数据安全和加解密支持体系、应用支持体系和数据交换支持体系。

保交链装载支持国密算法的Golang算法包,节点可以按照链上企业需求实现本地部署和云平台托管部署,缩短企业部署周期,降低企业二次开发成本,支持符合国际标准的密码算法提升兼容性和安全性。保交链提供统一接口服务及功能分离的标准开发包,满足开发者应用开发、系统管理、系统运维需求,支撑业务场景的敏捷开发、快速迭代。

值得关注的是,保交链多链底层架构均衡考虑了系统的性能、安全、可靠性及扩展性,引入"通道"概念,以实现不同业务数据的隔离及访问权限控制,并提供多个智能合约模板,可支持一次底层部署多链运行。保交链多链底层框架如图9-3所示。

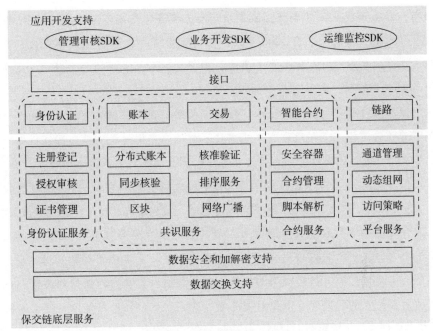

图 9-3　保交链多链底层框架

二、区块链对保险业务环节改造优化

1. 客户管理

保险公司过去以保单为基础进行产品销售管理，但是客户分布和客户信息分散，区块链应用则可整合多渠道的分散用户信息，实现用户账户、账本统一管理，有助于数据共享，提高业务效率。

例如，用户购买保险按照传统方式需要填写较多内容，手续流程多。如果用户把资料记录到区块链，信息就会永久保存，那么当他投保时，相关的信息便可以从链上直接导入。区块链信息不可篡改的特性，确保了用户信息的真实性，减少了用户和保险公司的重复工作。

另外，区块链还可被应用于直保与再保公司的业务交互，如账务处理应用区块链可改变现有数据文件主要以邮件交互的模式，将人工录入、人工对账转变为直通处理、自动对账，优化人力投入与资金沉淀成本。

案例　人保 V 盟：探索应用区块链技术的营销管理平台

保险业传统金字塔营销管理模式需要层层分拨，在面对广泛客群和分散化市场分布，容易出现业务效率低、服务质量参差不齐、信息不集中和失真等问题。保险营销人员（经纪人）有1000多万，年消耗营销成本大约7000多亿元，人均营销成本达到7万元，人均保费（业绩）20万元，意味着平均每名经纪人需要承担30%的营销费用，成本高昂。

中国人保财险利用区块链技术，打造"人保V盟"营销管理体系，改变传统金字塔营销管理模式，利用分布式账本技术打造扁平化模式，结合智能投保顾问和智能合约技术，强化以营销人员为业务中心，大幅提高了产品运作效率。

人保V盟按照营销人员和客户两个维度构建数字资产体系，统筹管理营销人员的身份、业绩、考核、激励，客户的基本资料、投保情况、赔付情况、增值服务。

人保V盟将传统的保险代理机制转变为基于互联网和社群的全网整合营销，将保险公司与经纪人的代理支付关系改变为区块链技术实现的平等互利关系，重构保险公司与经纪人、保险公司与客户、保险经纪人与客户的强信任关系。保险公司将对经纪人的传统现金激励转变为数字资产机制，经纪人可以在链上实时查询、交易、转让、兑换商品和提现，从而使激励方式更灵活，扩大了激励应用场景。人保V盟数字资产平台业务逻辑如图9-4所示。

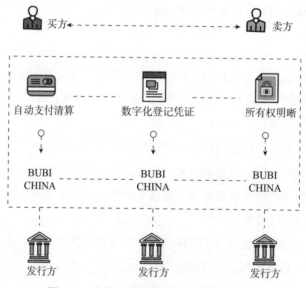

图9-4 人保V盟数字资产平台业务逻辑

2. 数据高效管理

其一，数据安全。利用区块链不可篡改等特点，智能合约、自动交易等手段，以及带有加密算法匿名的保护，对数据安全性特别是个人信息提供保障，（个人信息滥用是保险业的痛点），并实现自动理赔，可简化数据收集与保费支付操作环节，提高承保流程透明度，更好地监控风险敞口与理赔流程。

其二，数据可得。传统保险"道德风险"与"逆向选择"问题导致保险公司建立庞大的核保部门或者依靠第三方机构获取投保人关键数据。利用区块链可以对个人身份信息、健康医疗记录、资产信息、各项交易记录等关键数据交叉验证。

其三，数据连续。过去消费者行为数据由承保保险公司所有，行业间数据不共享。利用区块链存储用户数据，客户信息可以独立于承保人储存，保险公司需要授权获得，完整的用户行为记录能够提升保险公司的风险评估、核保核赔效能。例如，区块链技术公司 DNA Bits 利用区块链技术保存、标记、跟踪、分析、加密用户健康数据，通过授权保险公司方可查验用户数据，很好地保护了用户的个人隐私不被泄露。

3. 智能合约提高理赔效率

目前，保险公司的理赔工作大量由人工处理，不但效率低，主观性强，容易出错，还需要集中校验，导致用户体验差，消费者投诉高企。利用智能合约实现基于事件、数据触发的自动赔付，可减少或者消除人工干预，提升理赔效率，实现理赔资金及时到账，更好地服务投保人，体现保险"雪中送炭"的核心价值。

以基于单一或多因子的指数类巨灾保险、农业保险为例，保险公司可依据指数自动判定理赔与否，实时将理赔金打到投保人指定账号。

再如，从上海保监局开展的基于行业再保险的区块链项目实验看，传统再保险是"金字塔模式"，需要层层分保，逐层递进，由于交易层级和次数较多，势必会带来较高交易成本和信用风险的管理问题。利用区块链对再保险再造，将"金字塔模式"压缩为"扁平化模式"，可以简化交易结构，提高效率，降低成本。

4. 反欺诈

保险公司主要与第三方数据公司合作开展反欺诈，数据公司主要通过以往的理赔案件推测和识别欺诈，由于机构不同，无法分享敏感信息，准确率并不理想。基于区块链的反欺诈系统可以从分享欺诈理赔案件信息入手，让保险公司共同建立一个分布式账本，共同识别和判断欺诈行为，逐渐将理赔处理转移到链上。

相比传统模式，区块链赋能反欺诈有三个优势：一是避免重复记录，让事件和理赔一一对应，可防止重复理赔；二是建立所有权机制，将保险标的数字化，可防止伪造标的欺诈；三是减少违法分销行为，非授权保险经纪人如果违规将产品销售给客户或者私吞保费，客户保单将不会被登记上链，由此可直接查验出欺诈行为和造假者。

例如，区块链技术公司Everledger为买家、卖家和保险公司提供记录钻石所有权的分布式账单。该公司利用区块链技术为所有被记录的钻石打上电子身份证，记录钻石序列号、钻石净度、切工等工艺。如果某个钻石经销商伪造盗窃事故骗取保费，保险公司可以先行支付理赔，而一旦经销商获得理赔后将该钻石重新放入流通市场，保险公司便会自动查验比对得知。

5. 降低行政费用

区块链能自动验证投保人身份和合同有效性，通过第三方机构提供用于审计注册的索赔数据，通过基础支付设施或智能合约完成保费支付和赔付，可省去多个中间渠道以及随之产生的多余费用。

> **案例** / 中国人保、众安保险：利用区块链解决农业保险痛点[①]

长期以来，农业保险都是保险市场的短板，灾害天气或者瘟疫都可能让家禽牲畜遭受毁灭性打击，导致农户返贫。由于信息不对称，保险公司难以掌握投保家禽牲畜的具体信息，对于投保了哪头猪、哪只鸡，根本无从知晓。因此甚至出现了骗保利益链，村里某个养殖户购买保险后，全村只要有人家里死了家禽牲畜，就会联合投保户索赔，投保户居中抽成。

区块链的"时间戳"功能能够确保时间唯一性，配合分布式、全网共识机制和生物识别技术，将真实投保对象"刚性绑定"，使投保户难以篡改和抵赖，从而构筑公开、公平、公正的农业保险市场环境。

中国人保财险公司开展了养牛保险区块链项目，通过生物识别技术提取每头牛独一无二的识别信息，加密并分别储存在农户、保险公司、银行、检验检疫部门等有关参与方。各方能够基于同一个分布式账本动态掌握相同的投保对象（肉牛）的实时情况，构建养殖溯源体系，真实记录投保对象（肉牛）的识别信息，以及进口、饲养、防疫、养殖、产仔、屠宰、物流等养殖和食品供应等全流程信息，从而实现了肉牛及其肉制品全生命周期的身份验证、连续记录、信息溯源和实时

[①] 王淑娟.区块链技术直击农业保险痛点[N].经济参考报,2017-9-22.

监控。

众安保险旗下的众安科技推出区块链鸡项目，全程记录从鸡苗入栏、养殖、屠宰、运输、到用户餐桌全过程的信息。利用区块链不可篡改、防伪溯源等特点，保障这些数据一经录入便不可修改。项目团队为每只鸡佩戴物联网身份证——鸡牌，一鸡一牌，拆卸即销毁。鸡牌被用于自动收集鸡的位置、运动数据、身体状态等信息，并将信息实时上传到区块链，众安保险据此为"区块链鸡"提供农业保险、健康险、信息服务保险等精准服务。

针对防控记账方篡改数据问题，众安保险防伪溯源联盟链一是利用物联网设备（如鸡牌）上传数据，减少人工参与；二是将收购商作为记账方，收购商扫描鸡牌上二维码进入区块链浏览器查验，只对数据合格者收购，并将查验数据记账，形成与养殖户利益相制约机制；三是对各方数据交叉验证，一旦发现造假，联盟链核心企业及链上利益相关方即终止与之合作。众安科技"区块链鸡"运作机制如图9-5所示。

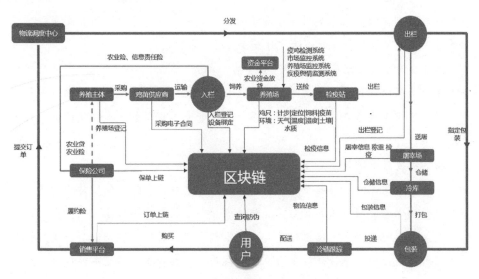

图9-5 众安科技"区块链鸡"运作机制

三、区块链改造提升传统保险产品

1. 区块链赋能财产保险

财产保险（Property Insurance）是指投保人根据合同约定，向保险人交付保费，保险人按保险合同约定对所承保财产及其有关利益因自然灾害或意外事故造成的损失承担赔偿责任的保险。据和讯网报道，2018年我国88家财产保险公司共实现保费收入近1.2万亿元，同比增长11.5%。

房屋和汽车是财产险主要承保对象，其关键在于如何收集必要数据来评估和处理理赔案件。目前数据收集流程多由人工完成，并要协调不同数据源和客户，全流程出错环节多。区块链可以让保险公司将客户实体资产数字化确权上链，智能合约执行的共享分类账本和保险单将理赔条件代码化，实现自动化理赔，同时全流程都被记录在区块链，形成分布式理赔审查总账本。

以德国安联保险基于超级账本（Hyperledger Fabric）的保险产品为例，在区块链记录投保、续保、保费支付、理赔流程等信息能取代大量邮件交流，提升不同部门和公司之间的交流效率。

案例／车险：利用区块链提高理赔效能

在传统车险体系，某个人遭遇车辆事故，如果对方司机负全责，该人士要拿到理赔款，需要经历自己垫付维修费用、提交理赔申请、等待保险公司审查、理赔等过程，过程耗时长、效率低、纠纷多、用户体验差。

保险公司车险查勘员权力较大，很多客户都会听其推荐去哪个修理厂（理赔），查勘员可能和修理厂勾结欺骗车主、保险公司，把维修价格抬高，提供汽车零件残次品，不少车主对汽车知识了解不多，容易受到查勘员摆布，即使投诉也往往无济于事。

将区块链应用到车险理赔，将在很大程度上解决上述问题。

其一，区块链简化核赔手续，提高赔付效率。在一些汽车保险诈骗案中，汽车驾驶员向保险公司提出各种不实和非法索赔。依托区块链和车联网技术，在车辆上安装传感记录设备，保证信息真实、准确和不可篡改。在出险时，实时将车辆事故数据提交给"事故认证平台"区块链系统，核验满足特定条件后自动触发理赔付款。

其二，车辆定损维修反欺诈。修理厂按流程要求将车辆定损的文字、视频等信息（车体受损部位及该车周边环境）上传至区块链，将定损环节置于保险公司、用户的实时共同监督下。由于区块链具有不可篡改的特性，修理厂虚假扩大的车损信息一旦上链，即成为骗保证据，从而可大大提高其骗保代价，以及保险公司和出险用户查勘举证的效率。

其三，配件反欺诈。配件厂将认证配件防伪信息上传到区块链，修理厂将使用的配件防伪信息上链。保险公司可上链调取，出险用户可上链查询，如发现配件信息异常（无法溯源或重复使用），利益受损方即可举证追责。传统车险和区块链智能合约流程比较如图9-6所示。

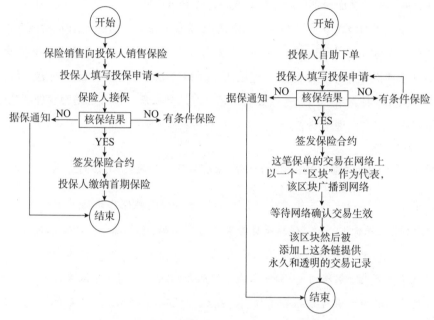

图9-6　传统车险和区块链智能合约流程比较

2. 区块链赋能健康险

健康险的核心痛点在于：用户可能会向不同保险公司投保健康险，保险公司需要根据用户过往病历、病史等数据进行评估，以确定是否符合投保要求或者理赔条件，但是用户医疗健康数据分散在医院、保健机构、保险公司、医保机构等不同系统，共享和协调用户的敏感医疗健康数据困难重重。过去保险公司为获取用户数据要么与医院系统对接，要么人工查询用户提供的相关数据，要么向第三方机构购买用户数据，往往难以确保数据的完整性和真实性。

美国国家卫生信息技术协调办公室在发表的区块链技术白皮书中提到，"区块链能解决电子健康记录和资源的隐私、安全和拓展性问题"。区块链技术可在保证用户（病人）隐私不被侵犯的前提下，为医疗保健机构、保险公司提供广覆盖、可同步、可查询的医疗健康数据库。用户按照权限掌控自己的医疗健康数据，通过私钥授权保险公司查阅自己的医疗健康账本，投保人、承保人以此为依据完成投保、核保和理赔。

例如，宁波市保险行业协会和民生保险旗下的民生健康公司合作完成分布式数据交换项目，以健康险核保作为业务场景，在保护客户隐私的前提下，通过哈希加密和分布式账本，能够在宁波经营的保险公司之间进行安全可信的历史健康理赔数据交换，从而识别可能存在的风险，提升风控能力。

再如，新加坡每 5 名孕妇就有 1 名患有妊娠糖尿病，为此美国大都会人寿推出针对妊娠糖尿病的保险产品 Vitana。利用区块链技术，大都会人寿不必要求用户出具纸质医疗记录，而是安全连接用户手机、ipad 等移动设备上的电子病历，实时核保和出具保单，用户一旦被确诊患有妊娠糖尿病，系统自动触发理赔功能，无须客户提出书面理赔申请。

案例 / 阳光保险：区块链提升健康险安全性、个性化和针对性[①]

阳光保险公司上线基于区块链技术的女性特定疾病保险产品。该产品为一年期健康保险，保费 12.5 元，保障项目为女性特定疾病、女性原位癌和女性特定手术，保障金额分别为 10 万元、2 万元、5000 元。

与传统健康险不同的是，投保人通过健康介绍信[②]授权阳光保险公司去相关医院或体检机构查看其体检报告数据。只要成功授权阳光保险公司查验到有效体检报告，投保人即可获得保费 9 折优惠。如数据在优质客户范围，投保人还可获得保费 7 折优惠。由此实现个性化差异定价。

阳光保险公司建立区块链平台（私有链），鼓励投保人将个人健康数据使用权登记在区块链，确权后的数据使用权永久归投保人，经投保人授权可在不同保险业务场景使用，以实现数据流通。在数据交互后台，系统以健康评分形式提供投保人数据给阳光保险公司参考，阳光保险公司无法获得投保人原始数据，从而较好地保护了投保人的隐私。

从阳光保险公司的实践看，利用区块链技术在一定程度上确认了投保人的个人数据主权，保险公司掌握投保人数据更全面，实现了差异化服务，解决了传统寿险同质化、风控薄弱的问题。

不过，投保人数据的来源仅是与阳光保险公司直接关联的医疗机构，其完整性和交叉验证不足。显然，只有把来自不同信息源的数据综合起来，才能对用户

---

① 蒋牧云.国内首款区块链健康险在阳光保险上线[N].国际金融报,2018-8-8.
② 健康介绍信：供保险公司查验个人体检报告的数据凭证。

真实画像，但是要让多方甚至是竞争对手共享数据，难度颇大。

这也提出了新问题，保险业集中式数据储存是否能够被区块链分布式数据库替代，还需要技术、市场、监管等方面协调协商解决深层次矛盾。否则，区块链赋能也只会治标不治本。

3. 区块链赋能再保险[①]

再保险（Reinsurance）也称分保或"保险的保险"，指保险人将自己所承担保险责任部分地转嫁给其他保险人承保的业务。再保险业务中分出保险一方为原保险人，接受再保险一方为再保险人。再保险人与本来的被保险人无直接关系，只对原保险人负责。作为保险市场中一种通行业务，再保险可以使保险人不致因一次事故损失过大而形成对赔偿责任履行的影响。

传统再保险交易的主要问题在于以下几个方面。

其一，信息不对称。原始保险单数据和理赔数据多由直保公司掌握，再保险公司难以获取。再保险理赔涉及客户、经纪人、直保公司、再保险公司的数据量大，核对流程复杂，索赔处理时间长，理赔可控性较差。再保险公司只能通过一定模型估算风险，难以实时了解风险累积情况，风控相对滞后。

其二，信息化水平较低。再保险合同的签订多为邮件往来，高度依赖人工反复沟通协调，交易多为人工统计，存在再保险合同纠纷频发，以及再保险人累积责任计算、信息失真、财务对账冗长、操作容易出错、历史数据存储分散、风险评估和精算定价不准确等风险。

区块链可以优化和重塑再保险交易流程，其优势在于以下几个方面。

一是构建分布式共享账本，一张保单的交易、理赔等数据同时出现在保险公司和再保险公司的账本上，节省了双方核定该保单信息的交流时间。数据实现实时共享后，再保险公司能更高效地理赔，而不用被动等待直保公司提供数据再执行后续流程。

二是利用智能合约实现再保险保单的自动对账、清算、结算。

三是利用区块链数据不可篡改、数据可信、可追溯等特性，提升再保险交易可信安全度，降本增效，加强链上交易监管审计。

例如，安联保险和再保险公司Nephila签订基于智能合约的自然灾害掉期合约

[①] 再保险区块链（RIC）白皮书 [D].2018.

(Catastrophe Swaps)。当某一地区发生灾害时，智能合约会根据再保险协议自动支付理赔款。安联保险负责人表示："智能合约取代人为干涉，由人为操作可能导致的错误被彻底消除，理赔效率得到显著提升。"

案例 / 英国伦敦劳合社：打造去中心化再保险交易和支付管理平台[①]

中心化运营模式导致再保险交易高度中介化、交易成本高、信息无法及时更新等问题。英国伦敦劳合社是一家保险科技初创公司，通过上线基于区块链技术的再保险交易平台和支付管理平台（联盟链），把保险公司、再保险经纪人、再保险代理人、再保险公司等利益相关方通过点对点网络技术连接起来，建立起了以分布式账本存证、智能合约驱动的去中心化虚拟再保险交易市场。

在平台内，保险公司、再保险经纪人直接发布再保险需求，或通过加密电子邮件将再保险需求点对点发送到链上特定再保险公司。再保险公司和再保险代理人在平台上看到推送通知，直接在平台上与保险公司或再保险经纪人协商。从发布需求到协商过程中涉及的数据、文件、信息、邮件都会被加盖时间戳，自动记录到公有账本。平台内自动化流程通过提前设定好的智能合约完成。该解决方案简化了再保险交易流程，缩短了再保险交易时间，保证了再保险交易过程中数据信息在各个交易方之间实时同步。伦敦劳合社再保险交易平台架构如图9-7所示。

图9-7　伦敦劳合社再保险交易平台架构

[①] 罗广超. 英国伦敦劳合社 ChainThat：再保险区块链解决方案[EB/OL].[2018-09-11].http://insurance.jrj.com.cn/2018/09/11081025074348.shtml.

传统再保险交易流程较复杂，保险公司向再保险经纪支付一笔再保费用，再保险经纪根据约定分成方案扣除相应服务费用，再向再保险公司支付再保费用。伦敦劳合社开发的支付管理平台通过分布式账本使保险公司能够同时向再保险经纪和再保险公司支付相应费用。平台根据再保险经纪和各个再保险公司间的约定分成方案，利用智能合约实现保险公司直接支付保费和再保险公司赔付，提高了再保险交易的结算效率。

第2节　相互保险＋区块链：
助力保险公司升级为"机器智能保险公司"

相互保险指具有同质风险保障需求的单位或个人，通过订立合同成为会员，并缴纳保费形成互助基金，由该基金对合同约定事故发生所造成的损失承担赔偿责任，或者当被保险人死亡、伤残、疾病或者达到合同约定年龄、期限等条件时承担给付保险金责任的保险活动。根据国际相互合作保险组织联盟（ICMIF）的统计数据，截至2017年年末，全球相互保险收入1.3万亿美元，占全球保险市场总份额的27.1%，覆盖9.2亿人。

通俗来说，相互保险参与者既是保险人，又是被保险人，在别人患病时参与费用分摊，而如果自身不幸患病，也可获得别人的帮助，是一种互帮互助的保险形式，主要有相互保险社、保险合作社、交互保险社和相互保险公司四种组织形式，其中发展最成熟的是相互保险公司（所有参加保险的人为自己办理保险而合作成立的法人组织）。

相互保险组织具有以下三个独特优势。

一是投保人和保险人利益一致，能够较好实现以客户利益为中心，并由客户参与管理，有效避免保险人不当经营和被保险人欺诈导致的道德风险。

二是展业费用较低，核灾定损准确度较高，可以有效降低经营成本，为会员提供更经济实惠的保险服务。

三是由于没有股东盈利压力，其资产和盈余都被用于被保险人的福利和保障，能够发展有利于被保险人长期利益的险种。

2015年之前，由于政策空白，相互保险在中国发展较为缓慢。自2015年1月中国保险监督管理委员会印发《相互保险组织监管试行办法》，并于2016年发放

3张相互保险牌照以来,相互保险在我国形成一股热潮。根据中金公司的研究报告,中国相互保险市场前景广阔,预计2025年相互保险的市场份额有望达到保险市场总份额的10%,市场空间达到7600亿元左右。

一、相互保险原始形态网络互助在争议中迅猛发展

网络互助是相互保险的原始形态、众筹、P2P、保险等业态的集合,与互联网融合实现信息撮合、小额保障、即收即付、协商约定、自我管理等功能,会员之间通过协议或者承诺共同分摊彼此的风险损失。同时,为了避免单个个体负担过重,往往约定了单次投入互助金上限,如几元钱、几十元钱或更多。

网络互助运作模型与相互保险原始形态基本一致,救急性互助与保障天然具有号召力,加上互联网的社交性、高效性、共享经济优势,会员招募、项目发布和款项的征收与支付都非常高效,很快成为高关注度热门类金融产品。

尽管全民医保改革正在加速推进,但是医保、商业保险的结算报销有滞后性,若干医疗服务还得自费,由此造成中低收入群体"医不起"的风险。加之很多人抱有医疗高收费、收入停滞等悲观情绪,因而重疾病类网络互助平台便以快响应、救急成为香饽饽。截至2016年11月,国内有100多家网络互助平台,总注册会员超过1000万人,有几十家风投、金融机构进入网络互助领域。

以"水滴互助"平台为例,主推重疾和人身意外相互保障,如中青年抗癌计划、综合意外互助计划、中老年抗癌计划、少儿健康互助计划。该平台宣称"一人患病,众人均摊",受到80后、90后群体的关注和参与,上线半年用户数达160多万,平台融通资金估计达几千万元以上。

不过,网络互助涉及普通群众利益和民生保障体系建设,加之金融业规范发展牵一发而动全身,如果对网络互助平台继续放开门槛,不加干涉,极有可能严重背离公益互助的初衷。例如,一些网络互助平台本质上由中心化机构运营,通过收取公众交纳的会员费,建立内部资金池应对未来赔付,其持续经营能力、赔付可靠性、资金安全性及是否侵害会员利益存疑。一旦平台运营机构由于投资不善导致资金亏空,或者卷钱跑路,"投保人"将面临人财两空。2016年后,网络互助很快被全面纳入互联网金融强监管。

在利益社会,没有法治约束的网络互助、公益众筹等互联网金融新模式迟早要出问题。以罗某网络筹款事件为例,罗某在个人微信公众号为患白血病的女儿发起求助,通过微信朋友圈传播之后,短短一天时间之内,获得270万元"打赏"

捐助。不过，事件几次反转，从起初大众同情纷纷转发打赏，到后来公众质疑罗某是两家企业法人，还有三套房、两辆车，其实并不"穷"，再到后来公众更是直指该事件为 P2P 公司"带血的营销"。至此，一件本来充满正能量爱心传递的公益事件，最终却成为广受公众质疑的营销事件。尽管事后相关责任人做了弥补，但是对网络正能量和自媒体时代信任机制造成的伤害无疑是巨大的。

应该说，网络互助平台不是保险公司。保险公司的保险产品回报机制经过精算，要求公司、投保人以市场化手段获取共赢，并且保险公司必须定期公开财务信息，保证财务透明，并有《中华人民共和国保险法》等法律法规监管规范。网络互助平台项目属于类公益性质，汇集资金的使用主要靠平台与会员间的"君子约定"，会员权益保障缺乏法制监管。平台运营者的初心也许出于善意，但是随着平台资金规模的扩大，人性善恶的变化仅靠承诺往往远远不够的。

二、区块链赋能持牌相互保险机构

相互保险的本质是一种去中心化 P2P 保险模式，与区块链存在契合性。商业保险是先交保费后履行合约，而相互保险可以先履行合约后付保费。一些相互保险公司发展到一定时间都逐渐趋近于商业保险公司，其根本原因在于中心化运作模式导致的共识信任机制缺乏约束和保障。

将区块链、人工智能、大数据、互联网等技术与相互保险有效结合，可以打造更加公平、透明、安全、高效的分布式自治组织和互助机制，乃至在未来推出新的保险公司形态——机器保险公司。按照相互保险的共识规则，搭建智能型相互保险组织，互助者（会员）根据自身基本情况和风险偏好，在区块链上发起或参与某个相互保险项目，一旦有人出险，系统即可根据实际情况应用智能合约自动分摊，支付和结算。

案例 / 支付宝"相互保"：区块链激活相互保险市场

2016 年时马云曾表示："十年后癌症将困扰每个中国家庭，而且最可怕的是癌症已经不是老年人专利了，已经越来越年轻化，每一个中国人都应该成为'保民'，而不是'股民'"。因此，保险业是阿里巴巴必投领域，如阿里巴巴联合腾讯、平安保险等投资了国内首家互联网保险公司——众安在线财产保险股份有限公司；蚂蚁保险服务平台和 78 家保险机构合作，上线 2000 多款保险产品，日均保单量已超 2100 万单，保险服务年活跃用户 3.92 亿人。

2018年10月,蚂蚁金服联合信美人寿相互保险社推出区块链相互保险产品"相互保",并在支付宝页面上线。仅一周多时间,加入人数便超过千万。之所以能够取得如此高的业绩,除了支付宝带来的流量资源外,也体现出网络用户对抱团取暖、互帮互助模式的喜好。

"相互保"的规则是:假设有500万人参加"相互保",参加的时候不用支付任何费用;每个月14日、28日为赔付日,假设某个月14日,有100人得了规定范围内的重疾病,每人赔付30万元(最高金额),需要总赔付3000万元,分摊到500万人,就是每个人6元,加上10%的管理费,每个人需要缴纳6.6元,一个月两次就是13.2元。

当"相互保"参与人数达到330万时,凭借人数基础可以实现约定互助功能。如果3个月后参与人数少于330万,项目自动终止。由此可见,该项目本来就是冲着参与者自给自足去的,其差异化优势在于利用区块链重塑信任与确权,构建公开、公平、透明的"人人为我,我为人人"的互助平台。"相互保"运作规则如图9-8所示。

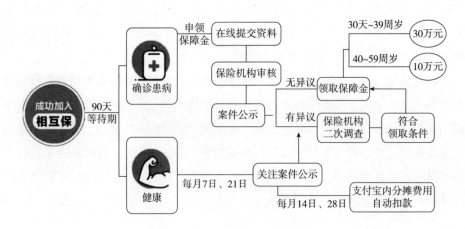

图9-8 "相互保"运作规则

从"相互保"中的实践看,区块链应用到相互保险中的优势在于以下几个方面。

一是资金流向透明。所有资金流向明细都记录在区块链上,数据不可伪造和篡改确保了数据的真实有效,监管机构、媒体、用户随时查看和监督,避免了平台虚构互助事件套取用户资金等问题。

二是提升赔付流程效率。所有资金划转按照公开、不可篡改的智能合约执行,一旦确定就自动化精确无误执行,无法人为挪用资金或干预,从而提升了规则执行的效率。

三是提高风控水平。保险公司和投保人之间的纠纷源于对投保人信息缺乏真实可信的数据采集和存储手段。用户数据本来就是支付宝的传统优势,如果将芝麻信用评分符合要求的用户纳入"相互保",用户行为数据存储在区块链上,赋予加之数字身份,加之数据真实可信,无法篡改,实时同步,终身有效,必将极大地提高风控水平。

四是提升用户体验。这是支付宝的核心优势之一,在"相互保"设计中可以看到很多注重用户体验的细节,比如保障金及管理费分摊通过支付宝自动扣款,用户无须额外充值,避免后续多次充值造成用户流失问题;零门槛加入,迅速扩大芝麻信用评分符合要求的目标客群,而部分网络互助平台需要提前充值互助金;全流程引入区块链技术保证了大病互助保障的透明、公正。

第10章 CHAPTER 10

精准征信：区块链保障信用资产与数据主权

中国企业联合会发布的数据显示，我国每年因诚信缺失造成的经济损失约为 5000 多亿元。征信关乎建设社会信用体系，关乎发展诚信文化，关乎弘扬契约精神，关乎提升社会文明。

人无信不立，信用是其最有价值的资产。近年来，随着《社会信用体系建设规划纲要（2014—2020 年）》等政策规划的颁布，国家对社会信用体系建设高度重视，推进力度不断增强措施不断细化，加之互联网金融和消费金融迅猛发展，征信市场呈现快速爆发态势，预计 2019 年会突破百亿市场规模。

目前，全球征信领域主要存在政府主导型、市场主导型、会员制三种征信模式。我国的征信体系属于政府主导型，以中国人民银行为中心的公共征信为主，以中诚信、芝麻信用、腾讯征信等市场导向型征信作为补充，同时社会征信、资信评级、地方信用信息服务等机构都受到以中国人民银行为中心的监管，且持牌规范运营趋势愈加明显。

第1节 征信不真:传统征信业遭遇塔西佗陷阱[①]

一、我国征信业现状

改革开放40多年来,我国征信业初具规模,并初步形成以中国人民银行征信中心运营的国家金融信用信息基础数据库为基础、以有政府背景的征信机构为主导、各种商业征信机构共同发展的多元化格局。随着中国与世界经贸关系日益紧密,少数征信机构走出国门,开始向海外市场提供征信服务。

我国的征信服务基本涵盖债券市场、信贷市场、个人消费信用市场、商业信用市场等,面向企业、个人、银行、非银行金融机构、专业服务机构和政府部门等多类主体。

中国人民银行征信中心数据显示,截至2017年年底,征信中心运营的企业征信系统累计收录企业和其他组织2510万户,其中,有信贷记录企业和其他组织690万户,企业征信系统服务机构用户累计达到3177家,全年累计查询量8014万次,日均查询22.0万次;个人征信系统累计收录自然人9.5亿人,其中,收录有信贷记录自然人约4.8亿人,全年度累计查询13.7亿次,日均查询量达375.1万次。[②] 征信产业链如图10-1所示。

图 10-1 征信产业链示意图

1. 征信从业机构数量多

据媒体报道,我国营业执照经营范围标注"征信服务"的机构有2000多家,

[①] 塔西佗陷阱:当一个行业失去公信力时,无论说真话还是假话,做好事还是坏事,都会被认为是说假话、做坏事。

[②] 薛凯丽. 征信行业的两大现状及四大趋势分析 [EB/OL]. [2017-03-21]. https://finance.ifeng.com/a/20170321/15247383_0.shtml.

完成中国人民银行备案的有 100 多家。

目前我国仍有超过 50% 的自然人由于未与银行发生过借贷关系，在中国人民银行征信中心没有其信用记录。

由于中国人民银行并未放开个人征信牌照，将芝麻信用、前海征信、腾讯征信、拉卡拉征信、中智诚征信、中诚信征信、鹏元征信、华道征信作为个人征信试点机构，目的是培育市场征信机构来为中国人民银行征信中心没有覆盖到的人群提供征信服务，形成错位发展，功能互补。2018 年 1 月，8 家个人征信试点机构参股中国互联网金融协会发起设立的百行征信。至此，个人征信持牌机构不过区区 9 家。

一些大数据、电商、互联网金融等非持牌机构利用自身拥有的数据、技术等优势，也切入征信业，提供数据采集、数据供给、技术开发、征信评估等征信服务。

2. 数据源成为差异化优势

数据是征信的基础，征信机构根据需求收集、整合多方数据源后，才能建模和提供针对性征信服务，因此数据源成为征信机构的差异化优势。例如，芝麻信用数据源来自大股东阿里巴巴体系，包括淘宝天猫电商数据、支付宝支付数据、余额宝投资交易数据、美团生活服务数据等，涵盖用户网购、网络行为、生活信息等多维度数据。芝麻信用分应用场景已涵盖金融、住宿、出行、购物、社交、民生等众多领域。

另外，征信机构也会按需采集、购买、置换工商、税务、中国人民银行征信中心等其他数据源，不过外部获取的数据大多具有同质化问题。

3. 征信产品各有侧重

在产品上，既有贷前评估，例如芝麻信用；也有覆盖贷前、贷中、贷后全链条和营销、信用、风控预警等综合服务，例如前海征信；还有专注于某个环节的，例如同盾科技聚焦反欺诈。

在用户上，企业征信机构主要面向机构客户，8 家试点个人征信机构多同时面向机构和个人服务。

在场景上，互联网金融和消费金融是应用最为广泛的场景，也有一些机构开始拓展其他非金融场景，例如前海征信与摩拜单车合作，将征信用于出行；华道征信将信用服务拓展到招聘、婚恋、租赁等场景。我国个人征信机构股东及数据源见表 10-1。

表 10-1　个人征信机构股东及数据源

序号	征信机构	主要股东	数据源
1	芝麻信用	蚂蚁金服	阿里系电商和互联网平台、蚂蚁金服、合作机构、公共机构
2	腾讯征信	腾讯	QQ、微信、财付通、京东等关联机构、合作机构、公共机构
3	前海征信	平安集团	平安集团旗下金融机构、合作机构、公共机构
4	考拉征信	拉卡拉、蓝色光标、51job、拓尔思等	股东、合作机构、公共机构
5	华道征信	银之杰、新奥资本、清控三联等	股东、合作机构、公共机构
6	中诚信征信	中诚信	合作机构、公共机构
7	鹏元征信	天下宝资管、南京圭图等	合作机构、公共机构
8	中智诚征信	阿米巴资产管理等	合作机构、公共机构
9	百行征信	中国互联网金融协会、8家个人征信试点机构	股东、合作机构、公共机构

二、我国征信业主要问题

全球对个人信息依法产业化共享的行业只有征信，其他任何机构必须对服务对象、监管对象的信息严格保密。因此，保护用户数据权益成为征信业规范发展的核心。我国征信业存在从业机构鱼龙混杂、数据采集方式不规范、数据孤岛、数据滥用、应用场景不多、征信准确度参差不齐等问题，相较于美国等征信业发达市场，尚不成熟。

1. 从业机构经营不规范[①]

以8家个人征信试点机构为例，由于试点期间遭遇互联网金融频繁暴雷和强监管，用户对个人数据的保护意识不断加强，加之运营不规范，试点至今还没有转正，诸多问题本身说明这些机构还没有达到监管要求。

由于8家试点机构或多或少在运营中追求形成基于互联网的业务闭环，最大化其自身的商业价值，分割市场信息链，难以完全做到信息共享，征信数据源也存在不完整和无法交叉验证的问题，造成征信产品的准确性、实效性不足。

8家试点机构各自依托某个或者某几个企业发起创建，在业务发展和公司治理

---

① 石红英. 大数据时代我国征信业发展问题探讨 [J]. 征信, 2018(12).

上不具备第三方征信的独立性，存在关联利益冲突。在没有以信用登记为基础和数据源有限的情况下，根据各自掌握的有限信息进行不同形式的信用评分并对外进行使用，存在信息误采误用问题。

2. 中心化大数据征信问题频频

互联网巨头虽然占据渠道、场景等优势，拥有庞大的用户体量作为支撑，海量用户数据源源不断地生成，其大数据征信模式相较于传统征信有一定优势，但它们所能掌控的数据毕竟有限，并且限于特定场景，征信结果是否能被应用到其他场景存在一定争议。确保征信对象的数据不外泄、确保征信机构不作恶、保障数据共享方的权利、处理好敏感数据和冲突数据，这些都是中心化大数据征信面临的巨大挑战。

3. 打造覆盖全社会的征信系统面临挑战

其一，数据膨胀。目前征信数据主要采集信贷、信用卡业务。随着社会信用体系的建设不断完善，更多行业以及互联网信用数据将纳入征信系统，数据范围、数据采集点、数据增长速度将对征信大数据存储带来挑战。

其二，用户数暴增。随着政府部门、企事业单位对征信愈加重视，越来越多的企业、个人、组织纷纷加入征信体系，用户数和并发数暴增，征信系统可能出现各种并发问题，对系统的稳定造成影响。

其三，技术壁垒。数据量和用户数暴增，系统容易呈现复杂的瓶颈问题，传统软件技术架构可能陷入不断升级的怪圈。

4. 个人数据保护堪忧

信息泄露成为大数据行业的"灰犀牛"。有关个人数据隐私保护的法律、法规还不健全，公众维权难度大。

5. 个人对征信结果难以质疑和查证

由于基础数据的真实性难以验证，一旦征信机构出具的征信评价结果出现偏差、错误和争议，往往难以得到纠偏。例如，权利人（被征信人）对征信机构出具的信用报告或信用评分有异议，却因不知道或不了解征信机构的评分原理和数据来源，无从向征信机构申辩或要求更正。

6. 监管难度大

征信机构的数据源、评估流程烦琐复杂，给实时监管带来挑战，监管部门往往只能凭借征信结果对征信对象和征信服务应用场景予以监管，难以对征信机构实施有效监管。

第 2 节 数据确权与共享：区块链加速信用数据化、资产化和精准化

数据是征信机构竞争力的核心要素。以天眼查企业征信大数据分析平台为例，天眼查已经收录了全国超 1.8 亿家社会实体信息（含企业、事业单位、基金会、学校、律所等），包含上市信息、企业背景、企业发展、司法风险、经营风险、经营状况、知识产权等 300 多种数据维度，实现全量数据实时更新。天眼查通过构建集数据采集、数据清洗、数据聚合、数据建模、数据产品化为一体的大数据解决方案，可以可视化呈现复杂的商业关系，还可以深度挖掘和分析相关数据，预警风险等。金融机构通过天眼查所提供的信息查询及关系挖掘服务，高效获取更多更全面可靠的借贷企业经营状况信息，以确保借贷资金安全性。同时天眼查也为媒体在新闻报道中提供高效、可靠的线索查询渠道，优化信息求证方式。

区块链具有去中心化、去信任、时间戳、非对称加密和智能合约等特征，在技术层面可以保证在保护数据隐私的基础上实现有限度、可管控的信用数据确权、共享和验证，征信结果更客观、可信，能从根本解决信贷客户多头负债和老赖问题，从而大大降低数据共享交易成本、不同机构协作成本，有利于打破征信业数据孤岛。

需要注意的是，目前我国征信数据尚未完全实现市场化与合规化，例如中国人民银行征信中心、工商、税务等公共数据库作为公共产品难以确权，社会数据价值评估缺乏客观标准，数据获取成本远大于数据分享收益，数据隐私监管滞后，这些非技术因素都制约了区块链的广泛应用。

一、区块链在征信业的应用优势

1. 实现数据确权、共享与协作，打破"信用数据孤岛"

区块链可以帮助用户确立自身数据主权，生成信用数据资产。在信用确权的基础上，以分布式信用数据账本连接征信机构、征信需求方和监管部门，进而开展用户数据授权，就能解决数据孤岛问题，确保用户隐私安全及各方源数据不对外泄露。征信机构作为区块链节点，以加密形式存储、共享、处置用户授权的信

用数据,从而实现信用数据的共享、共通、共建、共用。

例如,一些数据科技公司打造了征信服务联盟链。数据爬虫软件负责在用户授权下抓取其信用数据,覆盖金融、电商、社交、个人身份等多种维度数据,为金融机构提供征信基础数据服务。在征信过程中,核心企业(数据科技公司)对用户、征信机构、金融机构等有关 各方匿名 处理,并实现用户数据所有权认证,可有效遏制数据交换造的假问题。

案例 / 新金融机构:打造区块链征信数据共享平台提升风控能力

小贷公司、网络小贷公司、P2P网贷机构、消费金融公司、保理、担保等新金融机构对征信需求大,但难以获取中国人民银行征信中心等公共信用数据库的数据,单独开展征信能力不足,组建征信数据共享平台的动力最大。区块链征信共享平台构架如图10-2所示。

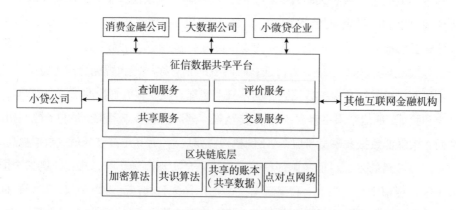

图10-2 区块链征信共享平台架构(查询、共享、交易、评价等核心功能)

以某互联网金融机构建立的区块链征信数据共享平台(联盟链)为例,核心企业建立联盟链准入规则,对入驻成员严格审核。通过区块链数据共享模式设计,使链上成员在无须提供各自完整详细的征信数据库的情况下,能够按照规则查询与共享数据,并为数据共享者提供激励机制(费用来自数据查询者)。平台引入数据评价机制,数据查询者对数据共享者评分,并以此为重要依据优胜劣汰,保证平台整体征信数据的质量。

在数据隐私保护方面,平台不直接触及原始数据,即区块链账本不存储原始数据,原始数据保存在数据提供者本地,仅将征信需要的脱敏数据放到区块链保存。

对于征信数据不足的中小新金融机构而言，加入区块链征信数据共享平台不失为快速提高风控能力的低成本手段。不过，由于联盟链吸纳的多为拥有低质量信用数据的中小新金融机构，对于链上成员整体征信风控的改善绩效有限。

2. 实现系统规模高效运维，降低征信运营成本

区块链可以帮助征信机构低成本拓宽数据采集渠道，消除冗余数据和重复数据采集，规模化解决数据的真实性问题，还可实现数据供需方直接对接，去除中介机构参与。另外，区块链可使信用评估、定价、交易，以及征信后的应用场景（如信贷）合约执行等全过程上链和自动化运行管理，降低人工与柜台等实体运营成本，整体提升征信及其应用场景的效率效能。

例如，区块链技术服务商布比公司与甜橙信用合作，通过使存入区块链的用户信用数据部分公开可见，以便有需要的用户通过搜索找到所需要的数据，并向数据所有者购买，从而解决数据提供商之间信任难、交易难的问题。

再如，全球最大的企业资信调查机构邓白氏集团正在测试基于以太坊的分布式账本，允许其贸易金融客户通过安全、不可篡改且存储在邓白氏区块链上的数字记录来确认身份和合同条款。该系统将 DUNS 号码（邓白氏分配给数据库用户的专属代码）和每家公司自己创建的区块链识别符代码进行匹配，这样，某家公司就可以较快地验证来自潜在合作伙伴的法定名称、地址、诉讼等信用信息。

邓白氏负责人介绍，利用区块链技术，邓白氏能够比银行、承运商、供应商等贸易金融有关各方使用的传统方法更加迅速地确认贸易金融交易。同时，邓白氏向链上用户提供区块链账本的精选数据推送、合作方推荐等咨询服务，帮助用户更好地做生意，邓白氏也可以收取一定的咨询费。

3. 保障征信系统整体安全，实现数据隐私保护

征信区块链上每个节点都会参与系统维护，不会因为某个节点出现问题造成系统瘫痪。只要出现问题或是遭遇恶意攻击，征信系统就可继续稳定运行。另外，由于并非所有数据都要上链，也并不是所有数据都要公开透明，因此除了数据共享交易参与各方，不会有其他机构有权限获得数据。

案例／苏宁金融：探索金融信用数据区块链黑名单共享平台

2018 年 2 月，苏宁金融上线基于超级账本 Fabric 联盟链架构的区块链黑名单共享平台系统，包括添加、查询、删除黑名单及投诉四大功能。

金融机构通过独立部署节点接入联盟链，将本机构黑名单数据作为交易发布到区块链上，发布获得的积分可被用于查询其他机构发布的黑名单数据。一旦发现黑名单数据造假，查询机构可在链上追诉数据提供方。

到 2018 年 7 月，苏宁金融区块链黑名单共享平台存储数据突破百万条，覆盖失信、逾期、疑似套现、疑似欺诈、羊毛党、黄牛等 20 种数据类型。苏宁金融负责人介绍，未来还将纳入灰名单、白名单、客户标签等各种金融信用数据，打造跨行业信用数据共享平台。

为了保护用户数据隐私，所有上链身份证号码、姓名等隐私信息都一律在被脱敏处理后使用国密算法加密存储。客户贷款金额、逾期天数等敏感信息也经过标签化处理后保存到区块链。该平台采用匿名发布查询机制，查询机构和被查询机构均为匿名操作，以保护金融机构的商业机密。

该平台利用区块链技术实现无法人运营机构、去中心化黑名单共享模式，解决了黑名单数据不公开、数据不集中、获取难度大的行业痛点，且数据获取成本相对更低，从而降低了金融机构征信风控成本，保护了个人和金融机构的隐私。

该平台设立联盟管理委员会，作为联盟链管理组织，替代中心化平台法人运营主体，陆续吸纳银行、消费金融机构、互联网金融平台加盟，公开、民主、平等地管理联盟链、制定业务标准和规则。

二、区块链赋能征信概念性方案[①]

由于征信数据流通方、加工方、使用方分离，征信数据二次交易缺乏有效手段稽核及管控、无法实时校验授权真实性等原因，征信数据交易授权长期停留在纸质协议（数据需方需要获取数据供方书面授权方可合法使用征信数据），技术层面突破不多。

通过搭建私有链或联盟链形式，无须改变现有业务流程，数据供方对征信数据需方在区块链上授权，该授权记录即被在分布式账本实时更新。在数据采集与加工过程中，通过对授权文件同步流通与校验，可实现实时校验授权真实性、二次交易稽核及管控。

---

① 中商产业研究院. 区块链在征信领域应用情况分析 [EB/OL]. [2018-08-04]. http://www.askci.com/news/chanye/20180804/1451451127780_3.shtml.

(一)征信机构之间共享部分用户信用数据

征信机构作为主要参与节点,既是数据查询使用方,也是数据提供方。各方参与者把原始数据保存到自己的中心数据库,把少量摘要信息提交到公共区块链保存。有查询请求时通过区块链转发到原始数据提供方予以查询,这样,各方既可以查询到外部海量数据,又不泄露自身的核心商业数据。同时,还可利用区块链的不可篡改性保证原始数据可信。征信机构间共享用户信用数据区块链技术逻辑,如图10-3所示。

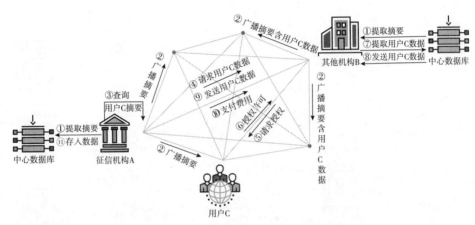

图10-3 征信机构间共享用户信用数据区块链技术逻辑

根据图10-3所示,征信机构间共享用户信用数据区块链技术逻辑如下。

征信机构A、B原始数据均保存在各自的中心数据库。

①征信机构A从自己的中心数据库提取少量摘要信息;

②征信机构A通过区块链广播自己的摘要信息情况,并保存在区块链;

③征信机构A对用户C的信用数据有查询需求时,首先查询自己所在节点(分布式账本)存储的链上公开透明的摘要信息,并将之匹配到征信机构B广播的摘要信息含有用户C的信用数据;

④征信机构A将查询请求通过区块链转发到征信机构B;

⑤征信机构B接收到征信机构A的查询请求,确认责权利(如支付查询费、保密等,可通过智能合约签署),向用户C请求授权;

⑥用户C接收到征信机构B的授权请求信息后,如果同意授权,则通过智能合约与征信机构B签约许可授权;

⑦⑧征信机构 B 向自己的中心数据库提取用户 C 的信用数据；

⑨征信机构 B 向征信机构 A 发送用户 C 的信用数据；

⑩征信机构 A 向征信机构 B 支付查询费用后，将用户 C 的信用数据存入自己的中心数据库。

（二）征信机构从其他机构获取用户信用数据并形成相应信用产品

该模式用户信用数据可以多源交叉验证，提升了数据的真实性，且无法被企业、个人篡改。该模式的区块链技术逻辑如图 10-4 所示。

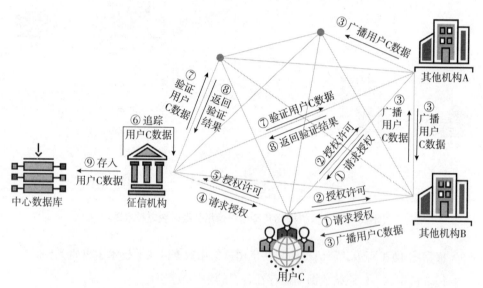

图 10-4　征信机构从其他机构获取用户信用数据并形成相应信用产品的区块链技术逻辑

征信机构从其他机构获取用户信用数据并形成相应信用产品的区块链技术逻辑如下。

①其他机构 A 和 B 均拥有用户 C 的信用数据，其他机构 A 和 B 向用户 C 发出将其信用数据上链的请求；

②用户 C 授权许可其他机构 A 和 B 的申请；

③其他机构 A 和 B 分别将用户 C 数据录入到区块链并进行广播，链上显示的用户 C 数据只有身份、地址、贷款记录、还款记录、逾期记录、债务情况等可以公开的信用数据，但并不会泄露用户 C 未授权的隐私数据；

④征信机构向用户 C 请求查询其信用数据的授权；

⑤用户 C 授权许可征信机构的申请；

⑥征信机构在自身节点（分布式账本）对用户 C 数据进行追踪，获知来自其他机构 A 和 B 上链的用户 C 的信用数据；

⑦⑧征信机构在区块链验证得到数据的真实性，实际上是对其他机构 A 和 B 进行再次确认；

⑨征信机构将获得的用户 C 信用数据存入自己的中心数据库，继而对其信用状况进行分析判断。

第11章

去中心化不等于去监管化：区块链金融培育规范建议

作为价值互联网、金融科技和新经济的重要支撑技术，区块链经过过去十年的发展，初步形成区块链经济现象，社会各界多看好其前景。但是凡事都有两面性，传销、非法集资、金融诈骗、黑客攻击、洗钱等违法违规行为很快与区块链沾边挂钩，区块链专业技术人员各机构普遍欠缺，区块链具体场景应用多是小范围试用，尚未达到大规模成熟落地阶段。

反过来讲，当前正是区块链从探索应用到规范发展的最佳时期。

其一，抢跑领先，区块链技术在国内外总体上处于同一起跑线，中国在互联网用户数、业务场景等应用层面优势明显，应加大扶持区块链基础理论研究和原创技术开发，力争尽快形成国家层面创新优势和话语权，让区块链带来的公开、公平、透明、去中介化、多中心化等技术红利普惠公众。

其二，风控为王，在金融领域大范围应用区块链技术必须认真做好安全性、可靠性、稳定性认证，成熟一项应用一项，切不可东施效颦，操之过急，揠苗助长。

其三，安全底线，制定和完善区块链金融政策法规和标准规范，维护用户合法权益，将技术滥用关进牢笼。

第 1 节 新经济的新增量：区块链金融政策扶持情况

自 2016 年工业和信息化部发布《中国区块链技术和应用发展白皮书（2016）》，区块链首次被作为战略性前沿技术写入《"十三五"国家信息化规划》，各级政府纷纷出台有关区块链的政策文件。浙江、江苏、贵州、福建、广东、山东、江西、内蒙古、重庆等多个省、自治区、直辖市就区块链专门发布指导意见，多个省份甚至将区块链列入本地区"十三五"战略发展规划重点，写入政府工作报告。在经济下行压力加大的现实下，把区块链作为各地重要的新经济增量来培育发展，政策扶持力度不亚于早年培育电子商务、互联网等其他新经济领域，对之的重视程度也在一定程度上反映出这个地区的经济活力、人才层次、科技敏感度和发展后劲。

从不完全渠道收集的区块链扶持政策来看，规划类政策最多，这主要因为随着区块链基础设施不断完善，区块链技术开始逐渐被广泛应用到金融和实体经济，目前已到了长期规划场景化布局的发展节点。

需要关注的是，区块链作为新一代互联网技术密集出现在互联网＋、战略性新兴产业等技术类、创新类政策规划中，尽管这类政府文件偏向全面整体规划，但区块链一般不会被漏掉。不过，区块链除了技术属性，还有经济属性、社会属性，在目前关于区块链与经济社会融合的针对性政策"实招"还不多。

一、国家层面扶持区块链技术发展与应用

近年来国家扶持区块链技术发展与应用相关政策见表 11-1。

表 11-1　近年来国家扶持区块链技术发展与应用相关政策

序号	时间	文件	发文部门	相关内容
1	2016.10	《中国区块链技术和应用发展白皮书（2016）》	工业和信息化部	总结了国内外区块链发展现状和典型应用场景，介绍了区块链技术发展路线图以及未来区块链技术标准化方向和进程
2	2016.12	《"十三五"国家信息化规划》	国务院	区块链作为战略性前沿技术纳入规划
3	2017.1	《软件和信息技术服务业发展规划（2016-2020 年）》	工业和信息化部	提出区块链等领域创新达到国际先进水平

续表

序号	时间	文件	发文部门	相关内容
4	2017.8	《国务院关于进一步扩大和升级信息消费持续释放内需潜力的指导意见》	国务院	提出开展基于区块链等新技术的试点应用
5	2017.10	《国务院办公厅关于积极推进供应链创新与应用的指导意见》	国务院	提出要研究利用区块链等新兴技术,建立基于供应链的信用评价机制
6	2018.3	《2018年信息化和软件服务业标准化工作要点》	工业和信息化部	提出推动组建全国区块链和分布式记账技术标准化委员会,2018年6月筹建方案公示并组建
7	2019.2	《关于金融服务乡村振兴的指导意见》	中国人民银行等五部委	指出推动区块链等新技术在农村金融领域的应用
8	2019.4	《产业结构调整指导目录(2019年本,征求意见稿)》	国家发展和改革委员会	鼓励类"信息产业"中增加"大数据、云计算、信息技术服务及国家允许范围内的区块链信息服务"。
9	2019.8	《金融科技(FinTech)发展规划(2019—2021年)》	中国人民银行	加强分布式数据库研发应用

二、各地政策扶持情况

(一)北上广深一线城市领跑

北上广深一线城市拥有良好的经济实力、营商环境、技术积累和人才资源,发展区块链的基础条件也最好,当地政府多将区块链作为重要的金融科技予以扶持。例如,北京是全国区块链企业最多的城市,这从侧面反映出区块链尽管以去中心化作为技术特点,但是依然与中心化政府监管扶持紧密联系。北京、上海、深圳相关扶持政策分别见表11-2,表11-3,表11-4。

表11-2 近年来北京扶持区块链技术发展与应用相关政策

序号	时间	文件	发文部门	相关内容
1	2016.8	《北京市金融工作局2016年度绩效任务》	北京市金融工作局	推动设立中关村区块链联盟

续表

序号	时间	文件	发文部门	相关内容
2	2016.12	《北京市"十三五"时期金融业发展规划》	北京市金融工作局、北京市发改委	将区块链归为互联网金融的一项新技术
3	2017.1	《北京市"十三五"时期现代产业发展和重点功能区建设规划》	北京市人民政府	提出探索区块链等创新型技术研究应用
4	2017.4	《中关村国家自主创新示范区促进科技金融深度融合创新发展支持资金管理办法》	中关村科技园区管理委员会	提出开展区块链等前沿技术示范应用,按照签署的技术应用合同或采购协议金额的30%给予企业资金支持,单个项目的最高支持金额不超过500万元
5	2017.9	《关于构建首都绿色金融体系的实施办法》	北京市金融工作局、北京市发改委、北京市财政局等8部门	提出发展基于区块链的绿色金融信息基础设施
6	2018.11	《北京市促进金融科技发展规划(2018-2022年)》	北京市金融工作局、中关村科技园区管理委员会、北京市科学技术委员会	提出积极推动以区块链为代表的分布式技术发展,支持区块链在金融监管与风控、普惠金融、流程溯源等领域的应用

表 11-3 近年来上海扶持区块链技术发展与应用相关政策

序号	时间	文件	发文部门	相关内容
1	2016.6	《上海市经济信息化委关于开展2016年度第二批上海市信息化发展专项资金(大数据发展)项目申报工作的通知》	上海市经济信息化委员会	支持区块链技术创新项目。而后这几年该专项基金均将区块链作为重点支持领域
2	2016.12	《上海市经济信息化委员会关于开展2017年度上海市软件和集成电路产业发展专项资金项目申报工作的通知》	上海市经信委	支持区块链关键技术研发及产业化
3	2018.1	《2018年上海市教育委员会工作要点》	上海市教育委员会	提出推进基于区块链技术的教育示范应用

续表

序号	时间	文件	发文部门	相关内容
4	2018.4	《上海市科学技术委员会关于发布上海市2018年"科技创新行动计划"社会发展领域项目指南的通知》	上海市科学技术委员会	支持能源区块链关键技术的开发
5	2018.7	《中共上海市委关于面向全球面向未来提升上海城市能级和核心竞争力的意见》	中共上海市委	提出加快区块链等新技术在金融服务、金融基础设施建设和金融监管中的应用

表 11-4　近年来深圳扶持区块链技术发展与应用相关政策

序号	时间	文件	发文部门	相关内容
1	2016.11	《深圳市金融业发展"十三五"规划》	深圳市人民政府金融发展服务办公室	支持金融机构加强对区块链、数字货币等新兴技术的研究探索
2	2017.5	《深圳市发展和改革委员会关于组织实施深圳市重大科技产业专项2017年扶持计划的通知》	深圳市发展和改革委员会	重点支持区块链产品在金融领域的应用
3	2017.9	《深圳市扶持金融业发展的若干措施》	深圳市人民政府	重点奖励在区块链、数字货币等领域的优秀项目
4	2017.10	《关于开展2017年度深圳市金融创新奖和金融科技专项奖申报工作的通知》	深圳市人民政府金融工作办公室	设立金融科技专项奖,主要用于奖励基于区块链等科学技术的创新应用,对优化金融服务流程、改进金融业务模式、提高风险甄别防范能力等有明显促进作用的优秀项目
5	2018.3	《市经贸信息委关于组织实施深圳市战略性新兴产业新一代信息技术信息安全专项2018年第二批扶持计划的通知》	深圳市经济贸易和信息化委员会	提出区块链属于扶持领域之一,按投资计算,单个项目资助金额不超过200万元,资助金额不超过项目总投资的30%

续表

序号	时间	文件	发文部门	相关内容
6	2018.3	《深圳市国家税务局 深圳市地方税务局关于印发优化税收营商环境若干措施的通知》	深圳市国家税务局、深圳市地方税务局	提出基于区块链技术，探索电子发票应用

案例 / 广州市"区块链扶持10条"：国内支持力度最大、模式突破最强的区块链扶持政策

2017年12月，广州市黄埔区人民政府办公室、广州开发区管委会办公室出台《广州市黄埔区 广州开发区促进区块链产业发展办法》，针对区块链产业培育、成长、应用，以及技术、平台、金融等多个环节给予重点扶持，是目前国内支持力度最大、模式突破最强的区块链扶持政策，对于各地针对性地扶持"区块链+"有较强的参考价值。

该政策核心条款包括7个方面，涵盖培育奖励、成长奖励、平台奖励、应用奖励、技术奖励、金融支持、活动补贴等，下面重点讲述该7条核心条款。

1. 培育奖励

对新设立经认定的区块链企业或机构，实缴注册资本200万元以上的，按实缴资本的10%自注册之日起3年内给予培育奖励，每家企业或机构累计最高奖励100万元，并一次性给予30万元技术人才引进补助。

对落户本区经认定的区块链领域的行业协会，依法在国家级、省级、市级政府职能部门登记成立的，分别给予每年100万元、60万元、40万元活动经费补贴。

上述企业或机构入驻本区认定的区块链创新基地、区块链大厦、区块链产业园，租用办公用房且自用的，自租用办公用房起3年内，每年每家企业给予最高1000平方米且最高60万元的租金补贴；并一次性给予30%的装修费用补贴，最高补贴100万元。

2. 成长奖励

对经认定的区块链企业或机构年度营业收入达到200万元以上且同比增长100%以上，每年给予50万元技术人才引进补助。

对经认定的区块链企业或机构年度营业收入首次达到500万元、2000万元、1亿元以上的，分别给予50万元、100万元、500万元的奖励，同一企业按差额补

足方式最高奖励500万元。

3. 平台奖励

对省级以上认定的区块链交易中心、检测中心、数据中心、存储中心等公共平台且取得相关资质的,给予100万元奖励;

对获得国家级、省级、市级认定的区块链技术重点实验室、工程(技术)研究中心、企业技术中心、新型研发机构等创新平台,分别给予500万元、300万元、100万元奖励。

4. 应用奖励

鼓励以应用需求为导向,加快本区的区块链+应用场景的应用示范,加大财政投入,实施区块链应用示范专项计划,每年重点支持10个区块链应用场景建设,每个应用示范项目最高支持300万元。

5. 技术奖励

对参与主导编制国际、国家、行业、地方区块链技术及应用标准(规范)列入前3名的企业或者机构,分别给予一次性100万元、50万元、30万元、10万元奖励,每年每家企业或机构的国家、行业、地方标准(规范)最高奖励为100万元。

对获得国家、省、市立项资助的区块链项目及奖励予以配套,分别按照资助或奖励金额的100%、70%、50%给予资金配套支持,最高分别不超过500万元、300万元、100万元。

6. 金融支持

对区块链企业通过商业银行或融资担保的方式获得的银行贷款,给予贷款利息及担保费用全额补贴,每年每家企业最高补贴金额50万元,补贴期限3年。

对首次获得风险投资机构的种子期、初创期的区块链企业,按实际获得投资额的10%给予奖励,每家企业最高奖励100万元。

7. 活动补贴

对承办国际级、国家级区块链研讨、论坛等最高水平交流会议的,经认定备案,最高给予100万元补贴。

(二)长三角地区奋力抢位竞争

浙江拥有蚂蚁金服、恒生电子、趣链等一批领先的金融科技企业,加之营商环境良好，也是国内最重视区块链发展的省份之一，各级政府在大量政策文件提及区块链，如杭州市政府提出全球金融科技中心的战略定位，区块链产业化渐成气候。

例如，2016年12月，浙江省人民政府办公厅发布《浙江省人民政府办公厅关于推进钱塘江金融港湾建设的若干意见》，提出积极引进区块链企业入驻；2017年5月，杭州市西湖区金融办发布《关于打造西溪谷区块链产业园的政策意见（试行）》；2017年5月，宁波市经信委发布《宁波市智能经济中长期发展规划（2016—2025）》，提出加大区块链等技术的推广应用；2017年6月，杭州市人民政府发布《杭州市人民政府关于推进钱塘江金融港湾建设的实施意见》，支持金融机构探索区块链等新型技术；2017年11月，浙江省人民政府办公厅发布《浙江省人民政府办公厅关于进一步加快软件和信息服务业发展的实施意见》，提出加快区块链等前沿领域的研究和产品创新。

江苏软件业发达，科教资源丰富，具备区块链发展应用的良好环境，也制定了针对区块链领域的人才扶持及产业创新优惠政策。例如，南京市陆续出台《南京市"十三五"金融业发展规划》《南京市加快推进制造业与互联网融合发展实施方案》《南京市政府关于加快科技金融体系建设促进科技创新创业的若干意见》《"十三五"智慧南京发展规划》等政策规划扶持发展区块链。

（三）中西部地区重庆、贵阳抢跑先行

重庆对区块链产业化期望甚高，在引进专业人才、营造营商环境、培育领军人才和龙头企业等方面均提出了明确目标。例如，重庆市经济和信息化委员会发布《重庆市经济和信息化委员会关于加快区块链产业培育及创新应用的意见》提出，到2020年，力争全市打造2~5个区块链产业基地，引进和培育区块链国内细分领域龙头企业10家以上、有核心技术或成长型的区块链企业50家以上，引进和培育区块链中高级人才500名以上，初步形成国内重要的区块链产业高地和创新应用基地。

贵阳扶持区块链与大数据产业一脉相承，制定了较为完整的区块链产业化政策规划。例如，2017年6月，贵阳市人民政府办公厅发布《关于支持区块链发展和应用的若干政策措施（试行）》，从主体支持、平台支持、创新支持、金融支持、人才支持、财政奖补等方面扶持区块链的发展、应用和创新。

值得关注的是，从《贵阳区块链发展和应用》白皮书可知，该市第一批区块

链三大领域 12 个应用场景包括：政用领域有政府数据共享开放、数据铁笼监管、互联网金融监管 3 个场景，民用领域有精准扶贫、个人数据服务中心、个人医疗健康数据、智慧出行 4 个场景，商用领域有票据、小微企业信用认证、数据交易与数据资产流通、供应链管理与供应链金融、货运物流 5 个场景。

（四）其他地区陆续出台相关扶持政策

例如，青岛市市北区人民政府发布《青岛市市北区人民政府关于加快区块链产业发展的意见（试行）》，提出建设立足青岛、面向全国的区块链产业高地、"区块链+"创新应用基地——链湾，在市北区建设区块链产业孵化平台、区块链应用测试平台、区块链专项教育培训平台和区块链资格认证平台。

江西赣州设立区块链金融产业沙盒园，在企业入驻、技术扶持、运营、金融等方面予以扶持。

2017 年 9 月，江西省人民政府发布《江西省"十三五"建设绿色金融体系规划》，鼓励发展区块链技术、可信时间戳认定等互联网金融安全技术，以应用于金融业务场景。

第 2 节 区块链浪潮的新变量：区块链金融监管情况

在相当长的时间里，区块链和监管似乎是两个"平行世界"。一些区块链（主要是加密数字货币）的拥趸基于运行了 10 余年的比特币认为，区块链价值观就是去中心化，不需要原来世界的监管部门监管，能够实现绝对公平自治。更有极端者认为区块链与"流浪地球"一起，欲乘风离去，离开传统中心化世界。

然而，很快被事实打脸。在全球经济不景气和传统投资渠道萎缩、风险加大的背景下，加密数字货币乱象使得区块链被异化为高风险金融工具，在缺乏引导和监管的情况下，出现了一系列金融风险、社会问题。加之区块链技术尚不成熟，将监管上链、以链治链，进行行之有效的监管逐渐成为各国政府共识。

一、区块链特殊性对监管带来挑战

1. 监管力度问题

一些国家和地区将区块链比照传统高新技术方式进行宽松监管，目的是加速这个新兴技术从实验室走向产业化。但是区块链与金融结合度高，金融安全无小事，区块链金融乱象频出考验着监管者的智慧。从美国、欧盟等发达国家和组织看，对区块链技术监管比较宽松，但是对其商业应用跟踪和监控的力度在加码。

2. 监管创新和融合扩展问题

应用区块链技术的新产品和新服务层出不穷，监管总体上滞后于技术创新。虽然公开、透明、时间戳、不可篡改等特性有利于监管，但是监管部门、监管行为如何上链还需要成熟方案，以与传统监管方式进行有机融合与实效迭代。

> **案例** / 美国：将ICO、STO纳入证券监管体系

美国在区块链应用上由于原创技术落地较多，具有一定的先导优势。例如，哈希加密算法（SHA256）于2001年由美国国家安全局研发、美国国家标准与技术研究院发布，Linux基金会领导的开源跨行业区块链组织——超级账本项目、企业以太坊联盟等区块链联盟组织都发起于美国。这些先导探索也体现到监管上，该国对于区块链的扶持监管也具有先导性和参考性。

美国《证券法》对证券的定义很宽泛，包括任何票据、股票、债券、债务凭证、利润分享协议、担保信托证券、公司成立前的认股证书、可转换股份、投资合同、表决权信托证书、财产权益证书等。相较于我国的《中华人民共和国证券法》规定只有在交易所上市的股票才叫证券，美国对证券的宽界定给了美国证券交易委员会更广泛的监管范围和法理依据。

不过，这并不意味美国对风险型区块链的应用放之任之，美国在金融、高新技术、知识产权等方面已经形成完善的监管框架，探索、试验、试点、推广已成为美式区块链应用按部就班的监管与产业化协调相融合的路径，反观该国在比特币诞生后的前5年的表现便可知晓。

除了比特币、以太币等早期、单纯依靠挖矿和算力的加密数字货币，美国将数字代币（ICO）纳入美国证券交易委员会监管，在美国，合规的ICO项目就成为证券化代币（STO）。

美国明确了STO监管框架，即STO需要在美国证券交易委员会注册或者备案，接受美国证券交易委员会及其他监管部门的监管。STO发行主体也要受到联邦法律的约束，确保符合合格投资人、反贪污洗钱、信息披露、投资人锁定期限等要求。

同时，美国监管部门对一些没有在美国证券交易委员会监管框架内的 ICO 项目加大整治力度，并将执法拓展到数字资产经纪和投资公司。也就是说，美国证券交易委员会不仅对 ICO 项目监管，还对为 ICO 提供服务的中介机构监管。

3. 自我监管治理问题

其一，加密数字货币异化非法工具也已证明，在巨大利益的诱惑下，实现行业自我管理、自我出清难度极大。

其二，区块链技术存在风险隐患。区块链在金融的大范围应用尚处在小规模探索性应用阶段，未达到生产级别大范围推广，缺乏"杀手级应用"，技术发展应用的出错概率较大。基于区块链分布式特性，对中心化数据库架构的安全控制措施已无法照抄照搬，必须研发新的风险管控技术和应急措施。

例如，以太坊自治组织 The DAO 众筹资金被劫持、MT.GOX 比特币被盗等事件暴露了智能合约、交易系统、记账系统等区块链现有技术的缺陷。如果超过 51% 的节点遭遇攻击，导致区块链网络出现故障，在实际应用中往往缺乏备份系统供全部数据恢复和审计。

其三，人才匮乏。区块链底层系统架构设计人才需要掌握计算机、智能硬件、软件开发、网络技术、密码学、数学等多项交叉学科和专业技能，并深入理解区块链价值体系。区块链应用和产业化项目还需要兼具技术和运营管理能力的复合型人才。目前，区块链应用开发专业人才不足，有关区块链、区块链金融的学科建设、专业建设、教育培训总体较少，人才培养体系尚不能满足需求。

> **案例** 监管沙盒、产业沙盒、保护伞沙盒、创新加速器：
> 区块链包容性监管探索[①]

总体来看，市场期待区块链产业化应用能够快马加鞭，源于英国的沙盒监管体系成为原创技术和商业模式应用包容性监管的新选择。英国对区块链既没有纳入互联网监管体系，也没有纳入证券监管体系，而是将其放入"沙盒"进行培育和试错。

沙盒（Sandbox）原为计算机用语，用于为一些来源不可信、具备破坏力或无法判断程序意图的程序提供实验环境，沙盒中所有的改动对操作系统不会造成

---

① 区块链行业缺乏秩序？专家提"产业沙盒"解决方案 [EB/OL].[2018-10-06].https://www.sohu.com/a/257892626_354973.

损失。

英国金融行为监管局（FCA）提出了3种"以链治链"的沙盒管理模型，分别是监管沙盒（Regulatory Sandbox）、产业沙盒（Industry Sandbox）和保护伞沙盒（Umbrella Sandbox）。

1. 监管沙盒

监管沙盒是一个"安全空间"，在这个安全空间内，监管者在保护消费者/投资者权益、严防风险外溢的前提下，通过主动合理地放宽监管规定，减少金融科技创新的规则障碍，鼓励更多创新方案积极主动地由想法变成现实，以实现金融科技创新与有效管控风险的双赢。目前，监管沙盒的应用最为广泛，已有英国、新加坡、加拿大、俄罗斯等多个国家推出监管沙盒政策。

到2018年，英国监管沙盒开展了4轮，入驻200多个区块链项目，只有不到30%通过，超过30%的项目没有通过，还有30%的项目没有完成区块链开发，对于行业去伪存真起到了立竿见影的自我出清作用。

2. 产业沙盒

产业沙盒是由行业自身（某个企业或者联盟）成立虚拟测试环境，以验证创新构想与概念。

但是为测试付费成为一大难点，被测试者往往是一些初创公司，不愿意甚至没有能力承担测试费。监管部门付费也缺乏依据，监管部门主要为事关行业发展的重点技术、重大项目开展测试，结果多应用到制定标准、出台政策、财政扶持等领域，以扶优救困为主，不太可能花纳税人的钱大量去测试前景未明的初创企业技术和商业模式。

另外，测试收费标准也是众口难调，按照潜在预期效益标准收费可能是天价，按照传统技术测试、产品测试标准收费可能连成本都不够，因为对区块链创新构想与概念的测试可能包括技术、产品、商业模式、合规性等复杂内容。

中国在产业沙盒也有试水。2017年年底上线的泰山沙盒是区块链产业沙盒平台，为入驻者提供区块链开发环境，以及清算、结算、保理、证照、版权、电力、溯源等仿真金融应用环境，旨在实现区块链的开发、测试一体化。项目进入沙盒测试后，如果测试效果不如预期、发现有关键缺陷或是有违法行为等，测试可以被中止。如果测试过程一切顺利，测试结果就可以用来协助获取资质认证、融资、监管审批等。

据公开资料，泰山沙盒类似于孵化器模式并没有监管部门直接参与，泰山沙盒运营机构向区块链企业提供技术测试和商业模式验证仿真环境，从而节省了企业在产品服务上链前的测试、试验、试错投入，无须第三方提供服务和结果背书，不仅降低区块链企业的前期投入，还连接了投资、监管等区块链企业需要的上下游资源。泰山沙盒运作机制如图11-1所示。

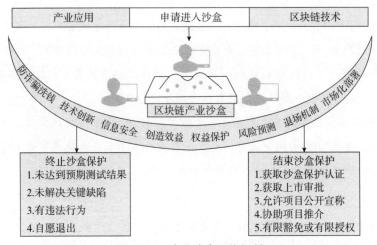

图11-1 泰山沙盒运作机制

鉴于中国拥有庞大的用户数和应用场景，区块链企业、技术、应用、商业模式远多于其他国家，产业沙盒完全可以成为区块链企业孵化、合规、成长的新路径。

其一，阿里巴巴、腾讯、蚂蚁金服等金融科技头部企业，银行、保险、证券、征信、供应链等区块链应用场景广泛的龙头企业，可以不用直接应用风险型技术和模式，也不用直接投资、收购处于种子期的企业和项目，而是建立产业沙盒先进行测试、验真、验证。显而易见，产业沙盒为上述企业应对竞争的无奈之举和盲目冒进踩了刹车，前期投入远小于冒进带来的投资和技术风险。而初创企业对此也会有动力，如果测试成功，会大大提升公司估值和融资话语权，即使与产业沙盒测试方谈崩了后续融资合作，拿着测试结果找其他投资人的成功概率也会提升。

其二，一些区块链、金融科技园区可以在其公共服务中增加产业沙盒选项，并将产业沙盒这一公共服务作为政策扶持、财政奖补的实证依据。

3. 保护伞沙盒

保护伞沙盒是指通过监管机构授权，由非盈利的沙盒保护伞机构（如非营利组织）来提供沙盒服务。

保护伞沙盒操作难度较大。

一是现有区块链产业联盟、技术联盟等组织多为自组织自治形态，活动主要集中在技术交流、代码分享、投融资对接、社区社群交流，对行业规范职能的意识和动力不强。

二是非盈利性并不能完全保证公允性、公正性，一些区块链组织难以保证不被企业、意见领袖、商业利益捆绑，其核心利益多体现在组织内部，而保护伞沙盒的目的是为公众、用户提供"保护伞"，两者利益诉求可能存在冲突。

三是一些监管部门推动成立的区块链社会组织与实际从业者距离甚远，一些初创企业可能入不了这些组织的法眼，一些风险型企业可能退避三舍，使得这些组织难以深入其中完成预期目标。

4. 创新加速器

创新加速器（Innovation Accelerator）由英国央行推出，是指金融科技企业、金融机构与政府部门共同协作，评估、验证新产品方案的合理性与操作性，促进其向更好的实际应用转化。该机制类似于我国的孵化器、创客基地。

该项目旨在选拔、筛选区块链等高新技术企业，通过技术创新应用促进英国央行业务创新。企业可以通过公开透明的选拔机制公平竞争获得概念验证资格。

项目的选拔标准为：一是项目具有原创性；二是参选项目须与央行业务发展目标一致。概念验证结束，英国央行会出具评估报告。对于概念验证通过的项目，英国央行会考虑成为其第一个客户，支持其产业化。

二、我国区块链监管框架

目前，我国区块链监管重拳主要集中在治理加密数字货币乱象上，对此本书第2章第7节（包容发展与强监管交织：全球加密数字货币监管概况）有专门阐述。

2019年1月，国家互联网信息办公室发布《区块链信息服务管理规定》，明确了区块链信息服务的定义和主体、权利和义务、惩罚和定性，并要求所有区块链信息服务提供者需要通过国家互联网信息办公室区块链信息服务备案管理系统备案。

2019年1月28日，区块链信息服务备案管理系统上线运行，要求区块链信息服务提供者应当在提供服务之日起10个工作日内通过国家互联网信息办公室区块链信息服务备案管理系统填报服务提供者的名称、服务类别、服务形式、应用领域、服务器地址等信息，履行备案手续；区块链信息服务提供者变更服务项目、平台网址等事项的，应当在变更之日起5个工作日内办理变更手续；区块链信息服务提供者终止服务的，应当在终止服务30个工作日前办理注销手续，并作出妥善安排。

国家互联网应急中心作为技术支撑单位，负责区块链信息服务备案管理系统的运营和维护，并组织备案工作。备案主体可以通过官网填报备案信息、查看备案审核状态，普通用户则可通过官网查询备案信息。区块链信息服务备案仅对备案主体所从事的区块链信息服务进行登记，信息由备案主体自行填报，该备案不对具体的主体、产品、业务等承担法律责任，任何机构和个人不得将备案结果用于宣传和其他用途。

《区块链信息服务管理规定》的出台标志着我国区块链监管框架已初步建成，区块链信息服务备案管理系统的上线运行意味着监管体系的落实和行业成熟的开端，管理的规范，可以避免"劣链驱逐良链"的现象的发生。

至此，我国区块链监管架构是以网信办作为监管主体，工信部作为技术标准的制定主体，各级金融监管、经信等政府部门基于区块链应用领域参与监管，行业协会作为自律监管主体，《区块链信息服务管理规定》明确了违规的定性和处罚，并将之与有关法律挂钩。可以预见，区块链系列监管政策法规的制定出台将提速。

第3节 特色扶持＋穿透监管：区块链金融培育规范建议

1. 完善专项政策规划

区块链尽管已经上升到国策，但是一些政策要求散布于各种政府文件中，某些"政策抓手"存在对区块链具体特点适应性不足的问题。例如，完全比照高新技术企业标准来对区块链金融科技企业进行扶持，可能会使得一些系统集成、技术应用为主、原始创新较少的服务型区块链金融科技企业得不到及时扶持。

具备发展条件的地区应加快出台区块链产业化应用、原始创新、公共服务平台建设、集聚区建设、多渠道融资服务体系建设、企业协调服务、金融消费者教育和保护等领域专项政策规划，优化政策工具组合，明确行业分类、统计口径、企业认定、资质认证、组织领导、精准扶持和有效监管，把握"效率、安全、利益"

三角制约，构建共享、共赢、健康、可持续发展的区块链金融生态体系。①

2. 构建包容审慎、科学有效的监管体系

在历次市场动荡和风险累积中，"失控的创新"往往发生在监管部门的职能重叠区和空白区，使得技术创新、产品创新、市场运作和资金流动都超出了从业机构的业务边界，让监管部门难以实时监控和及时预判。

监管部门和各级政府部门要更加重视金融业务风险与区块链技术风险叠加后产生的扩散效应，平衡行业发展与风险监管的关系，建立针对性、一致性和有效性相结合的区块链金融监管原则、微观指标和监管工具，建设多层次、全方位、跨部门、跨区域、跨国界的功能监管、动态监管、协调监管、效益监管、底线监管、环境监管等监管治理体系，以确保区块链金融发展过程中的风险可监测、可管控、可承受。而实施一致性监管就要求无论何种类型的机构，只要从事金融业务，提供金服服务，就必须接受基本一致的市场准入政策和监管要求。

大力发展监管科技，提升跨行业、跨市场的交叉性金融风险的甄别、防范和化解能力。搭建区块链金融统计监测和风险监测体系，持续、动态地跟踪区块链、区块链金融的发展、演进和风险变化。探索监管沙盒、产业沙盒等新型包容性监管和初创企业孵化培育方式。

监管部门还应秉持"技术中立"原则，区块链并未改变金融业务的本质属性，从业机构只是运用区块链提升了金融业质效。监管部门应理性看待区块链创新与应用，听之任之和一棍子打死都不可取，在某些创新环节不能忽视监管的灵活性，同时也要防止创新失控、过度投资等乱象的出现。

3. 加快区块链金融供给侧结构性改革

国家层面要加强对应用导向型技术创新和面向未来的前瞻性原始创新的分类扶持，完善知识产权保护，加快培育区块链金融产业链和创新生态体系。具备发展条件的地区要建立区块链金融市场主体升级工作常态化、规范化和长效化机制，健全企业发展跟踪联络机制、成长辅导机制和走访服务制度，推动区块链金融科创企业向"高集强"升级。

要扶持打造一批应用场景丰富、技术领先、熟悉金融规律的区块链金融龙头企业、小巨人企业、隐形冠军，避免盲目培育成千上万的缺乏金融基本常识的小微企业和打着区块链金融旗号的孵化器、创业园。培育发展一批专业化水平高、

---

① 张文. 培育数字经济发展新动能 引导区块链产业健康发展 [N]. 人民日报,2018-7-16.

配套能力强、品质优势明显、主体活力强劲的成长型区块链金融科创小微企业，支持符合条件的区块链金融中小微科创企业在新三板、科创板、上海票据交换所等金融市场上市挂牌，拓宽融资渠道，引导其向创新资源丰富的区域集聚。加强区块链与大数据、人工智能、云计算等金融科技、互联网科技融合联动协作。引导区域之间、城市之间联动发展、错位发展、协同发展，打造一批跨行业、跨区域布局的区块链金融科技产业带。

4. 加快国际化进程

政府部门、企业、社会组织、新闻媒体、智库等政产学研机构要积极参与建立区块链金融国际交流网络，讲好区块链金融的中国故事、中国经验、中国价值，争取于我有利的国际营商环境、舆论环境。支持区块链金融企业走出去开展技术合作、业务合作、投融资、市场拓展等商业活动，鼓励全球知名区块链金融企业落户。推动区块链金融科创企业参与"一带一路"金融基础设施建设和场景服务，以及为中国与其他国家和地区的产能合作、国际贸易、跨境电商、跨境商旅等国际经济合作提供金融互联互通服务。建立中国城市与纽约、硅谷、旧金山、伦敦、新加坡、悉尼等全球金融中心、金融科技中心、科技创新中心等城市在区块链金融领域的交流合作机制，积极举办和参与具有国际影响力的区块链金融展览会议，扩大国际朋友圈。常态发布区块链金融研究报告、监测指数等三方评价，加强对区块链金融开发应用领先城市的评估、对标和借鉴。

第4节　应用创新与生态构建双轮驱动：区块链金融企业运作胜机

区块链是未来数字经济的重要基础技术。作为新经济的新增量和新变量，拥抱区块链是金融场景、金融机构、金融消费者的必然趋势。回顾区块链的发展历程，人们一直在努力利用区块链技术解决现代金融"肠梗阻"，甚至一些机构运用技术不对称优势或者"技术迷幻"来"割韭菜"，获取杠杆利益（如加密数字货币乱象）。只有客观、理性、谨慎地认识和应对区块链金融变革，坚守合规和伦理底线，才能使得技术变革重塑金融未来的"星星之火"可以"燎原"。

腾讯金融负责人提出，区块链本质是一种数据库账本和安全技术。账本记录一个或多个账户资产变动、交易情况，其实是一种结构最为简单的数据库，我们平常在小本本上记的流水账、银行发过来的对账单，都是典型账本。区块链安全体现在分布式存储架构，节点越多，数据存储安全性越高。加之防篡改和去中心化的巧妙设计，任何人都很难不按规则修改数据。

据媒体报道，在网购交易中，传统模式是买家购买商品，然后将钱打到中介平台（如第三方支付机构），等卖方发货、买方确认收货后，再由买方通知支付机构将钱打到卖方账户。区块链技术支撑的交易模式则不同，买家和卖家可直接交易，无须通过中介平台。买卖双方交易后，系统通过广播形式发布交易信息，所有收到信息的主机在确认信息无误后记录下这笔交易，相当于所有主机都为这次交易做了数据备份。即使此后某台机器出现问题，也不会影响数据记录。

区块链金融≠金融，区块链金融≠区块链。对金融企业而言，区块链金融的关键是基于生态构建原则，利用区块链技术赋能效率、效益、成本、安全、运营等过去束缚金融发展的突出瓶颈。对金融科技企业而言，区块链金融的关键是基于应用创新原则，在区块链关键技术上进行突破，满足金融机构转型升级和现代金融的发展需求。

一、区块链金融战略规划指南

在区块链处于技术探索、缺乏成熟商业应用领域阶段，一些区块链金融项目、初创企业融资输血泡沫大，要么鼓吹资本多得不够用，要么旧瓶装新酒，要么盲目乐观地对公司高估值，营利性、引领性、产业化和成熟度等企业最基本的判断标准反而被忽视。

以前段时间自杀的 80 后创业明星茅某为例，他接受媒体采访时曾经说："我感性地认识到这个东西可能做出来就会有人去买或者怎么样，我就去做它，其实不会像现在要考虑什么商业模式，盈亏平衡点在什么地方，我就是做出来就好了，我不会考虑销售环节、渠道环节这些东西。那么当你做出来以后发现这个东西不行叫好不叫座的时候，肯定会受很大打击。"纵观他十多年的创业人生，不去迅速扩张从市场赚钱，却仍游戏在投资人圈子，纠缠于融资困境，他的大坑已经挖下，最终导致公司业绩下滑、员工仲裁等问题只不过是时间问题。

在社会思潮和商业氛围整体浮躁的情况下，一些区块链金融项目、初创企业的谋篇布局和战略规划缺乏通盘考虑预期可及的盈利路径，以赚快钱、短期爆款为目标，多提出"颠覆行业做老大"等不切实际的目标，造成公有链、底层架构等高门槛项目满天飞，持之以恒推动商业化落地的项目反而较少，甚至滋生出加密数字货币乱象。尽管创业者的革命情怀可嘉，但是盲动蛮干的结果往往并不尽如人意。

对于从业者、从业机构而言，可能可以选择不同的区块链金融技术、场景、模式和机制，但是制定战略前，必须要理性思考：你可以挑战权威，但并不一定要成为马云或打败马云，但要紧跟技术创新和金融发展趋势，在专业化、垂直化细分领域取得区块链金融领先抢位优势。

1. 关于"天下第一"的烦恼

在移动互联网时代，由于区块链金融从技术和金融两个端口切入，可能形成天量的用户规模和交易规模。但是，很多机构热衷于多元化、多样化、跟风化扩张，比如推出功能名目繁多的公有链，技术开发维护成本高企，对具体的金融场景并没有精准渗透或控制，因而产品市场反馈平淡或者昙花一现也就是意料之中的事情了。

特别是初创公司的优势在于没有历史负担，轻装简从，不怕失败，敢闯敢干，看准机会，就可以集中力量，

集中有限资源，花小钱办大事，一路走到灯下黑。但一些初创企业在某些领域取得一定技术突破，或者与部分金融机构合作推出试验项目、应用项目，获得高估值后，往往染上了"大企业病"，贪大求全，盲目扩张，长期处于融资续命、烧钱度日的状态，甚至沉迷于过去，躺在历史成绩单上看不到未来，继而丧失了创新创业动力，因循守旧，跟不上时代步伐。

例如，柯达第一个掌握了数码照相技术，但是公司决策缓慢，政治斗争激烈，没能将数码技术应用到民用照相机，只敢用于医疗等专业领域，最后被富士、爱国者等跟随者超越，走向失败。随着功能更完善、更集成的智能手机的兴起，单纯拥有数码照相技术也会被边缘化的，因此，德国莱卡照相机公司与华为合作，推出了数码拍照的顶级配置型手机，力图颠覆三星和苹果。

2. 路径选择的思考

不论是做一家区块链金融科创公司，还是在现有金融场景下利用区块链赋能，都必须思考自身独一无二的发展路径。金融机构不宜直接组建技术团队，从零起步开发，而应与技术公司合作开发适用自身业务、兼容性和扩展性良好的区块链应用。非持牌的金融科技公司要避免违规开展金融业务，确保技术向善。阿里巴巴、蚂蚁金服、腾讯、京东等拥有用户资源和技术优势的互联网公司则可以探索开展平台型公有链、联盟链，实现业务场景和延伸的金融场景整体升级。

区块链金融机构要透彻理解区块链经济背后的平台思维基本规律。区块链金

融基本商业逻辑如图 11-2 所示。阿里巴巴之所以能够领先一步，就是利益共同体、命运共同体价值观运作的成果，黏住了商家、用户、上下游所有环节，而不是控制了他们。未来产业、社会的形态是专而强，通过平台机制汇聚上下游资源，各自奉献，各取所需，打造为共享共赢的生态圈。这也是区块链赋能的核心价值。

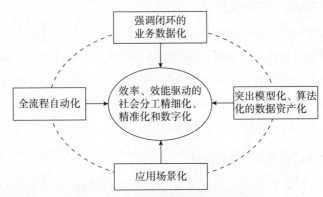

图 11-2　区块链金融基本商业逻辑

在构建平台经济和利益联盟的过程中，需要警惕"公有地悲剧"。古希腊哲学家亚里士多德曾经指出，许多人共有的东西总是被关心最少的，因为所有人对自己东西的关心都大于对其他人共同拥有的东西的关心。例如，黄牛是一种有价值的食品来源，但没有一个人担心黄牛会绝种。实际上对牛肉的大量需求却保证了黄牛持续繁衍。但是野牛的商业价值却威胁到了它们的生存。因为野牛和大象属于共有资源，而黄牛是私人物品。每个偷猎者都有尽可能多猎杀野牛的激励（如倒卖珍稀动物获利），却很少有保护它们的激励（保护动物是政府的事情，偷猎者没有直接收益）。而黄牛生活在私人所有的牧场，每个牧场主都会尽可能保护牧场内的黄牛，因为他们可以从这种努力中获利。

因此，在构建区块链金融业务场景的过程中，必须对数据、资金、技术、市场、牌照等各种要素进行精准确权。只有在明确产权及其价值的前提下，共识机制才有依据。当然，还要考虑区块链平台构建过程中的制度设计、制度安排和制度使用，而上述过程是要考虑成本的。

二、加强区块链金融专业人才培养

1. 加快本土、原创、适用的课程体系开发

习近平总书记在哲学社会科学工作座谈会上提出，构建中国特色哲学社会科

学，要体现继承性、民族性、原创性、时代性、系统性、专业性。显然，中国有着特殊的国情、经济环境、市场特点，用传统的西方金融、互联网、商科教育体系不能解决中国区块链金融的发展问题。在此建议有关教育机构加大区块链金融原创课程体系的开发，改进当前照搬西方商学教育课程的课程体系。

2. 推动大专院校开设专业教育

在大专院校向应用型、技能型、实用型、特色型转型的背景下，建议相关院校尽快启动专业教育调整：加快区块链金融与互联网、软件开发、金融、信息管理等传统热门专业的整合，将区块链金融设置为专业方向、专业课程。引进区块链金融领域实战专家，申请相关的本专科专业、专业硕士、重点学科、研究基地、政府支持的重点项目，开展专业人才培养。

3. 加快区块链金融在线教育发展

在优质教育资源供给不足的情况下，建议加快发展区块链金融在线培训，尤其是 APP 移动互联网教育可以成为常态化学习解决方案。只需要一部安装好教育平台的客户端的智能手机，用户就能通过上网在任意时间、任意地点、按需（岗位）、低成本获得教育资源。

结语　共同拥抱区块链金融大时代

在价值互联网时代，每个人都是一个独立的经济体。随着用户主权意识、平权意识、共享意识深入人心，分布式、去中心、自组织成为人们利益的新诉求和互联网的新常态，区块链进入了互联网世界和经济社会空间。

在区块链、大数据、人工智能、云计算、生物识别等新技术的广泛应用下，信用数据化、数据资本化等重塑信任的价值空间得到完美释放，我们已进入价值互联网2.0时代，迎来波及每个人的生产力和生产关系的大创新、大变革。其中，金融业对区块链的投入与支持远超过其他行业，区块链金融有望成为区块链产业化的先导示范，数字货币、消费金融、资产管理、支付结算、数字票据、供应链金融、智能证券、智能保险、征信九大领域已有应用模式、典型案例和实施路径，可谓未来可期。

区块链能够解决制约现代金融普惠、公平、平权的信息不对称问题，简化烦琐的业务流程，实现资产透明、公平、高效交易流通。特别是分布式架构、数据加密不可篡改、共识信任、去中心化等区块链技术的特点，与金融对信息安全、交易溯源等业务发展的本质高度契合。因此，区块链可以提升金融运营、盈利、风控能力，降低合规和监管成本，有利于价值金融的转型和普惠金融的普及发展。

尽管比特币及其基础性制度规则起源于美国，但是区块链大规模开发应用总体上处于起步阶段，世界各国处于大抵相同的起跑线，中国、美国、英国、日本、韩国等国家和地区都在积极探索，争夺未来话语权。我们有理由相信，高手在民间，中国"以人民为中心""大众创业、万众创新"的新时代改革发展与区块链的创新应用将实现完美契合，如同移动支付、互联网金融一样，我们完全有能力为世界贡献中国方案和中国智慧。

全民热炒区块链不可取，全民受益区块链大有可为。社会各界应理性认识区块链的价值及其应用，唯区块链至上或者恐惧"狼来了"拒之门外的极端做法同样不可取。秉持科技向善理念，大力扶持区块链对金融效率效能的正能量改造，普惠公众和升级产业，坚决遏制加密数字货币乱象等打着区块链名义的违法违规行为，积极做好技术成熟落地的全流程风控。

只有这样，我们才是真正拥抱了区块链金融大时代。

区块链金融应用创新企业图谱

附录　区块链金融相关名词解释

1. 区块链

从狭义上来讲，区块链是一种按照时间顺序将数据区块以顺序相连的方式组合成的一种链式数据结构，并以密码学方式保证的不可篡改和不可伪造的分布式账本。

从广义上来讲，区块链技术是利用块链式数据结构来验证与存储数据、利用分布式节点共识算法来生成和更新数据、利用密码学方式保证数据传输和访问的安全、利用由自动化脚本代码组成的智能合约来编程和操作数据的一种全新的分布式基础架构与计算方式。区块链也可以延展为共识、信任、共享为价值观的社会思潮，并带来技术、理念、模式、运营的深刻变革。

2. 比特币（BTC）

比特币（Bitcoin）的概念最初由中本聪在 2008 年提出，并根据其思路设计发布了开源软件以及建构其上的 P2P 网络。比特币是一种 P2P 形式的数字货币，其在点对点之间的传输意味着一个去中心化的支付系统。

比特币不依靠特定货币机构发行，它依据特定算法，通过大量计算产生，使用整个 P2P 网络中众多节点构成的分布式数据库来确认并记录所有的交易行为，并使用密码学的设计来确保流通各个环节的安全性。P2P 的去中心化特性与算法本身可以确保无法通过大量制造比特币来人为操控币值。基于密码学的设计可以使比特币只能被真实的拥有者转移或支付，从而确保了比特币的所有权与流通交易的匿名性。比特币总数量有限，限制在 2100 万个，具有稀缺性。

3. 金融科技

金融科技源于欧美，由英文单词 Fintech 翻译而来，Fintech 则是由金融"Finance"与科技"Technology"两个词合成而来，主要是指那些可用于撕裂传统金融服务方式的高新技术。金融科技也可以认为是用信息技术、互联网、流量来赋能金融，本质是创新驱动服务。在此需要注意的是，它不等同于科技金融，社会上容易将二者混为一谈。但是二者区别很大，科技金融一般指的是面向高新技术企业的金融服务。例如，通过调查和比较发现，金融科技往往设立在银行的技术部门，科技金融作为业务部门单列，有的银行也设立了诸如直销银行、互联网金融部等依靠金融科技驱动的单列业务部门。

效率、便捷、获客快准多、高营收、高利润……都是金融科技广受机构和用户热捧的主要因素。但是金融科技的创新和应用如果简单照搬互联网公司模式，漠视金融基本规律，忽视涉众型的高标准风控，也容易产生系列乱象，甚至陷入高危和爆雷的泥潭，P2P、数字货币近来的乱象就是如此。

4. 复式记账法

复式记账法的理论依据是"资产＝负债＋所有者权益"的会计恒等式。按照会计恒等式，任何一项经济业务都会引起资产与权益之间至少两个项目发生增减变动，而且增减变动的金额相等。因此对每一笔经济业务的发生，都可以以相等的金额在两个或两个相关账户中作等额双重记录。这种记账如实反映了经济事务的客观联系。

5. 分布式账本

分布式账本（Distributed ledger）是一种在网络成员之间共享、复制和同步的数据库，被用来记录网络参与者之间的交易，比如资产或数据的交换。网络参与者根据共识原则来制约和协商对账本中的记录更新，没有中间的第三方机构（比如金融机构）参与。分布式账本中的每条记录都有一个时间戳和唯一的密码签名，使得账本成为网络中所有交易的可审计历史记录。

6. 监管沙盒

监管沙盒机制（Regulatory Sandbox）由英国政府于 2015 年 3 月率先提出。按照英国金融行为监管局（FCA）的定义，监管沙盒是一个"安全空间"，在这个安全空间内，监管者在保护消费者/投资者权益、严防风险外溢的前提下，通过主动合理地放宽监管规定，减少金融科技创新的规则障碍，鼓励更多的创新方案积极主动地由想法变成现实，以实现金融科技创新与有效管控风险的双赢局面。

7. 超级账本

超级账本（Hyperledger）是一个旨在推动区块链跨行业应用的开源项目，由 Linux 基金会在 2015 年 12 月主导发起，成员包括金融、银行、物联网、供应链、制造和科技行业的领头羊。项目目标是区块链及分布式记账系统的跨行业发展与协作，着重发展性能和可靠性，使之可以支持主要的技术、金融和供应链公司的全球商业交易。

以下为 Hyperledger 的部分区块链平台。

Hyperledger Burrow 是一个包含了 "built-to-specification" 的以太坊虚拟机区块链客户端，主要由区块链初创公司 Monax 贡献，由 Monax 和英特尔赞助。

Hyperledger Fabric 是一个许可的区块链构架（Permissioned Blockchain Infrastructure），由 IBM 和 Digital Asset（数字资产控股公司）贡献。它提供节点、智能合约执行、可配置的共识、成员服务的模块化构架。一个 Fabric 网络包含如下规则：同伴节点（Peer nodes，也称为应用程序接口）执行智能合约，访问账本数据，背书交易；命令者节点（Orderer nodes）负责确保此区块链的一致性，传达被背书的交易给网络所有同伴，以及信息系统管理服务（MSP），并通过证书认证机构（Certificate Authority）的形式验证成员身份以及角色。

Hyperledger Iroha 是一个基于 Hyperledger Fabric，主要面向移动应用的协议，由区块链初创公司 Soramitsu 贡献。

Hyperledger Sawtooth 是一种基于可信执行环境、时间流逝证明（Proof of Elapsed Time）的彩票设计模式的共识协议，由英特尔贡献。

8. 拜占庭将军问题

拜占庭将军问题（Byzantine Generals Problem）是由莱斯利·兰波特（2013 年图灵奖得主）在其同名论文中提出的分布式对等网络通信容错问题。在分布式计算中，不同计算机通过通信交换信息达成共识，并按照同一套协作策略行动。但有时候，系统中的成员计算机可能出错而发送错误信息，用于传递信息的通信网络也可能导致信息损坏，使得网络中不同成员基于全体协作的策略得出不同结论，从而破坏系统一致性。拜占庭将军问题被认为是容错性问题中最难问题类型之一。

9. 公钥和私钥

公钥（Public Key）与私钥（Private Key）是通过一种算法得到的一个密钥对（一个公钥和一个私钥），公钥是密钥对中公开的部分，私钥则是非公开的部分。公钥通常用于加密会话密钥、验证数字签名，或加密可以用相应私钥解密的数据。通过这种算法得到的密钥对能保证在世界范围内是唯一的。使用这个密钥对的时候，如果用其中一个密钥加密一段数据，必须用另一个密钥解密。比如用公钥加密数据就必须用私钥解密，如果用私钥加密也必须用公钥解密，否则解密不会成功。

10. 双花问题

在互联网中，由于数据的可复制性，使得系统可能存在同一笔数字资产（如数字货币、电子货币）因不当操作被重复使用的情况。

11. 工作量证明

工作量证明（Proof of Work，PoW）的概念由微软科学家 Cynthia Dwork、Moni Naor 于 1993 年提出，是一种对应服务与资源滥用，或是阻断服务攻击的经济对策，要求用户进行一些耗时适当的复杂运算，并且答案能被服务方快速验算，以此耗用的时间、设备与能源作为担保成本，以确保服务与资源是被真正需求所使用。目前该技术成为比特币等加密货币主流共识机制之一。

12. 权益证明机制

权益证明机制（Proof of Stake，PoS）也被称为股权证明机制。PoS 通过评估参与人持有系统内数字资产的数量和时长，来决定参与人获得记账权的概率，类似于股票分红制度，持有股权相对多的人能够获得更多分红。

相较 PoW（工作量证明机制），PoS 的相对优势在于：其一，PoS 不需要比拼算力挖矿，不会造成过多电力浪费，这在一定程度上缩短了达成共识的时间；其二，POS 更难遭遇网络攻击，只有拥有 51% 的权益才能发起攻击，而攻击者自身利益也会受损，在经济上并不划算。

相较而言，对于开放、自治度高的公有链，PoW 共识机制适用性更好，而 POS 共识过程管理成本很高，在算法更改、分叉选择等重大决策过程中，POS 共识机制有更好的使用价值，不过这已是一种相对中心化的决策机制。

13. 股份授权证明机制

股份授权证明机制（Delegated Proof of Stake，DPoS）类似于董事会投票，持有权益的所有参与人选出一定数量的节点（也称超级节点、代表或者代理人），代理他们进行验证和记账。为了激励更多参与人竞选，系统会生成少量数字资产作为单独奖励。DPoS 有点像董事会、议会等"委托—代理"制度。如果代表不能按共识规则履行职责，会被除名，而后所有参选人再按照规则选出新的节点取代。

DPoS 的每个客户端都有能力决定哪些节点可以被信任。DPOS 与 PoS 原理相似，与 PoS 的主要区别在于持有权益的所有人选举若干节点，由代理人验证和记账。

相较 PoW（工作量证明机制），DPoS 大幅缩小参与验证和记账节点的数量，提高了系统的数据处理能力（理论上可以达到秒级共识验证），降低了维护区块链网络安全的费用，使数字资产交易速度接近 Visa 等中心化结算系统。缺点在于还是需要挖矿，除了数字货币场景外，难以广泛进行商业应用。

14. 验证池

验证池（Pool）机制是基于传统分布式一致性技术和数据验证机制的结合，使得在成熟的分布式一致性算法（如 Paxos）基础上，不需要代币也能实现秒级共识验证，但验证池机制只适合于私有链，去中心化程度不高，适合多方参与的多中心商业模式。

15. 哈希函数

哈希函数（Hash Algorithm）又称哈希算法、散列算法、杂凑算法，是一种以较短的信息来保证文件唯一性的标志，这种标志与文件的每一个字节都相关，而且难以找到逆向规律。当原有文件发生改变时，其标志值也会发生改变，从而告诉文件使用者当前文件已经不是之前需求的文件。哈希函数已成为密码学的基础知识和基础算法，在数字货币、供应链金融等区块链金融中也应用广泛。

16. 数字签名

数字签名（Digital Signatures）（也称公钥数字签名、电子签章）是一种使用公钥加密等技术手段，用于鉴别数字信息的方法，可从技术上保证信息传输的完整性、发送者的身份认证、防止交易中的抵赖发生。一套数字签名通常定义两种互补运算，一个用于签名，另一个用于验证。只有信息的发送者才能产生别人无法伪造的一段数字串，这段数字串同时也是对信息的发送者发送信息真实性的一个有效证明。

17. 哈希指针

哈希指针是一种数据结构，确切地说，是一个指向数据存储位置的指针，同时也是位置数据的哈希值。跟普通的指针相比，哈希指针不但可以告知存储的位置，并且还可以验证数据没有被篡改过。

18. 梅克尔树

梅克尔树（Merkle trees）是区块链的基本组成部分，通常包含区块体的底层（交易）数据库，区块头的根哈希值（即 Merkle 根）以及所有沿底层区块数据到根哈希的分支。梅克尔树运算过程一般是将区块体的数据进行分组哈希，并将生成的新哈希值插入到梅克尔树中，如此递归直到只剩最后一个根哈希值作为区块头的 Merkle 根。最常见的梅克尔树是比特币采用的二叉梅克尔树，其每个哈希节点总是包含两个相邻的数据块或其哈希值。

19. 时间戳

时间戳的作用在于证实特定数据于某个特定时间的确存在，从而证明区块链上的数据和交易是真实的。如同记录在区块链上的其他数据一样，时间戳一旦记录上链，也是无法篡改的。例如，比特币网络上，时间戳服务器对以区块形式存在的一组数据实施随机哈希处理，加上时间戳（代码），并将该随机哈希值进行网络内广播。每个时间戳应当将前一个时间戳纳入其随机哈希值中，每一个随后的时间戳都对之前的一个时间戳进行增强（Reinforcing），这样就可以形成一个链条（Chain）。

20. P2P 网络

P2P（Peer to Peer）网络主要应用于文件共享、点对点通信、点对点交易等领域。例如，比特币被设计为点对点的数字货币交易系统，运行在每台计算机上的比特币程序就是比特币 P2P 网络的一个节点。每个节点彼此公平、对等，互联互通，共同组成了比特币网络，其特点是不存在特殊（中心）节点。

21. 侧链技术

通过侧链（Sidechain），可以在主链的基础上进行交易隐私保护技术、智能合约等新功能的添加，这样可以让用户访问大量的新型服务，并且对现有主链的工作并不造成影响。另外，侧链也提供了一种更安全的协议升级方式，以确保在侧链发生灾难性的问题时主链的安全。

侧链实现的技术基础是双向锚定（Two-way Peg），通过双向锚定技术，可以实现暂时将数字资产在主链中锁定，同时将等价的数字资产在侧链中释放，同样，当等价的数字资产在侧链中被锁定的时候，主链的数字资产也可以被释放。

22. 公有链

公有链（Public Blockchain）是指全世界任何人都可以随时进入到系统中读取数据、发送可确认交易、竞争记账的区块链。公有链通常被认为是"完全去中心化"的，因为没有任何个人或者机构可以控制或篡改其中数据的读写。公有链一般会通过代币（Token）机制来鼓励参与者竞争记账，来确保数据的安全性。比特币、以太坊都是典型的公有链。

23. 私有链

私有链（Private Blockchain）是指链上数据写入权限由某个组织和机构控制的区块链，参与节点的资格会被严格限制。由于参与节点是有限和可控的，因此私有链往往可以有极快的交易速度、更好的隐私保护、更低的交易成本、不容易被恶意攻击，并且能做到身份认证等金融行业必需的要求。相比中心化数据库，私有链能够防止机构内单节点故意隐瞒或者篡改数据，即使发生错误，也能够迅速发现来源，因此许多大型金融机构在目前更加倾向于使用私有链技术。

24. 联盟链

联盟链（Consortium Blockchain）是指只针对某个特定群体的成员和有限的第三方共同参与管理的区块链，其内部指定多个预选节点为记账人，每个区块的生成由所有的预选节点共同决定。联盟链和私有链也被统称为许可链，公有链则被称为非许可链。

25. MT.GOX

MT.GOX（读作 Mount Gox，昵称"门头沟"）是世界上最大的比特币交易商，过去承担着超过 80% 的比特币交易。最初由 Jed McCaled 在 2010 年 7 月建立，后于 2011 年 3 月卖给了日本公司 Tibanne Co.，现在由 Mark Karpelese 管理。2014 年年初遭到黑客袭击，损失了持有的价值约 4.73 亿美元的 85 万枚比特币，随后宣布破产。MT.GOX 黑客袭击事件是史上最大的比特币盗窃案。

26. 比特币矿机

比特币矿机是用于赚取比特币的电脑，用户用计算机下载特定软件，然后运行特定算法，与远方服务器通信后可得到相应比特币，是获取比特币的方式之一。

27. 现场可编程门阵列（FPGA）

现场可编程门阵列（Field-Programmable Gate Array，FPGA）是在 PAL、GAL、CPLD 等可编程器件的基础上进一步发展的产物。FPGA 芯片是作为专用集成电路（ASIC）领域中的一种半定制电路而出现的，是小批量系统提高系统集成度、可靠性的最佳选择之一，既解决了定制电路的不足，又克服了原有可编程器件门电路数有限的缺点。

FPGA 的基本特点：一是采用 FPGA 设计 ASIC 电路（专用集成电路），用户不需要投片生产，就能得到合用的芯片；二是 FPGA 可做其他全定制或半定制 ASIC 电路的中试样片；三是 FPGA 内部有丰富的触发器和 I/O 引脚；四是 FPGA

是 ASIC 电路中设计周期最短、开发费用最低、风险最小的器件之一；五是 FPGA 采用高速 CMOS 工艺，功耗低，可以与 CMOS、TTL 电平兼容。

28. 算力

算力（也称哈希率）是比特币网络处理能力的度量单位，即为计算机计算哈希函数输出的速度，例如，当网络算力达到 10Th/s 的哈希率时，意味着它可以每秒进行 10 万亿次计算。在通过挖矿得到比特币的过程中，矿工需要找到其相应的解 m，而对于任何一个 64 位的哈希值，要找到其解 m，都没有固定算法，只能靠计算机随机的 hash 碰撞，而一个矿机每秒钟能做多少次 hash 碰撞，就是其"算力"的代表，单位写成 hash/s, 这也是工作量证明机制 PoW（Proof of Work）。

29. 比特币现金（Bitcoin Cash，BCH）

中本聪创建比特币的时候，1M 的区块大小成为现在交易确认时间长、等待手续费高的核心掣肘，扩容是比特币内部最亟待解决的问题。比特币现金是比特币因为扩容问题进行的硬分叉，通过大区块的扩容方式，降低手续费，真正解决支付问题。2017 年 8 月 1 日，一种依托于比特币主链的新货币比特币现金在比特大陆的支持下诞生，比特币王国从此分裂为比特币与比特币现金。此后，各开发团队开启了对比特币的分叉之路。2018 年 10 月，比特币现金价格较最高点已经跌去 80%。

30. ICO

ICO（Initial Coin Offering）源自股票市场的首次公开发行（IPO）概念，是区块链项目首次发行代币筹措资金的常用方式，早期参与者可以从中获得初始产生的加密数字货币作为回报。由于 ICO 具有潜在的市场价值，可以兑换成法币，从而支持项目开发成本。由于 ICO 市场乱象，2017 年 9 月中国人民银行等七部委发布《关于防范代币发行融资风险的公告》，叫停了 ICO 发行融资活动。

31. STO

安全代币（Security Token Offering，STO）即证券化代币发行，指在监管框架下，按照法律法规和行政规章的要求，进行合法合规的证券型通证（Token）公开发行。STO 是现实世界各种资产、权益、服务（比如公司股权、债权、知识产权，信托份额，以及黄金珠宝等实物资产）的数字化，并在转变为加密数字货币（权益凭证）。目前，STO 正成为私人资产证券化、风险资本融资的有效方式。

32. 智能合约

智能合约（Smart Contract）由法律学者尼克·萨博（Nick Szabo）于1995年首次提出，是一种旨在以信息化方式传播、验证或执行合同的计算机协议。智能合约允许在没有第三方的情况下进行可追踪且不可逆转的可信交易，目的是提供优于传统合约的安全方法，并减少与合约相关的其他交易成本。

33. 应用程序编程接口（API）

应用程序编程接口（Application Programming Interface，API）是一些预先定义的函数，目的是提供应用程序与开发人员基于某软件或硬件得以访问一组例程的能力，而又无须访问源码，或理解内部工作机制的细节。

34. 洪泛算法

该算法不要求维护网络的拓扑结构和相关的路由计算，仅要求接收到信息的节点以广播方式转发数据包。例如，源节点希望发送一段数据给目标节点，源节点首先通过网络将数据副本传送给它的每个邻居节点，每个邻居节点再将数据传送给各自的除发送数据来的节点之外的其他节点。如此继续下去，直到数据传送至目标节点或者数据设定的生存期限到 0 为止。

35. 以太坊

以太坊（Ethereum）的概念首次在 2013 年由俄罗斯程序员 Vitalik Buterin 受比特币启发后提出，是一个能够在区块链上实现智能合约、开源的去中心化应用平台。以太坊平台对底层区块链技术进行了封装，让区块链应用开发者可以直接基于以太坊平台进行开发，开发者只需要专注于应用本身的开发，从而大大降低了开发难度。目前，以太坊可以实现在数字世界开展编程、担保、交易等诸多事项，如投票、加密数字货币、交易所、众筹、知识产权、合同管理等。

36. 去中心化应用（DAPP）

去中心化应用（Decentralized Application，DAPP）是一种运行在去中心化点对点（P2P）网络上的应用软件。与智能手机应用类似，DAPP 也是一种 APP，但不是运行在 IOS、安卓平台上，而是运行在以太坊平台上。DAPP 具有开源、去中心化、智能合约、激励机制、共识机制等特性。

37. 以太坊虚拟机（EVM）

以太坊底层通过 EVM 支持智能合约的执行与调用，调用时根据智能合约地址获取代码，生成环境后载入到 EVM 中运行。开发者可以使用语法上类似 JavaScript 和 Python 的编程语言（Solidity）创建运行于 EVM 上的应用程序。

EVM 使用了 256 比特长度的机器码，是一种基于堆栈的虚拟机，可用于执行以太坊智能合约。由于针对以太坊体系设计的，EVM 使用以太坊账户模型（Account Model）进行价值传输。

38. 以太币（ETH）

以太坊区块链上的代币称为以太币（Ether，代码为 ETH），是以太坊上用来支付交易手续费和运算服务的媒介，用户在以太坊区块链上发起任何一笔交易都需支付一定的以太币。以太币也可以在许多加密数字货币交易所直接进行交易。以太币的总供给及其发行率由 2014 年的预售决定，其来源包括"矿前预付＋区块奖励＋叔区块奖励＋叔区块引用奖励"。

39. 稳定币

稳定币是一种价值稳定的加密数字货币，其价值意义在于结合加密支付网络的去中心化系统，同时拥有相对稳定的价格水平。作为交易媒介，企业和消费者在交易过程中不会承担巨大的价格浮动风险。作为储值手段，投资者可以更有效地管理加密数字资产，减少加密数字资产过度缩水。

稳定币的特点在于：一是锚定，对标、挂钩价值相对稳定的标的物；二是抵押，拥有公允价值的资产作为偿还担保；三是可赎回，流动性好，可随时兑换。

40. 数字货币交易所

数字货币交易所是指为加密数字货币提供交易撮合的平台，是数字货币价格确定、交易流通的主要场所，其主要盈利方式有场内交易手续费、场外交易手续费、合约/杠杆交易手续费、转账手续费、发行平台币、做市赚取差价、收取上币费等。

41. 区块链即服务

区块链即服务（Blockchain as a Service，BaaS）是微软、IBM、阿里巴巴等云服务商在自己的云服务网络开辟一个空间，用来运行某个区块链节点。BaaS 节点主要被用来：快速建立用户自己所需的开发环境，提供基于区块链的搜索查询、交易提交、数据分析等一系列操作服务，这些服务既可以是中心化的，也可以是非中心化的，以帮助开发者更快地验证自己的概念和模型。BaaS 节点的服务性体现在其工具性更强，便于创建、部署、运行和监控区块链。

42. 资产证券化

资产证券化（Asset-backed Securities，ABS）是指将流动性较差、但具有稳定现金流量的资产，比如贷款或其他债权性资产等进行一系列组合、打包，以该组资产的预期现金流收益权为基础进行证券化交易的技术和过程。

43. 福费廷业务

福费廷业务是银行根据客户或其他金融机构的要求，在开证行、包买行或其他指定银行对信用证项下的款项做出付款承诺后，对应收款进行无追索权的融资。近年来，我国银行业大力发展贸易金融，福费廷业务凭借其独特的优势得到银行青睐，并迅速取代了传统出口押汇和国内信用证卖方押汇/议付的市场地位。

44. 支付结算

支付结算有广义和狭义之分。狭义支付结算是指单位、个人在社会经济活动中使用现金、票据（支票、本票、汇票）、银行卡和汇兑、托收承付、委托收款等结算方式进行货币给付及其资金清算的行为，其主要功能是完成资金从一方当事人向另一方当事人的转移。广义支付结算包括现金结算和银行转账结算。

45. 票据

票据市场是改革开放以来较早发展的专项金融市场，按照《中华人民共和国票据法》，票据分为汇票、本票、支票，汇票又分为银行汇票和商业汇票，商业汇票又分为银行承兑汇票和商业承兑汇票。在企业购销环节和现金流、资金需求不匹配的情况下，票据被企业用以支付、融资，成为其常见、易操作的金融工具。

票据依据运作机制可以分为纸质票据、电子票据和数字票据。纸质票据由收款人、存款人、承兑申请人签发，由承兑人承兑，于到期日向收款人支付款项的票据。电子票据是出票人依托电子商业汇票系统（ECDS），以数据报文形式制作，委托付款人在指定日期无条件支付确定的金额给收款人或者持票人的票据。

数字票据利用区块链技术，结合法定票据的业务属性、市场规则、合规要求，将电子票据升级为数字票据，拥有电子票据的全部功能，但是从技术架构上解决（电子）票据的真实性、违规交易、信用风险、信息安全、操作不便捷、交易效率不高等问题。

46. 供应链金融

供应链是指围绕核心企业，从配套零件开始，制成中间产品以及最终产品，最后由销售网络把产品送到消费者手中的、将供应商，制造商，分销商直到最终用户连成一个整体的功能网链结构。供应链管理的经营理念是从消费者的角度，通过企业间的协作，谋求供应链整体最佳化。成功的供应链管理是指能够协调并整合供应链中所有的活动，使之最终成为无缝连接的一体化过程。

供应链的核心企业往往采用票据等方式向链上其他企业赊账，票据无法拆分流通，给链上中小企业带来很大资金压力。而供应链金融的实质是为处在核心企业上下游的中小企业提供融资渠道。通过核心企业的信用背书和其上下游交易的真实性，金融机构能够有效合理控制风险，为供应链上的中小企业提供金融服务。供应链金融通常有三种融资模式：买方融资、卖方融资和物流融资。

47. 私募发行

私募发行又称不公开发行或内部发行，是指面向少数特定投资人发行证券的方式。私募发行对象大致有两类，一类是个人投资者，例如公司股东、员工；另一类是机构投资者，如金融机构、与发行人有密切往来关系的企事业单位等。私募发行有确定的投资人，发行手续相对简单，可以节省发行时间和费用，其不足之处是投资者数量有限，流通性较差。

48. 公募证券

公募证券是指上市公司通过中介机构（资本市场）面向社会不特定的多数投资者公开发行证券。公募证券因为涉及众多投资者，所以要比私募证券受到更多限制，具备更高条件，例如必须向主管部门提交证券发行注册申报书，公开内部财务信息和有关资料，接受评级机构资信评定和社会监督等。

公募证券的优点是：可以提高上市公司在证券市场的知名度，扩大社会影响，分散债务；可以通过众多投资者的市场选择，达到上市公司对社会资金的合理流动和合理配置；易于进入证券流通市场进行买卖转让，具有较高流动性。

49. 中央交易对手

中央交易对手（Central Counterparties，CCPs）是介于买卖双方中间的独立法律主体，一旦买卖双方达成交易，交易信息将由中央交易对手登记注册和集中清算，买卖双方的原始合约将由交易方与中央交易对手分别签订的两份新合同替代。目前，衍生品的清算结算存在两套平行体系，即双边清算体系和中央交易对手体系。通常大部分场外衍生品交易采用双边清算体系，而大部分在交易所买卖的衍生品和部分场外衍生品的清算则通过中央交易对手系统。

相较于双边清算，通过中央交易对手进行清算具有明显好处。中央交易对手介入两个原始交易对手之间，使原始交易对手相互隔离，一方面可以降低金融机构之间的关联性，另一方面还有助于防止金融违约。当然，集中清算也会将金融风险集中于中央交易对手，因此中央交易对手自身的稳健性至关重要。中央交易对手清算机制是否具有分散风散的功能取决于两大关键因素：一是采用该清算机制的成员所投入的资本量；二是与未偿付的风险敞口相匹配的原始抵押值。对此，中央交易对手会要求其成员至少每天根据头寸价格变动情况对抵押品进行调整。

50. 掉期合约

掉期合约（Swap Contracts）又称"互换合约"，是一种由交易双方签订的在未来某一时期相互交换某种资产的合约。掉期合约是当事人之间签订的在未来某一期间内相互交换他们认为具有相等经济价值现金流的合约。

51. 相互保险

相互保险指具有同质风险保障需求的单位或个人，通过订立合同成为会员，并缴纳保费形成互助基金，由该基金对合同约定的事故发生所造成的损失承担赔偿责任，或者当被保险人死亡、伤残、疾病或者达到合同约定的年龄、期限等条件时承担给付保险金责任的保险活动。

52. 网络互助

网络互助是相互保险原始形态、众筹、P2P、保险的结合，与互联网结合实现信息撮合、小额保障、即收即付、协商约定、自我管理等功能，会员之间通过协议或者承诺承担彼此的风险损失。同时，为了避免单个个体负担过重，往往约定了单次互助金上限，如几元钱、几十元钱不等。其运作模型与保险的原始形态基本一致，救急性互助与保障天然具有号召力，加上互联网的社交性、高效性、共享经济优势，其会员招募、项目发布和款项征收支付都非常高效，并很快成为热门和话题性的类金融产品。

53. 征信

征信就是专业化的、独立的第三方机构为个人或企业建立信用档案，依法采集、客观记录其信用信息，并依法对外提供信用信息服务的一种活动，它为专业化的授信机构提供了信用信息共享的平台。

54. 合规科技

合规科技（RegTech）是指金融机构运用新技术新手段，满足多样化监管要求，简化监管与合规流程，降低相应合规成本。

55. 监管科技

监管科技（SupTech）是指监管机构运用新技术新手段（如区块链、大数据、云计算、人工智能等）提升其监管效率，促进金融业务核查，开展有效的金融市场监测、监控和监管。

参考文献

[1] 刘洋. 消费金融论 [M]. 北京：北京大学出版社, 2018.

[2] 刘洋. 互联网消费金融 [M]. 北京：北京大学出版社, 2016.

[3] 阿尔文德·纳拉亚南等. 区块链技术驱动金融：数字货币与智能合约技术 [M]. 林华等译. 北京：中信出版集团, 2016.

[4] 刘勇等. 区块链重塑经济与世界 [M]. 北京：中信出版集团, 2016.

[5] 张健. 区块链：定义未来金融与经济新格局 [M]. 北京：机械工业出版社, 2017.

[6] 肖风. 区块链, 让价值互联网露出曙光 [N]. 人民日报, 2017-1-10.

[7] 李家惠. 区块链谁玩儿得更好？IBM 成顶级玩家！[EB/OL].[2017-09-22].http://aerver.it168.com/a2017/0922/3172/000003172112.shtml

[8] CBD-Forum-001-2017, 区块链 参考架构 [S]. 北京：中国区块链技术和产业发展论坛. 2017.

[9] 姚心璐. 浙商银行二度试水区块链 [J].21 世纪商业评论, 2018(6).

[10] 刘肖飞. 基于动态授权的拜占庭容错共识算法的区块链性能改进研究 [D]. 杭州：浙江大学, 2017.

[11] 网易星球上线数据护照 区块链让数据产生价值 [EB/OL].[2018-09-07].https://finance.ifeng.com/a/20180907/16491352_0.shtml

[12] Adam Back, Matt Corallo, etc. 侧链白皮书：用楔入式侧链实现区块链的创新 [D]. 2014.

[13] 公信宝区块链技术和应用白皮书（V2.0.0）[D]. 2017.

[14] 音希（编译）. 世界银行开始探索世界首个区块链债券项目 [EB/OL].[2018-08-10].http://tech.qq.com/a/20180810/058635.htm

[15] 高志豪. 公有链和联盟链的道法术器 [J]. 金卡工程, 2017(3).

[16] 姚琥. 应用区块链技术推进普惠金融发展 [J]. 金融电子化, 2017(12).

[17] 吴杨盈荟, 刘泓君. 矿机围城里的比特大陆 [J]. 财经, 2018(10).

[18] Locke. 比特币真正价值：为经济全球化与国家制度矛盾提供全新的解决方案 [EB/OL].[2018-08-06].https://www.sohu.com/a/245513907_100112552

[19] 黑田明伸. 货币制度的世界史：解读"非对称性" [M]. 何平译. 北京：中国

人民大学出版社, 2007.

[20] 聂伶俐. 投资比特币有四大风险 [N]. 烟台晚报, 2013-11-22.

[21] 张锐. 石油币：一根随风摇摆的救命稻草 [N]. 证券时报, 2018-11-08.

[22] 刘泓君. 比特币产业链的全球监管版图 [J]. 财经, 2017(9).

[23] 周子涵. 史上最全世界各国（地区）比特币监管大盘点 [EB/OL].[2017-10-18]. https://wallstreetcn.com/articles/3035730

[24] 蒋怡琴.《民法总则》解读：网络虚拟财产法律保护的"前世今生" [EB/OL]. [2018-01-07].http://sh.qihoo.com/pc/9bf9124c43d09f2c5?cota=4&tj_url=so_rec&sign=360_e39369d1&refer_scene=so_1

[25] 左燕燕. 盗取价值百万比特币 海淀一公司管理员被刑拘 [N]. 新京报, 2018-1-16.

[26] 刘晓蕾. 为取缔 ICO 叫好：让融资归融资，技术归技术 [EB/OL].[2017-09-12]. http://finance.people.com.cn/n1/2017/0912/c1004-29530593.html

[27] 闫莺, 郑凯, 郭众鑫. 以太坊技术详解与实战 [M]. 北京：机械工业出版社, 2018.

[28] 贺海, 武延安, 陈泽华. 基于区块链的智能合约技术与应用综述 [J]. 计算机研究与发展, 2018(11).

[29] 彭博社深度还原 The DAO 大劫案始末：过去已过去，未来仍需创造 [EB/OL]. [2017-06-26].https://www.leiphone.com/news/201706/JnNEqj90inEWLTJD.html

[30] "稳定币"是如何做到"稳定"的？[EB/OL].[2018-09-26].http://finance.sina.com.cn/blockchain/roll/2018-09-26/doc-ihkmwytp2303639.shtml

[31] 刘洋. 互联网消费金融促进消费升级 [N]. 中华工商时报, 2016-12-2.

[32] 刘洋. 网络借贷规范发展路在何方 [N]. 中华工商时报, 2018-11-29.

[33] 刘洋. 消费金融是促进消费升级的重要工具 [J]. 东方财经, 2018(12).

[34] 微众银行：用区块链构建分布式商业 [EB/OL].[2018-05-21].http://finance.ce.cn/rolling/201805/21/t20180521_29200835.shtml

[35] 韩忠楠, 郝文丽. 区块链赋予汽车金融诸多想象 [N]. 中国汽车报, 2018-4-11.

[36] 唐加文. 从边缘走向核心应用的时机到来 资产管理公司不应忽视区块链 [N]. 中国保险报, 2018-5-14.

[37] 京东数科发布"ABS 云平台"定位资产证券化服务商＋资本中介 [EB/OL]. [2016-09-06].http://finance.cnr.cn/gundong/20160906/t20160906_523117265.shtml

[38] 杨望. 区块链在资产证券化中的应用 [J]. 中国金融, 2018(21).

[39] 张伟斌. 区块链助力资产交易和托管 [J]. 金融 & 贸易, 2018(1).

[40] 李湛. 寡头垄断！乱象丛生！第三方支付出路在哪里？ [EB/OL].[2018-07-29]. http://www.chinacef.cn/index.php/index/article/article_id/5016

[41] 尉奕阳. 支付宝推区块链境外汇款 中国香港、菲律宾可实时跨境转账 [EB/OL].[2018-06-25]. http://finance.caixin.com/2018-06-25/101284200.html

[42] 连一席. 区块链研究报告：从信任机器到产业浪潮还有多远？ [J]. 发展研究，2018（8）.

[43] 周天虹. 招商银行：如何基于区块链改进跨境清算？ [J].ICT 新视界, 2017(2).

[44] 胡滨, 范云朋. 跨境支付监管的四大挑战与五项对策 [J]. 当代金融家, 2018(4).

[45] 宋汉光. 区块链在数字票据中的应用 [J]. 中国金融, 2018(10).

[46] 王琳等. 以京东数科为例解析区块链数字票据 [J]. 当代金融家, 2016(12).

[47] 陈才东. 供应链金融业务风险的防范 [J]. 银行家, 2012(10).

[48] 王元. 金融科技如何赋能供应链金融？ [EB/OL].[2019-04-02].http://www.sohu.com/a/305465458_232938

[49] 10000 亿估值！六步解开蚂蚁金服如何布局供应链金融的谜团 [EB/OL].[2018-06-25].https://www.sohu.com/a/237622364_470085

[50] 中国信通院：2018 区块链与供应链金融白皮书 [EB/OL].[2018-11-07].http://www.199it.com/archives/792649.html

[51] 刘辉. 深度解析点融区块链云服务 [EB/OL].[2018-06-21].http://www.sohu.com/a/237043253_575744

[52] 李思瑶. 基于证券投资领域的区块链应用分析 [J]. 经贸实践, 2017(22).

[53] 中商产业研究院. 区块链在证券领域应用场情况分析 [EB/OL].[2018-08-04]. http://www.askci.com/news/chanye/20180804/1438321127778.shtml

[54] 何思. 私募基金产品进入电子签约时代 [N]. 国际金融报, 2018-8-20.

[55] 刘斌. 全球前十大证券交易所在区块链领域的探索和布局 [EB/OL].[2018-11-13].https://cloud.tencent.com/developer/article/1371994

[56] 冯键. 区块链的颠覆性价值将重塑保险新业态 [J]. 清华金融评论, 2017(12).

[57] 保交链底层技术白皮书 [D]. 2017.

[58] 王淑娟. 区块链技术直击农业保险痛点 [N]. 经济参考报, 2017-9-22.

[59] 蒋牧云. 国内首款区块链健康险在阳光保险上线 [N]. 国际金融报, 2018-8-8.

[60] 再保险区块链（RIC）白皮书 [D]. 2018.

[61] 罗广超. 英国伦敦劳合社 ChainThat：再保险区块链解决方案 [EB/OL].[2018-09-11].http://insurance.jrj.com.cn/2018/09/11081025074348.shtml

[62] 薛凯丽. 征信行业的两大现状及四大趋势分析 [EB/OL].[2017-03-21].https://finance.ifeng.com/a/20170321/15247383_0.shtml

[63] 石红英. 大数据时代我国征信业发展问题探讨 [J]. 征信, 2018(12).

[64] 中商产业研究院. 区块链在征信领域应用情况分析 [EB/OL].[2018-08-04].http://www.askci.com/news/chanye/20180804/1451451127780_3.shtml

[65] 区块链行业缺乏秩序？专家提"产业沙盒"解决方案 [EB/OL].[2018-10-06].https://www.sohu.com/a/257892626_354973

[66] 张文. 培育数字经济发展新动能 引导区块链产业健康发展 [N]. 人民日报, 2018-7-16.

[67] 杨涛, 贾圣林. 中国金融科技运行报告（2018）[M]. 北京：社会科学文献出版社, 2018.

[68] 刘洋. 金融供给侧结构性改革视域下的区块链金融模式综述与合规创新探析 [J]. 金融发展研究, 2019(7).